챗GPT &
BARD 질문법

챗GPT & BARD 질문법

초판 1쇄 발행   2023년 6월 30일

지 은 이   장대은
펴 낸 이   한승수
펴 낸 곳   문예춘추사

편   집   이상실
디 자 인   박소윤
마 케 팅   박건원, 김홍주

등록번호   제300-1994-16
등록일자   1994년 1월 24일
주   소   서울특별시 마포구 동교로 27길 53, 309호
전   화   02 338 0084
팩   스   02 338 0087
메   일   moonchusa@naver.com

I S B N   978-89-7604-597-3 03320

원하는 정보를 이끌어내는 프롬프트 엔지니어링

챗GPT &
BARD 질문법

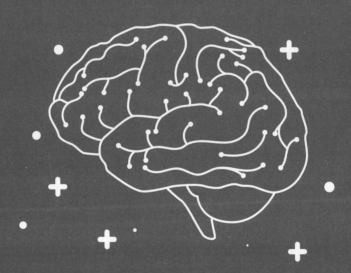

장대은 지음

문해력 향상 프로젝트에 디자인된 인간지능 질문법!

**허위, 과장, 오답의 한계,
프롬프트 엔지니어링으로 넘어서라!**

문예춘추사

질문의 재발견: 챗GPT와 Bard의 한계, 질문력으로 넘어서라

로봇공학 이론 중 불쾌한 골짜기(uncanny valley) 이론이 있다. 인간이 '인간이 아닌 다른 존재들에게 느끼는 감정'에 대한 이론이다. 1970년 일본의 로봇공학자 모리 마사히로가 제시한 것으로, 독일의 정신과 의사 에른스트 옌치(Ernst Jentsch)의 논문에 등장하는 소름끼침(Das Unheimliche)에 대한 의견을 기반으로 한 이론이다. 내용인즉, 인간은 인간이 아닌 존재를 볼 때 그것이 인간과 더 많이 닮을수록 호감도가 높아지지만, 일정 수준을 넘어서면 오히려 불쾌감을 느낀다는 것이다.

2022년 12월 1일, 오픈 에이아이(Open AI)는 대화형 인공지능 챗GPT 베타 서비스를 시작했다. 2023년 5월 10일, 구글도 대화형 인공지능 바드(Bard)의 한글서비스를 시작했다. 챗GPT와 Bard는 이전의 인공지능과는 차원이 다른 모습을 보여주었다. 그런데 챗GPT와 Bard가 보여준 놀라운 능력 앞에 언캐니 밸리 현상이 곳곳에서 나타나고 있다. 영화 〈터미네이터〉에서 인류 멸망을 주도적으로 이끈 인공지능 시스템 '스카이넷'과도 비유하며 불편함과 공포를 호소하는 이들도 있다.

사실상 인간의 기계 공포증은 러다이트 운동(Luddite Movement)에서 이미 찾아볼 수 있다. 1811년부터 1817년까지 영국 노팅엄의 직물 공업 지대에서는 반기계화를 부르짖는 이들에 의해 공장 기계가 파괴되는 일이 빈번하게 발생했다. 공장 근로자였던 네드 러드(Ned Ludd)라는 인물이 그 중심에 있었는데, 그는 기계가 인간의 노동을 대신하는 모습을 보며 불안함을 느꼈다. 인간은 일자리를 빼앗기고 쫓겨나는 신세가 될 것이라 주장하던 그는 자신의 직장에서 직조 기계를 파괴하며 항의했다. 이 일은 여러 사람들에게 전해졌고 그의 생각에 동조하는 사람들이 늘어나기 시작했다. 이후 그는 신기술 도입으로 일자리 상실 공포감에 사로잡혀 있던 노동자들의 영웅으로 떠오르게 된다. 이러한 움직임의 확산을 러드의 이름을 붙여 러다이트 운동(Luddite Movement)이라 부른다. 오늘날에도 '러다이트' 움직임은 신기술에 회의적인 사람들에게 다양한 현상으로 이어지고 있다.

철학자이자 작가인 알랭 드 보통(Alain de Botton)은 인간 본성에 근본적으로 내재된 하나의 속성으로 지위불안감(Status Anxiety)을 이야기한다. 사람들은 다른 사람들과 자신을 끊임없이 비교하면서 자신의 지위를 확인하고 이를 토대로 자신의 가치를 판단하는데, 이 과정에서 지위에 대한 경쟁과 불안감이 생긴다는 것이다.

임계점을 넘어선 인공지능 챗GPT와 Bard 출현으로 인간의 지위불안감은 이전보다 한층 커져가고 있다. 이미 여러 분야에서 인공지능 기술이 빠른 속도로 인간 역할을 대체하고 있기에 이는 막연한 불안이 아니다. 진화하는 인공지능 앞에 느끼는 우리의 지위불안감은 미래에 도래할 일에 대한 우려가 아닌, 오늘 눈앞에 닥친 현실이다. 이는 특정 소수만의 문제가 아니다. 현대를 살아가는 어느 누구도 예외일 수 없는 상황이 우리 눈앞에서 펼쳐지고 있는 것이다.

물론 새로운 변화를 두려워하고 경계하는 모습은 전에 없던 새로운 현상은 아니다. 인간 역사를 이루는 어느 시대에도 이러한 일들은 반복되어왔다. 산업혁명 시대에 쏟아져나온 새로운 발명품들, 그 결과는 오늘에 이르기까지 전 세계 인류 역사에 큰 영향을 미쳤지만, 변화에 대해 기대하는 반응만 있었던 것은 아니다. 새로운 기술의 등장, 발명품들을 자신들을 향한 위협으로 생각하는 이들도 있었다.

철도의 등장 앞에서도 마찬가지였다. 철도의 발명은 산업혁명을 이끈 중요한 요인 가운데 하나다. 상품과 인력의 이동 속도를 크게 높여 경제 활동을 활성화시켰다. 거주지의 도시화도 철도의 발전으로 빠르게 확산되었다. 그러나 철도의 발명으로 전통적 교통수단인 말과 수레가 사라지면서 일자리를 잃은 사람들도 늘어났다. 철도로 촉발된 도시화로 인해 사회 구조가 크게 변화하기 시작한 것이다. 전에 없던 빈부격차 증가 현상도 나타났다. 부족한 초기 기술로 인해 철도 사고는 빈발했다. 산업혁명 중심에 있던 철도 기술이었지만 반대하는 이들에게도 분명한 이유는 있었다. 그 이유들은 분명히 해결되어야만 하는 과제였고 진행 중인 문제들이었다.

생각해보자. 알렉산더 벨이 발명한 전화도 혁신의 산물이었다. 기술을 통해 의사소통을 혁신적으로 변화시켰다. 그러나 도입 초기에 전화기를 거부하는 이들, 혁신적인 기술에 공포감을 가진 이들도 적지 않았다. 자동차는 어떠한가. 자동차가 우리들 삶에 끼친 영향은 막대하다. 그러나 헨리 포드가 자동차를 소개했을 당시, 많은 사람들은 빠른 속도와 여러 이유를 들며 자동차의 위험성을 지적했다. 현재 우리가 애용하는 프린터도 발명 초기에는 종이와 필기의 소멸을 두려워하는 사람들의 저항에 부딪혔다면 믿을 수 있겠는가?

챗GPT와 Bard를 통해 나타나는 임계점을 넘어선 진보를 보며 앞으로 펼쳐질 미래가 기대되는 것은 사실이다. 동시에 인공지능의 진보가 초래할 수 있는 미래의 여러 문제에 대비하는 것은 우리에게 주어진 과제다. 해결해야 할 문제는 예상치 못한 모습으로 우리 앞에 주어질 수 있다. 1970년 출간된 《미래의 충격: Future Shock》에서 앨빈 토플러는 이렇게 이야기했다.

"기술의 발전은 문제를 해결하기 위해 만들어진 것이지만, 동시에 새로운 문제를 초래하기도 한다."

기술의 급격한 발전이 초래할 수 있는 새로운 문제와 위험을 무시해서는 안 된다. 그럼에도 우리가 잊지 말아야 하는 것은 변화하는 기술에 대해 공포감만 갖고 거부하는 것은 지혜로운 선택이 아니라는 사실이다. 두려움이 크면 클수록 그것을 극복해내기 위해 기술을 이해하는 노력이 동시에 진행되어야 한다. 변해가는 세상 속에서 새로운 기술에 열린 마음으로 다가서는 자세는 매우 중요하다. 독일의 철학자 칼 야스퍼스(Karl Jaspers)는 기술의 가치중립성을 다음과 같이 강조한 바 있다.

"기술은 자체적으로는 중립이다. 다만 우리가 그것을 어떻게 사용하는지에 따라 선하거나 악할 수 있다."

변화가 주는 모호함 때문에 우리는 불안할 수 있다. 그 불안으로 인해 우리는 때로는 저항해야만 하는 이유를 발견하게 된다. 하지만 알렉산더 벨은 이렇게 말하지 않았는가.

"문 한쪽이 닫히면, 다른 쪽이 열린다. 우리는 종종 우리를 위해 열어놓은 문은 보지 못하고 닫힌 문만을 너무 오래, 너무 후회스럽게 바라보곤 한다."

변화로 인해 닫히는 문이 있는 것은 사실이다. 어떤 사람들에게 닫힌 문은 분명한 손실일 수 있다. 회복하기 힘들어 보이는 실패를 의미하기도 한다. 그럼에도 변화는 거부 대상이 아닌 인정하고 받아들여야 하는 대상이다. 기술의 경우 더욱 그렇다. 우리가 부정한다고 부정할 수 있는 것이 아닌, 현실의 일부다. 닫힌 문만 쳐다보면서 열린 문이 주는 기회, 더 크게 열리고 있는 기회를 놓치는 우를 범해서는 안 된다. 닫힌 문 반대편의 열린 문을 통해 얻을 수 있는 발전과 성장, 기회에 대해 생각해보려는 노력이 필요하다.

"When one door closes, another opens!"

이 책의 집필 목표는 단순하다.

첫째, 챗GPT와 Bard를 효과적으로 활용할 수 있는 실제적인 질문법을 소개하는 것이다. 챗GPT와 Bard가 허위, 오류 답변을 쏟아낸다며 부정적인 의견을 내는 이들이 있다. 인정한다. 놀라운 진보를 보여주는 챗GPT와 Bard도 해결해야만 하는 문제들을 드러내고 있다. 그래서 질문법이 중요하다. 질문만 잘 던진다면 답변이 달라진다. 질문의 질을 높이면 답변의 질이 달라진다. 질문의 유형을 달리해서 던지면 같은 주제의 질문에 차원이 다른 답변을 얻어낼 수 있다. 물론 이것이 완벽한 해결책은 아니다. 그러나 질문법에 대해 고민하지 않은 이들과는 비교할 수 없는 양질의 답변을 끌어낼 수 있다. 질문과정을 통해 허위, 오류를 줄여갈 수 있다는 것이다.

둘째, 챗GPT와 Bard라는 열린 문을 우리의 변화와 성장의 기회로 만들어가는 일이다. 첫 번째 집필 목표가 바로 눈앞의 문제를 해결하기 위한 것이라면, 두 번째 목표는 인공지능 시대를 주도하며 살아갈 수 있는 원천역량을 세워가는, 좀 더 본질적인 목표라 할 수 있다. 방향만 제시하지 않는다. 책에 소개하는 다양한 질문법의 프로세스를 적용, 실행하고 그 노력을 지속해간다면 이러한 목표는 꿈이 아닌 현실이 될 것이다.

챗GPT와 Bard가 열어젖힌 세계 안에서 살기 위해서는 이전과 다른 방식으로 공부하며 일할 수 있어야 한다. 다른 방식으로 생각하며 나의 뇌를 다른 차원으로 활용할 수 있어야 한다. 차원이 다른 방식으로 인공지능 시대를 살아가도록 하는 데 챗GPT와 Bard가 우리에게 적합한 도구가 되도록 하기 위한 고민과 갈등의 흔적을 이 책에 담아보았다.

1. 〈챗GPT와 Bard 질문법〉은 질문법을 학문적인 차원에서 설명하

려 하지 않았다. 일반 독자들 누구나 이해하고 적용할 수 있는 차원에서 질문법으로 디자인해 설명하는 데 초점을 맞췄다. 무엇보다도 챗GPT와 Bard 활용력을 높이는 유형의 질문으로 표현해내는 일에 초점을 맞췄다.

2. 그렇다고 질문의 질을 담아내는 것을 포기하지는 않았다. 학문적으로 다룰 수 있는 거의 모든 유형의 질문을 쉬운 언어로 〈챗GPT와 Bard 질문법〉에 설명하기 위해 힘썼다.

3. 다양한 유형의 질문을 설명하며 독자들의 이해를 돕기 위해 2부에서는 필자가 챗GPT와 Bard에 던진 질문과 답변 자료를 본문에 많이 포함시켰다. 챗GPT와 Bard 질문법에 대한 설명과 케이스 스터디(case study) 사례들을 살펴보는 가운데 어떻게 질문을 던져야 하는지에 대한 '감(intuition)'을 찾고 세워갈 수 있을 것이다.

4. 〈챗GPT와 Bard 질문법〉은 챗GPT와 Bard의 기능을 비교하는 데 초점을 맞추지 않았다. 같은 질문에 서로 어떤 답변을 내놓는지 비교하며 살피기보다 오직 질문법, 그 자체에 집중했다. 책을 집필하던 시점에서 문장 완성도는 챗GPT가 우수했고, 속도는 Bard가 비교할 수 없을 만큼 빨랐다. 그 외에도 모델마다 서로의 장단점이 분명했다.

우리가 잊지 말아야 하는 것은 오늘 우리가 마주한 대화형 인공지능 모델들은 이제 막 세상에 선보인 초기 모델이라는 것이다. 서로의 장점은 지속해서 살피며 강화시켜갈 것이고, 드러나는 단점, 발생하는 오류도 흐르는 시간 속에서 점검하며 해결해갈 것이다. 챗GPT와 Bard뿐 아니라 이후로도 많은 대화형 인공지능 모델들이 등장할 것이고, 지금과는 비교할 수 없는 진보를 보일 것임에 분명하다. 제작사들은 인공지능 시장에서 살아남기 위해 지금도 개선을 위한 노력을 계속하고 있다.

모델의 다양성, 발견되는 단점들도 해결해야 할 문제지만 가장 시급하며 중요한 해결과제는 이용자의 질문 능력이다. 어떤 상황에서도 오류를 줄이고 단점을 보완할 수 있는 질문력이 준비된다면 챗GPT와 Bard의 단점은 질문력을 통해 많은 부분에서 극복되기 때문이다. 이 책에서 소개하는 질문 유형, 방법과 기술을 챗GPT와 Bard뿐 아니라 다른 대화형 인공지능, 생성형 인공지능에도 적용해서 차이나는 답변을 이끌어내는 질문역량 세우는 일에 집중해보기를 권한다.

5. 〈챗GPT와 Bard 질문법〉은 챗GPT와 Bard의 기술 자체, API를 통한 확장 프로그램, 기하급수적으로 증가하고 있는 플러그 인(Plug In)에 대한 내용 소개에도 분량을 할애하지 않았다. 오로지 질문에 대한 개념을 세우고, 동기를 부여하며, 질문의 방법과 기술을 통해 인간지능 질문 사고력을 세우는 데 모든 분량을 할애했다.

6. 무엇보다 이 책은 한글 기반 챗GPT와 Bard 사용자를 전제하고 집필했다. 모든 예제의 질문과 답변도 한글로 진행한 자료만 수록했다. 물론 영어로 챗GPT와 Bard를 이용할 때 더 길고 상세한 답변을 얻는 것이 사실이다.

챗GPT의 경우 그 차이가 더욱 크다. 한 번에 던질 수 있는 질문의 양, 답변 길이가 제한되어 있는데, 그것을 토큰(Token)이라는 개념으로 계산한다. 예를 들어 한글은 보통 초성(자음), (중성)모음, 종성(받침자음) 하나하나에 각각 토큰을 부여하는 반면, 영어는 단어별, 때로는 짧은 문장 하나에 '1개의 토큰'을 부여해 생성되는 답변의 길이에서 큰 차이를 보인다. 무엇보다도 사전학습된 자료 양에서 영어 자료와 한글 자료의 차이는 비교할 수 없을 정도로 크다. 챗GPT와 Bard가 사전학습한 자료의 언어 비율을 공개하고 있지는 않지만 인터넷 웹 콘텐츠에 사용된 모든 언어 중 한글로 표현된 자료 비율은 0.5%를 약간 상회하는 정도라 추정한다. 이에 비해 인터넷에서 가장 널리 사용되는 언어인 영어는 전체 웹 콘텐츠의 약 60% 이상을 차지한다고 한다. 이렇듯 자료의 절대값 차이가 엄청나다 보니 같은 챗GPT와 Bard를 영어로 사용하느냐, 한글로 사용하느냐에 따라 결과값이 달라지는 것은 어쩔 수 없는 현실이다.

그런데 놀라운 사실은 한글만을 이용하여 챗GPT와 Bard를 활용할 때의 답변도 결코 낮은 수준의 답변이 아니라는 사실이다. 한글 문체도 자연스럽고, 질문의 의도, 문맥을 파악하고 적절한 답변을 찾아 '융합'하여 답변을 생성해주는 챗GPT와 Bard의 능력은 한글이라는 한계에도 불구하고 놀라울 따름이다. 무엇보다도 〈챗GPT와 Bard 질문법〉 독자들은 이러한 한계 가운데서도 더 탁월한 답변을 이끌어낼 수 있는 다양한 질문 지침을 이 책을 통해 얻을 수 있지 않은가. 〈챗GPT와 Bard 질문법〉만 잘 활용한다면 독자 여러분이 누리게 될 결과는 '닫힌 기회'와는 비교할 수 없는 '활짝 열린 기회'임을 알게 될 것이다.

챗GPT와 Bard가 보여주는 인공지능의 진보, 이미 우리 앞에 다가온 특이점 시대 앞에서 두려움이 없는 것은 아니다. 해결해야 할 과제들이 산적해 있다. 사회지도층 일부는 챗GPT가 처음 선보였을 때 대중 공개를 좀 더 이후로 늦춰야 한다고 성명을 발표하기까지 했다. 그만큼 챗GPT와 Bard가 증명하는 진보가 그저 그런 수많은 진보들 중 하나가 아니라는 것이다. 누군가는 인쇄술 발명 이후 최고의 발명이라고까지 극찬한다. 결코 과한 칭찬이 아니다.

〈챗GPT와 Bard 질문법〉은 닫힌 문 너머 열린 문을 향해 나아가는 작은 발걸음이다. 챗GPT와 Bard를 마중물 삼아 변화에 매몰되는 존재가 아닌, 변화의 중심에 서는 존재가 될 것을 선포해본다. 바로 이 지점에서 질문의 힘, 그 가치를 알고 회복하기 위한 구체적인 노력이 필요하다. 질문법이야말로 인공지능 시대에 인간의 차별성을 결정 짓는 핵심역량이기 때문이다. 그것은 그 무엇으로도 대신할 수 없다. 우리가 앞으로 기울여야 할 그 어떤 노력도 질문역량 강화 없이는 차이를 만들어갈 수 없다.

질문법이라는 도구를 활용한다면 닫힌 문도 다시 열어젖힐 수 있다. 분명 열린 문 안으로 들어가 새로운 성장, 변화를 만들어갈 수 있다. 그 성장과 변화를 〈챗GPT와 Bard 질문법〉에서 시작하는 것으로, 저마다의 새로운 기회를 모색해보자.

장대은

CONTENTS

part 1. 인공지능 시대, 왜 질문인가?

미래를 바꾸는 기술, 질문

챗GPT와 Bard 질문법 사용설명서

part 2. 대체 불가능한 챗GPT와 Bard 질문법

Summarize & Explain 요약과 설명 질문

Debate & Elaboration 토론과 정교화 질문

Create & Predict 창작과 예측 질문

Generate 생성 가능한 그 밖의 질문들

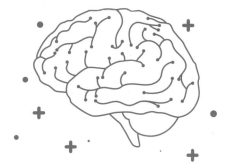

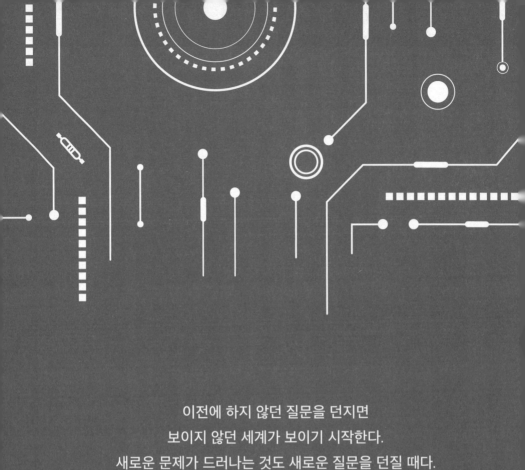

이전에 하지 않던 질문을 던지면
보이지 않던 세계가 보이기 시작한다.
새로운 문제가 드러나는 것도 새로운 질문을 던질 때다.
질문은 언제나 세상을 바꾸는 힘이다.

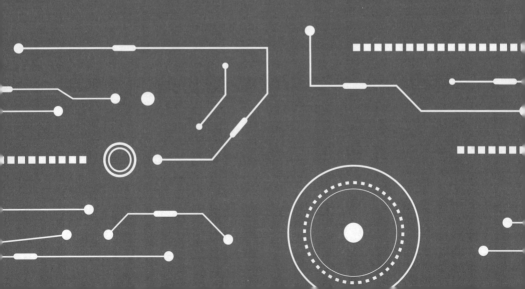

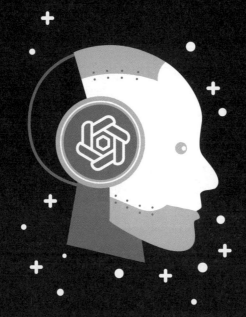

인공지능 시대,
왜 질문인가?

1장

—

미래를
바꾸는 기술, 질문

질문하지 않는
사람들

"황당?"

"나댄다!"

대학 강의 중 유달리 질문을 많이 한 학생이 있었다. 강의 중 여러 차례 질문한 학생은 교수가 수업을 마치려는 순간에도 질문을 이어 갔다. 수업을 마치고 나오는 다른 학생들에게 '질문 많이 한 학생을 보며 어떤 생각을 했는가?' 기자가 질문하자 들려준 답변이었다. 기자가 '그는 질문에 대한 반응을 보기 위해 부탁을 받고 질문한 사람이었다' 말하니 수업에 참여했던 또 다른 학생이 이야기했다. "그런 것 같더라고요. 원래 수업시간에 질문 안 하는데."

2010년 11월 12일, G20 서울정상회의 폐막식이 진행중이었다. 버락 오바마 미국 대통령은 기자회견 중 한국 기자들에게 질문 기회를 주었다. "한국 기자들에게 질문권을 드리고 싶습니다. 개최국 역할을 훌륭하게 해주셨으니까요. 누구 없나요?" 기자회견장에는 정적만 흘렀다. 한국 기자들은 누구도 반응하지 않았다. 오바마 대통령은 "한국어로 질문하면 아마도 통역이 필요할 겁니다. 사실 통역이 꼭 필요하지요"라며 한국 기자들을 배려해주었다. 그때 한 기자가 손을 들고 질문했다. "실망시켜드려 죄송하지만 저는 중국 기자입니다. 제가 아시아를 대표해서 질문을 던져도 되겠습니까?"

이때 오바마는 "공정하게 말해서 저는 한국 기자에게 질문을 요청했어요"라고 하며 다시 한 번 한국 기자들에게 기회를 주려 했지만 중국 기자는 물러서지 않았다. "한국 기자들에게 제가 대신 질문해도 되는지 물어보면 어떻겠습니까" 물었고, 이에 오바마는 "그것은 한국 기자들이 질문하고 싶은지에 따라 결정된다"며 "아무도 없습니까?" 하며 여러 차례 질문할 한국 기자를 기다렸다. 또다시 기자회견장에는 정적과 사람들의 두리번거리는 모습만이 보였다. 오바마는 어색한 웃음을 지었고, 질문 기회는 중국 기자에게 주어졌다.

이후 질문하지 못했던 한국 기자들에 대한 비판이 들끓었다. 이들은 기자로서도 경험하기 힘든 기회를 포기했을 뿐 아니라, 국민의 궁금증을 질문을 통해 대신 풀어가는 기자로서의 본분도 감당 못했기 때문이다. 당시 상황은 국내의 부정적 여론과 함께 한국 언론의 국제적 이미지를 실추시켰다는 비판을 피할 수 없는 부끄러운 모습이었다. 일부 외신에서는 질문하지 않는 한국 기자들 모습에 놀라움과 의아함을 표하기도 했다.

기회가 주어졌음에도 질문하지 못하는 기자들 소식을 접했을 땐

나까지도 부끄러운 마음이 들었다. 그러나 비판만 할 수는 없다. '질문이 사라진 학교', '질문하지 않는 사람들', 어제오늘의 일이 아니다. 질문에 익숙하지 않은 학생들을 볼 때면 안타까운 마음이 든다. 기자회견장에서 질문하지 못했던 한국 기자단 모습 속에서, 질문하는 친구를 향해 '나댄다'고 생각했던 학생 태도에 내 모습이 투영되어 있기 때문이다. 학창시절 질문 한 번 하려면 얼마나 가슴이 두근거렸던지. 질문자로 지목받을 때면 머릿속이 하얘졌다.

사실 마음대로 질문하라는 교사의 요구가 있어도 질문은 쉽지 않았다. 질문을 통해 궁금함을 해결하는 데 집중하기보다 사람들 눈치를 먼저 살피곤 했다. 사회에서도 질문 없이 주어진 매뉴얼을 따라 하는 것이 일상이었다. 의문이 왜 없었겠는가! 그러나 질문은 반론처럼 여겨졌고 시키는 것에 순종하는 것이 더 중요했다. 생각이 달라도 기존 규칙을 따르는 것이 불문율처럼 여겨졌다. 질문은 학창시절이나 어른이 된 지금의 나에게도 결코 쉬운 일이 아니다.

그런데 아이러니한 것은 학창시절은 물론이요 사회생활 전반에 걸쳐 오늘에 이르기까지 나 자신을 질문으로 평가받았다는 사실이다. 다만, 그것은 정답이 있는 질문이었다. 정답이 있다 보니 생각하기보다 그 자체를 수용하는 것이 더 유리했다. 개인의 견해는 중요하지 않았다. 의견이 끼어들 틈이 없었다. 그렇게 질문이 없는 상태로 우리는 너무도 오랜 시간을 보내왔다.

나에게는 두 명의 자녀가 있다. 자녀를 키우며 화가 날 때가 있는

데, 그중 하나가 나의 단점이 자녀에게 보일 때다. 나의 단점이 자녀에게 대물림되지 않기를 바라는 마음에서였겠지만, 그보다도 자녀라는 거울에 비친 나의 모습을 마주하는 것이 싫었기 때문이다. 질문하지 않는 기자를 보며 우리 마음에 부끄러움과 비판의 감정이 들었다면, 그것은 비단 그들만을 향한 것은 아니었을 것이다. 그들 모습에 비친 나의 모습에 답답하고 화가 난 것은 아닐까? 이것이 우리의 모습이고 오늘의 현실이다.

어느 시대보다 질문의 중요성은 강조되고 있다. 학습 과정의 질문 너머로 일상생활, 효과적인 업무수행을 위해서도 질문역량이 요구되는 시대를 살고 있다. 그런데 우리의 지난 시간은 이미 도래해 있는 인공지능 시대에 걸맞은 역량 준비에 집중하지 못했고, 그러다 보니 출발선에서부터 불리한 위치에 놓여 있는지도 모른다. 그래도 한 가지 희망이 있다면 우리가 '질문하지 않는 사람들'에 속해 있음을 이야기하기 시작했다는 사실이다. 현재 자신의 모습, 초기값을 바로 아는 것이 변화의 시작이라고 하지 않던가!

질문하지 않는 나의 모습, 질문 없이 살도록 영향을 주었던 환경에 변화가 필요함을 인지하고 노력하고 있음에 희망을 품어본다. 이 지점에서 나는 책 집필의 이유를 찾았고 목표를 설정할 수 있었다.

사실 나는 인공지능 전문가가 아니다. 챗GPT와 Bard가 코딩 전문가들에게 새로운 기회라고 하는데, 코딩에 대한 지식도 전무하다. 지난 25년간 독서, 글쓰기 전문가라는 이름으로 일을 해왔다. 질문의 중요성을 알고 준비해온 시간도 독서가로 살아온 시간만큼 길다. 수백 편의 독서 질문지, 독해 질문지를 만들고 현장에 적용해왔다. 그러던 지금, 챗GPT와 Bard를 이용하면 할수록 효과적인 활용을 위해 대중에게 필요한 것은 코딩 전문기술이 아닌 질문력임을 절감하게 되었고, 그래서 이 책을 집필하게 되었다.

이 책을 통해 바라는 것은 단순하다. 질문하지 않아도 문제없던 시절, 질문하는 것이 부자연스러운 공동체를 나와 동일하게 경험해야 했던 이들과 질문의 중요성에 대해 이야기하려는 것이다. 한 걸음 나아가 질문하지 못하면 살아가기 힘든 바로 이 자리에서 변화와 성장을 이루어가기 위함이다. 이 책 한 권으로 모든 이들의 변화를 장담할 수는 없다. 다만 분명한 것은 변화를 꿈꾸며 노력하는 이들에게 이 책이 강조하는 질문력이 세워져야 한다는 사실, 그리고 이 책 내용이 그들에게 도약의 발판이 되어줄 수 있다는 것이다.

잃어버린 질문의
힘을 회복하라

"원자는 어떤 구조로 되어 있을까?" - 어니스트 러더포드(물리학/전자기학)

"종들 간의 차이는 어떻게 발생하고, 어떻게 변화하는 것일까?" - 찰스 다윈
(생물학/진화론)

"컴퓨터는 사고를 할 수 있을까?" - 앨런 튜링(컴퓨터 과학/인공지능)

"빅뱅 이전에는 무엇이 존재했을까?" - 스티븐 호킹(우주론/물리학)

"자본주의 사회에서 어떻게 계급 갈등을 해결할 수 있을까?" - 카를 마르크
스(사회학)

"여성의 권리는 왜 중요한가?" - 메리 울스턴크래프트(인권)

세상의 발전은 질문을 통해 이루어져왔다. 과학적 발전, 시대사조
의 변화, 사회문화적 혁명, 문명의 진보, 이 모든 것들은 질문이 있었
기에 가능했다. 그리스의 철학자 소크라테스로부터 아이작 뉴턴, 토
머스 에디슨, 앨버트 아인슈타인이 위대한 사람들로 기억되는 것은

자신의 분야에서 인류 역사의 줄기를 바꾸어놓은 업적을 만들었기 때문이다. 그리고 그 일의 시작 지점에는 항상 새롭게 던져진 하나의 질문이 있었다.

"인간은 어떻게 진리와 지식을 얻을 수 있을까?" - 소크라테스
"사과는 왜 지면으로 떨어질까? 사과를 당기는 중력이 달을 지구에 묶어두는 건 아닐까?" - 아이작 뉴턴
"전기를 사용해 어떻게 안전하고 효율적인 빛을 만들 수 있을까?" - 토머스 에디슨
"공간과 시간은 절대적인 것일까, 상대적인 것일까?" - 앨버트 아인슈타인

이전에 하지 않던 질문을 던지면 보이지 않던 세계가 보이기 시작한다. 새로운 문제가 드러나는 것도 새로운 질문을 던질 때다. 질문은 언제나 세상을 바꾸는 힘이었다. 질문을 통해 문제해결을 위한 계기를 만들 뿐 아니라 과정의 진보를 이루어왔다. 변화의 현장에는 항상 질문이 있었다. 그런데 이처럼 변화의 핵심 키워드인 질문이 어느새 우리 일상에서 다루어지지 않고 있다. 그나마 있던 질문들도 점점 사라지고 있다며 위기를 부르짖는 이들이 적지 않다. 다른 나라와 비교할 때면 그 차이는 더 크게 느껴진다. 서구 사회를 사는 평범한 이들에 비해서도 오늘 대한민국 사회를 사는 평범한 우리에게 질문이 낯선 존재라는 것은 부인할 수 없는 사실이다.

질문의 중요성이 강조되지 않은 적은 없다. 자녀들의 교육적 차원

에서, 성인들의 자기계발 차원에서도 질문은 항상 강조되어왔다. 그런데 왜 우리는 질문 없는 삶을 살아왔고 그러한 모습을 지속해온 것일까? 이유는 크게 4가지로 정리할 수 있다.

첫째, 자신의 무지가 드러나는 것을 두려워하기 때문이다. 질문한다는 것을 자신의 부족을 인정하는 것이라 여기는 사람들이 적지 않다. 사람들에게 잘 보이고 싶은 것은 인간의 본능이다. 그러다 보니 질문을 통해 자신의 부족함이 드러나는 것을 두려워한다. 이 지점에서 성장과 정체, 퇴보가 결정되곤 한다. 부족을 인정하고 그것에 대해 질문을 던질 때 부족은 채워지고 발전, 성장할 수 있다. 부족함과 무지의 드러남을 두려워하는 이들은 그 생각으로 인해 성장이 더디고 점점 도태되어간다.

둘째, 좋은 질문을 던져야 한다는 부담감 때문이다. 질문에 대한 두려움과는 또 다른 방해 요인이다. 무엇인가를 잘하려고 하는 태도는 매우 긍정적이다. 다만 그것이 성장에 장애가 될 때는 잘하려는 태도가 시도 자체를 막는 요인이 될 때다. 무슨 일이든 처음부터 잘할 수는 없다. 질문도 마찬가지다. 좋은 질문을 던지려면 우선 부족한 질문, 그로 인해 생길 수 있는 실패와 오류를 두려워하지 말아야 한다. 쓸데없다고 여겨지는 질문도 허용되어야 한다. 좋은 질문은 그런 환경에서 던져지고, 허용되며, 축적되는 환경을 거쳐 나오기 때문이다.

셋째, 질문을 예의 없는 행동으로 생각하기 때문이다. 스승이나 선배에게 질문하는 것은 무례한 일이라는 인식이 오랫동안 자리 잡아왔다. 질문하는 것을 상대방의 지식을 의심하고 무시하는 행위, 존중하지 않는 태도라 여기기까지 한다. 특정 소수의 모습이 아니다. 우리나라에서 나고 자란 많은 사람들에게 보이는 공통점이다.

넷째, 질문의 효과와 힘을 제대로 알지 못하기 때문이다. 질문하지 않는 가장 중요한 이유 가운데 하나다. 독서가 중요하다며 독서하지 않는 사람들, 글쓰기가 중요하다며 글쓰기는 시작도 하지 않는 사람들을 어렵지 않게 만날 수 있다. 질문도 크게 다르지 않다. 질문의 중요성을 진정 깨달았다면 위의 3가지 방해요소는 충분히 극복할 수 있다. 문제는 중요하다는 우리의 생각이 진정한 깨달음이라기보다 피상적인 앎이라는 데 있다. 피상적인 앎만으로는 충분치 않다. 안다면 실행하지 않을 수 없다. 어떤 방해 요인, 장애 요인이 있더라도 그것을 이겨내고 실행하고야 말 것이다.

질문 없는 삶을 살게 만든 요인들에 집중하다 보면 질문의 힘을 회복하는 것이 힘들고 어려운 일처럼만 여겨진다. 그럴 수도 있지만 해법은 단순하다. 당신이 일상에서 질문의 힘을 세우기를 원하고 변화를 꿈꾼다면 다음에 소개하는 질문의 가장 단순한 원리 두 가지를 실천하기만 하면 된다.

첫째 '지금 당장', 둘째 '그냥' 질문하라는 것이다. 무지가 드러날까 두렵겠지만 그냥 질문해보라. 지금 당장 말이다. 좋은 질문을 던지려 너무 깊이 생각하지 말고 얕을 수도 있는 질문을 '그냥' '지금 당장' 던져보라. 예의 없는 행동이 아닐까 걱정하지 말고 궁금하다면, 모르겠다면 '그냥' '지금 당장' 질문해보라. '질문의 힘이 정말 큰 변화를 이루는가' 의심하느라 질문 던지기를 포기하지 말고 '일단' '지금 당장' 질문을 던져보라. '지금 당장' '그냥' 질문하는 과정을 거치지 않고 질문의 힘을 회복하고 세울 방법은 없다.

애플의 스티브 잡스는 직원들에게 항상 "왜?"라는 질문을 던졌다고 한다. 현재보다 더 나은 제품개발, 솔루션을 찾기 위해 필요한 것이 질문이었기 때문이다. 아이팟 개발 초기에 스티브 잡스는 "왜 사용자가 아이팟에 있는 음악을 쉽게 찾을 수 없을까?"라는 질문을 던졌다. 이 질문을 직원들과 공유했고 아이팟의 휠 디자인 개선을 통해 사용자들이 음악을 더 쉽게 찾을 수 있도록 고쳐나갔다.

우리나라에도 새로운 질문을 던지며 세계 1위 자리에 우뚝 선 여러 제품들이 있다. 딜라이트룸의 신재명 대표가 개발한 알람 앱 알라미(Alarmy)가 그중 하나다. 알라미는 '세계에서 가장 짜증나는 알람 앱', '악마의 알람 앱'으로 불리는 세계 1위 알람 앱이다. 독특한 여러 알람 기능을 통해 사용자가 완전히 일어나야만 알람이 꺼지도록 설계되어 있기 때문에 붙여진 이름이다.

예를 들면 '사진 모드' 알람 기능이 있다. 이 모드는 자신이 미리 등록한 사진과 일치하는 사진을 찍어야만 알람이 꺼지도록 설정하는 기능이다. 만일 사용자가 화장실 변기를 사진 모드로 등록해놓았다면 알람이 울릴 때 화장실로 가서 변기를 찍어야만 알람이 꺼진다. 바코드와 QR 코드 스캔 모드의 경우, 설정한 바코드 또는 QR 코드를 스캔해야만 알람이 꺼진다. 이러한 기능을 통해 잠자리에서 일어날 확률을 높이는 일에 성공했다.

알라미 개발은 단순한 하나의 질문으로부터 시작되었다. "어떻게 하면 사람들이 알람을 끄고 다시 잠들지 않도록 할 수 있을까?", "어떻게 하면 잠에서 사람들을 확실히 깨울 수 있을까?"

알람의 목적은 사람들을 잠에서 깨우는 데 있다. 그러나 많은 사람들이 알람을 끄고 다시 잠들었고, 신재명 대표 또한 자신의 그러한 경험이 있었기에 문제해결을 위한 이 질문을 던지게 된 것이다.

질문의 힘을 회복하고 세우기 위해서 필요한 질문은 어떤 대단한 질문이 아니다. 일상에서 누구나 던질 수 있는 평범한 질문이다. 우리는 애플을 세계 제일의 위대한 기업이라 부르기에 모든 것이 대단해 보이겠지만, 스티브 잡스가 던졌던 질문은 특별한 질문이 아니었다. 알라미를 탄생시킨 질문도 마찬가지다. 그냥 던져진 질문이다. 우리와 전혀 다를 바 없는 사람에 의해 질문이 던져졌고, 그 질문의 해법을 찾기 위해 고민한 결과가 아이팟이고 알라미다. 질문을 던지고 실행하지 않는다면 질문 자체도 의미 없는 것이 된다. 그러나 실행이 중요하다면 질문은 선행되어야 할 과제다. 실행 없는 질문도 의미 없지만 질문 없는 실행도 있을 수 없기 때문이다.

일상에서 잃어버린 질문을 회복하라. '지금 당장' '그냥' 질문 던지기를 시작하라. 질문 회복이 지속되면 '질문의 힘' 회복도 그리 멀지 않은 때 확인할 수 있다. '정말 그럴까?' 의문이 드는가? 좋다! 그런 의문이라도 품어라. 자신 있게 말하지만 이 이야기는 필자 혼자만이 제시하는 해법이 아니다. 필자보다 대단한, 수많은 성공자들이 공통적으로 이야기해온, 누구에게나 '알려진 해법'이다. 다만 실행하는 이들이 적을 뿐이다. 이 책을 손에 들고 질문법에 대해 고민하는 여러분이 질문의 '실행자'가 되기를 원한다. 일상에서 '그냥' '지금 당장' 질문 던지기를 시작하라. 일단 그것으로 족하다.

나와 세상을 아는
지식의 질을 높이는 질문

　'철들다'는 말이 있다. 이전과 다른 생각, 행동 변화를 보이는 젊은이들에게 철들었다는 말을 하곤 한다. 철들어가는 사람들은 이전에 던지지 않던 질문을 던지기 시작한다. 던진 질문에 대해 자신만의 답, 해답의 질을 높여가며 행동이 바뀌는 모습을 보인다. 반복되는 일상에서 새로운 가치를 발견하고 의미를 부여하면서 일어나는 변화다. 이들은 일상의 사소한 일 가운데서 감사의 이유를 찾기 시작한다. '가족이란 무엇이지?', '매일 먹는 삼시세끼가 누구에게나 당연한 것은 아니구나!', '행복은 먼 미래에만 있는 것이 아닌, 주어진 오늘 그 자체가 감사이구나!'

　그노티 세아우톤(γνῶθι σεαυτόν)
　이것은 고대 그리스철학의 핵심 주제가 된 소크라테스의 말 '너 자신을 알라!'의 그리스어다. 소크라테스는 인간이 자기 인식과 성찰을 통해 자신에 관한 지식과 가치에 대한 이해를 추구해야 함을 강조했다. '너 자신을 알라'는 말은 그의 이러한 강조점을 잘 드러내주고 있다. 소크라테스는 이를 이루기 위해 대화와 질문을 통한 철학적 탐구를 추구했다. '산파술'이라고도 하는 소크라테스 대화법은 질문을 통해 상대방이 자신을 알아가고 깨달음을 얻을 수 있도록 도와주는 기법이다. 이 과정을 통해 사람들은 자신의 믿음과 지식의 근거를 확립하고, 더 나은 삶을 향한 기반이 마련된다고 믿었다. 철든다는 것도 이 과정을 거치는 가운데 주어지는 성숙이다. 우리는 자문자답하고, 타인에게 질문을 던지며, 자신과 세상을 알아가는 기회를 통해 자신을 더욱 사랑하게 되고, 관계 속에서도 더욱 성숙한 사람, 철든 사람이 되어가는 것이다.

2003년 4박 5일로 태국 여행을 다녀온 이래, 지금까지 4개 대륙 36개국을 여행했다. 첫 여행 이후 시간만 나면 떠난 셈인데, 상황에 따라 하루 방문한 국가도, 6개월 이상 체류한 국가도 있다. 남보다 여유가 있어 떠난 여행은 아니다. 시간적으로, 재정적으로 여유 있었던 적은 없다. 여행을 떠나기 위해 포기해야 하는 일상의 무게 또한 만만치 않았다. 다만, 여행이 선물해준 색다른 느낌, 깨달음이 또 다른 여행으로 나를 이끌었다.

많은 이들이 여행의 중요성에 대해 이야기한다.

"세계는 한 권의 책이다. 여행하지 않는 사람은 그 책의 한 페이지만 읽는 것

과 같다." - 아우구스티누스

"여행을 떠날 각오가 되어 있는 사람만이 자기를 묶고 있는 속박에서 벗어날 수 있다." - 헤르만 헤세

"여행은 정신을 다시 젊어지게 하는 샘이다." - 안데르센

"여행은 그대에게 적어도 세 가지 유익함을 가져다줄 것이다. 하나는 타향에 대한 지식이고, 다른 하나는 고향에 대한 애착이며, 마지막 하나는 그대 자신에 대한 발견이다." - 브하그완

"진정한 여행이란 새로운 풍경을 바라보는 것이 아니라 새로운 눈을 가지는 데 있다." - 마르셀 프루스트

"여행은 언제나 돈의 문제가 아니고 용기의 문제다." - 파울로 코엘료

여행을 떠나면 보는 것이 다르고 듣는 것이 달라진다. 이전의 일상과 다른 느낌을 받고 다른 생각을 하게 된다. 여행을 다녀오면 언제나 새로운 다짐과 결심을 하게 되고 이전에 없던 일상이 내 삶에서 시작되곤 했다. 그것이 가능한 이유는 여행을 통해 이전이라면 들지 않던 의문이 생겨나고 던지지 않던 질문이 솟구치는 과정이 반복되었기 때문이다.

그렇다고 해서 떠나는 여행만이 우리에게 질문을 던져주는 것은 아니다. 원하지 않던 고난 앞에서도 우리는 무수히 많은 질문을 던지게 된다. '왜 나에게 이런 일이 일어나는 거지?', '열심히 일한 결과가 이것뿐이란 말인가?', '저 사람은 나보다 잘난 것도 없이 승승장구하는데 나는 왜 이런 거지?'

그런데 이 과정을 거쳐 좋은 결과를 얻는 경우는 흔치 않고, 많은 이들이 이러한 질문 앞에서 자포자기하고 다시는 새로운 도전 없이 주어진 인생을 살곤 한다.

스티브 잡스의 삶도 그런 위기의 순간을 여러 차례 경험했다. 그는 미혼모의 자녀로 태어났고 다른 가정에 입양되어 양부모와 어린 시절을 보냈다. 양부모가 아무리 그를 사랑으로 대해줬을지라도 자아가 확립되기 이전 그가 던졌을 수없이 많은 질문을 어렵지 않게 상상해볼 수 있다. 성장하면서 어려움은 끝나지 않았다. 넉넉하지 않은 가정형편 때문에 다니던 대학을 중퇴해야 했다. 우리는 그가 이룬 결과를 보며 그의 이전의 어려운 일들을 아름답게 포장하지만 그 시절은 잡스에게 포장할 수 없는 아픔 그 자체였다. 우여곡절 끝에 스무 살 되던 해 잡스는 부모님 차고에서 스티브 워즈니악과 새로운 일에 도전하게 된다. 애플은 그렇게 시작되었고 10년이 지나 4000명의 종업원을 거느린 거대 기업이 되었다. 그러나 서른 살이 되던 해 잡스는 자신이 창립한 회사에서 쫓겨나게 된다. 그는 그때의 심정을 스탠퍼드대 졸업식 축사에서 이렇게 표현했다.

"저는 인생의 초점을 잃어버렸고, 뭐라 말할 수 없는 참담한 심정이었습니다. 전 정말 말 그대로, 몇 개월 동안 아무것도 할 수가 없었답니다. 마치 달리기 계주에서 배턴을 놓친 선수처럼 말이지요. 저는 완전히 '공공의 실패작'으로 전락했고, 실리콘 밸리에서 도망치고 싶었습니다."

자신이 창업한 회사에서의 해고는 너무나도 고통스러운 것이었지만, 스티브 잡스의 마음을 꺾지는 못했다. 그는 다시 시작하기로 결심했고 5년 후 '넥스트', '픽사' 등 세계 최초의 애니메이션 제작사의 운영자가 되었을 뿐 아니라, 위기를 맞이한 애플의 최고 경영자로 다시 복귀한다. 무엇이 이것을 가능하게 한 요인일까?

다양한 요인 중 으뜸은 질문이다. 많은 성공자들은 증언한다. 어려운 일을 마주할 때 질문을 통해 자신을 돌아보고 현실을 직시하는 기회를 얻음으로써 위기를 극복할 수 있었다고 말이다. 스티브 잡스가 애플에서 쫓겨났을 때 그는 완전히 '공공의 실패작'으로 전락했고, 실리콘 밸리에서 도망치고 싶었을 뿐이라고 말했다. 그러나 그의 마음속에서는 '뭔가가 천천히 다시 일어나기 시작했다'고 고백한다. 그것이 무엇일까?

그것이 질문이다. 그는 자신이 원하는 것이 무엇인지를 스스로 묻고, 그 질문을 통해 일에 대한 자신의 열정을 확인할 수 있었다. 누가 보아도 실패의 자리였지만 그 자리에서 새로운 도전으로 나아갈 수 있었던 것은 자신과 세상을 향한 질문과 자신만의 답변이 있었기 때문이다. 스티브 잡스는 한 언론과의 인터뷰에서 사람들에게 다음과 같이 조언했다.

"우리는 자라면서 보통 이런 말을 듣게 된다. '세상은 원래 이런 거야', '너의 삶은 그저 세상의 틀 안에서만 사는 거야', '세상에 너무 부딪치려고 하지 마라', '가족도 좀 꾸리고 재밌게 살고 돈도 좀 모으고 말이다.' 그런데 인생은, 삶은 더 다채로워질 수 있다. 단 하나의 사실만 깨우친다면 말이다. 그건 바로 인생이라고 부르는 주변의 모든 것들은 사람들에 의해 만들어졌다는 것이다. 당신보다 똑똑하지 않은 사람들 말이다. 그러니 당신은 세상을 바꿀 수 있고, 영향을 줄 수 있고, 당신만의 것을 만들 수 있다. 다른 사람들이 사용하도록 말이다. 일단 이것을 깨닫게 된다면 삶이 이전 같지 않을 것이다."

조금 더 다채로운 삶을 살기를 원하는가? 자신과 세상을 향해 질문을 던져라!

다른 이들의 성공이 부러운가? 자신과 세상을 향해 질문을 던져보라. 나는 누구인가? 무엇을 할 수 있으며, 성공을 위해 채워야 할 부족은 무엇인가? 이런 질문을 던지며 자신에게 기회를 주어야 한다. 오늘보다 나은 내일을 위해 자문자답하며 성장을 추구하는 것은 잘못이 아니다. 인생이 누릴 자유다.

당신은 세상을 바꿀 수 있고,

당신은 영향을 줄 수 있으며,

당신은 이전과는 다른 삶, 자신이 원하는 성공을 자신의 것으로 만들어갈 수 있는 존재다.

이것을 믿어라. 사실이기 때문이다.

이제 필요한 것은 질문을 던지는 것이다.

"나에게 필요한 것은 무엇인가?"

"내가 던져야 했음에도 던지지 않은 질문은 무엇일까?"

인공지능 시대,
질문의 시대다

웰즐리 대학(Wellesley College)은 리버럴 아츠(Liberal Arts) 교육을 중시하는 미국의 명문 여성 대학이다. 매사추세츠 주 웰즐리에 위치한 웰즐리 대학에는 독특한 입학식 전통이 있는데, 그것이 바로 입학식 시작을 알리는 신입생과 총장의 문답이다.

강당 안에는 총장 및 교수들이 연단 위에 자리해 있다. 신입생들은 복장을 갖추고 입학식이 열리는 강당 문 앞에 도열해 있다. 학생 대표는 나무망치로 굳게 닫힌 강당 문을 두드리며 "We are here!(우리가 여기 있습니다!)"라고 외친다. 이에 강당 문이 열리고, 총장은 도열해 있는 학생들을 향해 "Who knocks at the door of learning?(누가 배움의 문을 두드립니까?)" 하고 묻는다. 학생들은 "to awaken my spirit through hard work and dedicate my life to knowledge!(진리를 탐구하여 영혼을 깨우고 싶습니다!)"라고 화답하는데, 다음으로 총장이 "then you are welcome, I now declare the Academic Year begun. your education begins now(당신을 환영합니다. 이제 새 학기의 시작을 선포합니다. 지금부터 여러분의 교육이 시작됩니다)"를 외치며 입학식은 시작된다. 미국의 외교학자이자 최초의 여성 국무장관을 역임한 매들린 올브라이트, 빌 클린턴 대통령의 부인이자 국무장관을 역임한 힐러리 클린턴도 웰즐리 대학 출신이다.

웰즐리 대학의 특별한 입학식 전통은 '대학은 어떤 곳인가?' 하는 물음에 대한 분명한 답을 제시해주고 있다. '진리를 탐구하며 영혼을 깨우는 곳', '배움의 전당'으로서의 대학의 참된 의미를 잘 표현해주는 것이다. 이것은 비단 웰즐리 대학만의 정의는 아니다. 케임브리지 대학의 문장(紋章)은 라틴어 "Hinc lucem et pocula sacra(힌크 루켐 엣 포쿨라 사크라)"로, 의역하면 '이곳으로부터 귀중한 지식과 계몽이 시작된다'이다. 하버드 대학의 문장은 '진실'을 의미하는 라틴어 "Veritas(베리타스)"로, 대학의 핵심 가치가 지식 탐구와 진실 추구에 있음을 잘 드러내 보여준다.

대학을 '상아탑'이라 일컬어온 것도 이 때문이다. 코끼리는 죽어서 흙으로 돌아가지만 상아는 오랜 시간 보존되며 고귀하고 값비싼 물건의 상징 중 하나가 되었는데, 이 때문에 대학을 지식과 학문의 근원이자 고상한 곳이라 여겨 상아탑이라 불러온 것이다.

대학의 중요성은 예나 지금이나 변함없다. 그러나 시간이 흐르며 대학의 위상에도 변화가 일어나고 있다. 배움의 전당, 독점적인 지식 공동체로서 대학이 감당했던 역할과 위상은 예전만 못한 것이 현실이다. 여러 가지 요인이 있지만 인터넷의 발달과 다양한 온오프라인 콘텐츠의 증가는 대표적인 요인 중 하나다.

지금은 대학 수준 이상의 자기계발을 지원하는 학습공동체들이 많이 생겨났다. 대학 교육비용은 상승하는 반면 교육의 질은 떨어지고 있다며 대학 교육의 질적 가치에 대해 물음표를 던지는 이들도 점점 늘고 있다. 이런 사람들에게 저비용 고퀄리티 대안교육은 매력적으로 느껴질 수밖에 없다. 다양한 온라인 교육 플랫폼의 확산은 이러한 움직임을 더욱 가속화시키고 있다.

기술 산업의 성장도 빼놓을 수 없는 요인 중 하나다. 빠르게 변화하는 산업사회 현장에서 이제 대학 학위보다 실제 경험과 역량을 더 중요하게 판단하기 시작했다. 기업은 대학 졸업자들 중 사회가 요구하는 능력을 준비하지 못한 이들을 경험하며 채용 기준에 변화를 주기 시작했다. 그리하여 대학을 나와도 취업하지 못하는 이들이 늘어나기 시작했다.

오늘날, 임계점을 넘어 새로운 시대를 선포하는 듯한 여러 인공지능 시스템의 출현은 사람들에게 위기감까지 느끼게 한다. 지금까지의 교육 방식으로는 변화하는 시대를 선도하기는커녕 따라가기도 힘들다는 판단에서다. 그러다 보니 대학을 가지 않고 전문 기술 향상을 도모하는 이들도 증가하는 것이 오늘의 현실이다.

그렇다고 대학이 필요 없다 할 수 있는가? 결코 그렇지 않다. 대학은 직업인을 양성하고 기술만 가르치는 곳이 아니다. 기술 이전에

교양인으로서의 초기값을 준비하며 사회 구성원으로 살아갈 수 있는 역량을 세우는 것이 대학의 가장 중요한 존재 이유다. 교육 전문가 켄 로빈슨(Ken Robinson)은 TED 강연 '학교가 창의성을 죽이는가?(Do Schools Kill Creativity?)'에서 다음과 같은 주장을 했다.

"학교는 창의적 사고를 중요시해야 하는데 그것은 우리가 미래에 대한 예측을 할 수 없기 때문이다. 우리는 학생들에게 독창적인 사고와 문제해결 능력을 키우도록 도와주어야 한다. 교육의 목적은 단순한 시험 점수가 아니라, 학생들의 창의력과 개성을 발전시키는 것이다."

문제의 핵심이 바로 이 부분이다. 교육을 통해 사고역량을 훈련하며 창의성을 세워가는 곳이 대학이어야 하는데, 대학을 통해 이러한 배움이 충분히 진행되고 있는지에 대해 물음표를 던지는 이들이 늘고 있다는 것이다. 시대가 급변할수록 배움의 본질에 충실한 이들이 변화에 발맞춰갈 뿐 아니라 변화의 중심에서 시대를 선도해갈 수 있다. 인공지능 전성시대에도 이러한 사실에는 변함이 없다. 기존의 지식 체계와 전문 분야의 경계가 허물어지면서, 다양한 전문가들이 협업을 통해 새로운 아이디어와 혁신을 이끌어내는 것이 우리가 사는 오늘이다.

인공지능과 같은 첨단 기술의 발전으로 정보 접근성이 크게 향상되었고, 이러한 기술들은 전례 없는 방식으로 새로운 지식을 생성하고 활용할 수 있는 기회를 안겨주고 있다. 이처럼 변화가 급속도로 이루어지는 시대에 질문의 중요성은 더욱 강조된다. 저널리스트이자 작가인 토머스 프리드먼(Thomas Friedman) 역시 자신의 책《늦어서 고마워(Thank You for Being Late)》에서 인공지능 시대에는 인간의 창의력, 질문 능력, 공감 능력이 더욱 중요해진다고 강조한다.

"인공지능은 많은 일을 처리할 수 있지만, 그것만으로는 충분하지 않다. 인공지능이 처리하지 못하는 복잡한 문제를 해결하기 위해서는 인간의 질문 능력과 창의력이 필수적이다. 이를 통해 인간의 고유한 가치를 창출하고, 더 나은 미래를 만들어갈 수 있다."

애플의 공동창업자 스티브 워즈니악(Steve Wozniak)도 인공지능 시대에는 인간의 창의성과 질문 능력이 더욱 중요하다고 강조한다.

"인공지능은 많은 작업을 처리할 수 있지만, 인간의 창의성과 질문 능력은 여전히 필수적이다. 인간과 인공지능은 서로 상호보완적인 역할을 해야 하며, 인간의 창의성과 질문 능력이 인공지능 발전에 도움이 될 것이다."

질문은 우리가 현재의 지식과 이해를 넘어서 새로운 관점과 접근 방식을 찾아낼 수 있게 해주는 도구다. 복잡한 현상을 이해하고 분석하기 위해 기존의 가정들을 뒷받침하거나 반박하는 증거를 찾아낼 수 있도록 도와주는 것도 질문의 힘이다. 질문을 던지는 과정을 통해 우리는 더 세밀하게 문제를 파악하고 새로운 해결책을 제시하므로 확실히 문제를 해결할 수 있게 된다.

만일 질문 없이 인공지능의 탁월한 정보처리 능력에만 의존한다면, 그러한 사람은 시대 변화에 발맞춰갈 수 없다. 인공지능은 우리에게 거의 무한한 양의 정보를 제공해준다. 이것이 다가 아니다.

이를 바탕으로 더 빠르고 정확한 결론에 도달할 수 있는 길을 우리에게 열어주고 있다. 챗GPT와 Bard는 그 확실한 증거다. 우리가 챗GPT와 Bard 질문법에 대해 고민하는 것도 그것을 제대로 활용하기 위함이다.

챗GPT와 Bard를 잘만 활용한다면 다가오는 시대에 생존 너머 영향력을 키워갈 수 있을 것이다. 그러나 기억해야 한다. 인공지능이 자신이 던져야 할 질문을 대신해주지는 않는다는 사실을 말이다. 스스로 질문을 던질 수 있는 역량을 준비하지 않은 이들에게는 챗GPT와 Bard의 뛰어남도 아무런 도움이 되지 않을 것이다.

인공지능 시대에 질문은 우리가 준비해야 할 더욱 중요한 역량임을 기억하라. 질문을 던지고 탐구하는 능력은 인공지능 시대에도 여전히 중요한 창의력의 핵심이다. 지속적인 교육과 연구를 통해 더 나은 질문을 던지는 능력을 키우는 것은 전문가뿐만 아니라 모든 이에게 필수적이다. 이를 통해 우리는 끊임없이 변화하는 시대에 적응하고, 지식의 새로운 경계를 개척하며, 인류의 발전을 이끌어낼 수 있는 것이다.

우리는 인공지능을 도구로 활용해야지 인공지능의 도구가 되어서는 안 된다. 인공지능을 적극 활용하여 스스로 더 나은 질문을 던질 수 있는 상황을 디자인해보라. 이를 통해 당신의 지식과 이해를 한 단계 더 높일 수 있는 기회, 이전에 없던 기회가 오늘 당신에게 주어졌음을 기억하라.

질문의 수준이
답의 수준을 결정한다

　우리는 매일 다양한 상황에서 질문을 한다. 이 질문들은 우리가 새로운 아이디어를 얻거나 문제를 해결하는 데 매우 중요한 역할을 한다. 회사에서 새로운 프로젝트를 시작할 때도 다양한 사람들과 함께 회의를 진행하며 질문을 주고받는다. 연구개발(R&D) 부서에서도 새로운 제품 개발이나 기술 혁신을 위해 지속적으로 질문을 던지며 아이디어를 발굴한다. 이 과정에서 질문을 통해 다른 이들의 의견과 아이디어를 듣고, 프로젝트의 방향성을 결정하고 수정, 보완한다.

　질문은 서로 다른 시각을 가진 사람들의 의견을 수용하고, 더 나은 결정을 내릴 수 있는 기회를 제공한다. 기존 방식에서 벗어나 새로운 접근법이나 기술을 도입할 수 있게 되는 것도 질문을 통한 결과다. 개인은 물론이요 기업의 성장과 발전에서도 질문능력은 결정적인 역할을 한다.

　또한 질문은 사회적 이슈에 대한 깊은 이해와 변화도 이끌어낸다.

기후변화와 관련된 환경 문제가 대두되면 사람들은 다음과 같은 질문을 던지기 시작한다.

'기후변화의 원인은 무엇이며, 인간 활동은 어떻게 기후변화에 영향을 미치고 있는가?'

'기후변화 문제는 인간과 지구 생태계에 어떤 영향을 미치고 있는 걸까?'

'정부와 기업, 개인이 기후변화와 관련된 환경 문제를 해결하기 위해 어떤 정책과 노력을 취해야 하는가?'

'기후변화에 대응하기 위해 어떤 신기술과 에너지 전환 방안이 제안되고 있으며, 이러한 기술과 방안은 현실성이 있는 것일까? 현실성이 있다면 그 효과는 어느 정도일까?'

여전히 환경 문제 중에는 미해결 과제들이 산적해 있지만 이러한 질문들이 있었기에 그나마 우리가 사는 '오늘'을 만들어올 수 있었다. 사람들은 질문을 통해 사회적 이슈에 대해 더욱 깊은 이해를 얻을 수 있고, 공동체는 이를 해결하는 데 필요한 변화를 촉구하며 노력하기 때문이다.

질문은 문제해결 과정에서 중요한 역할을 한다. 의사는 진료하는 과정에서 질문을 통해 환자의 증상, 병력, 생활습관 등을 파악한다. 문진(問診)은 도구를 통한 의료기술 이전에 환자의 상태를 파악하는 '물어(問) 보는(診)' 의사의 능력이다. 질문을 통해 얻은 정보들을 바탕으로 환자에게 가장 적합한 치료 방안을 찾아내고, 빠르게 치료를 진행할 수 있게 된다. 질문은 문제의 본질을 파악하고, 이를 해결하는 새로운 방법을 찾을 수 있는 능력이다.

1962년, 제임스 왓슨(James Watson)과 프랜시스 크릭(Francis Crick)은 DNA의 이중나선 구조를 발견한 업적에 힘입어 노벨상을 수상했다. DNA의 이중나선 구조의 발견은 유전자 엔지니어링, 유전학의 발전과 생명과학의 핵심 원리를 이해하는 데 매우 큰 영향을 준 사건이다. DNA는 우리 몸 세포에 있는 생명체의 설명서다. DNA는 우리의 생긴 모습, 키, 눈 색상 등을 결정하는 정보를 가지고 있고, 우리가 어떤 생물로 살아갈 수 있는지에 대한 이유를 담고 있다. 부모가 자식에게 유전적 특성을 전달할 때 DNA는 결정적인 역할을 한다. 이중나선 구조의 발견이 있었기에 인류는 유전자를 어떻게 복사하고 수정할 수 있는지, 유전자 정보를 어떻게 저장하고 전달할 수 있는지 이해할 수 있게 되었다.

인간의 수많은 병과 유전적 질환을 치료하거나 예방하는 새로운 방법을 찾을 수 있는 것도 DNA의 이중나선 구조 발견이 있었기에 가능한 일이다. 이중나선 구조의 발견을 통해 유전학을 넘어 모든 생명체의 비밀을 이해하는 능력이 향상된 것이다. 인간과 생물, 모든 생명체가 지닌 질병에 대한 새로운 치료법을 연구하며 이룬 수많은 업적들도 이 연구 과정의 성취결과가 있었기에 가능한 일이었다. 그런데 이 모든 결과를 가능하게 만든 원천 능력, 기술은 무엇일까?

그것이 질문이다. 질문 없이는 문제를 발견할 수도 없고 문제를 해결할 수도 없다. 모든 영역에서 마찬가지다. 문제를 발견하고 해결해가는 과정에서 반드시 필요한 것이 질문이다. 한두 번의 질문만으로는 이룰 수 없다. 수없이 많은 질문을 통과해야만 한다.

질문은 차이를 발견하고 차이를 만드는 최고의 도구다. 차이의 발견을 통해 문제를 해결하는 것은 물론이요 아이디어의 질을 높여가며 차원이 다른 결과를 얻을 수 있다. 그러기 위해 서로 다른 시각과 의견을 존중하고, 이를 바탕으로 더 나은 결정을 내릴 수 있는 질문의 힘을 극대화하는 노력이 필요하다.

그리고 이때 필요한 노력이 질문의 질을 높여가는 것이다. 질문의 수준이 높아질수록 얻을 수 있는 답의 수준도 높아진다. 문제를 더 깊이 탐구할 수 있으며, 이를 통해 더 좋은 아이디어와 해결책을 찾을 수 있다. 질문의 수준을 높이기 위해서는 문제의 다양한 측면을 고려해야 한다. 예를 들어, 스마트폰 중독 문제를 해결하길 원한다면 기술적 측면뿐 아니라 심리적, 사회적 측면까지 고려한 질문을 던질 때 더 효과적인 해결책을 찾을 수 있다.

문제는 단편적이지 않다. 다양한 문제의 원인을 찾고 문제점을 해결할 때 문제는 해결된다. 문제의 본질을 파악하고, 더 효과적인 해결책을 찾길 원한다면, 누구나 던질 수 있는 질문을 넘어 차원이 다른 질문을 던질 수 있어야 한다. 그것이 이 책의 목적이기도 하다.

챗GPT와 Bard 활용을 위한 다양한 질문 방법을 나누는 것은 첫 번째 목표다. 궁극적으로는 세상을 살며 만나게 되는 다양한 문제를 해결할 수 있는 원천능력으로서의 질문역량을 세워가는 것을 목표로 한다. 그래서 필요한 것이 자기계발 노력이다. 다양한 분야의 책을 읽고, 사람들과 대화를 나누며, 전문가들 강연에도 귀 기울이는 습관이 필요하다. 이런 노력을 통해 경험과 지식은 확장되며 새로운 관점을 가질 수 있게 된다. 이 과정을 통과해야 더 깊이 있는 질문을 할 수 있는 기반을 마련하게 된다.

발명왕 에디슨도 다르지 않았다. 타고난 천재로서의 에디슨만 생각해서는 안 된다. 그도 자기계발 과정을 통해 질문의 질을 높여가는 노력을 했다. 그 결과로 기술 차이를 지닌 혁신적인 발명, 제품을 세상에 선보일 수 있었다. 모든 선구적 성취의 중심에는 질문이 있었고, 질문의 질을 높이기 위한 뼈를 깎는 노력이 있었음을 기억해야 한다.

다음 2장에서는 우리가 일상을 살며 던질 수 있는 다양한 유형의 질문에 대해 살펴볼 것이다. 이 책을 통해 잘 정리된 정보, 다양한 질문들, 구체적인 사례를 만날 수 있다. 중요한 것은 그것을 바탕으로 스스로 질문을 던져보는 것이다. 책이 제시한 다양한 질문 던지기를 지속해야 한다. 질문의 질을 높여가기 위한 노력도 뒤따라야 한다. 책에 있는 정보를 자신과 연결지으며 체화된 역량으로 만들기 위해서는 반드시 실행이 뒤따라야 한다.

질문을 던지고, 질문의 질을 높이기 위한 노력만 지속하라. 누구나 자신이 속한 분야에서 더 나은 해결책을 찾고, 새로운 아이디어와 관점을 발견할 수 있을 것이다. 질문을 통해 우리의 지식과 경험은 확장되며, 질문의 질을 높이는 과정을 통해 더 나은 미래가 디자인된다는 사실을 이 책을 통해 발견하고 그것을 실행하기를 바란다.

2장

챗GPT와 Bard 질문법
사용설명서

의문에서 질문으로 나아가라
_ 의문의 방향성은 질문이다

"왜 하늘이 파란색인가요?"

"왜 밤이 되면 어두워지나요?"

"동물들은 왜 말을 못하나요?"

"왜 잠을 자야 하나요?"

"왜 손을 씻어야 하나요?"

"왜 강아지는 꼬리를 흔들어요?"

아이들은 호기심이 많다. 일상의 모든 것을 궁금해한다. '왜 저런 것까지 물어보는 걸까?' 싶을 정도로 질문한다. 보이는 모든 것, 들리는 모든 것이 호기심의 대상이다. 부모라면 누구나 아이들의 질문에 성심성의껏 답해준다. 부모로서 당연히 해야 할 일이라 생각한다. 다른 어떤 부모보다도 훌륭하게 부모 역할을 감당하고 있음을 뽐내는 기회로 여기기도 한다. 그러나 그것도 잠시다. 아이들의 끝없는 질문에 부모는 지치기 시작한다. '질문 좀 그만하라'고 아이들을 타이른다. 그래도 이어지는 아이들 질문에 '질문 그만!' 하고 화내는 부모의 모습은 낯선 장면이 아니다.

모든 부모는 자녀에게 더 좋은 교육을 제공해주기 위해 노력한다. 더 좋은 유치원, 더 좋은 학교를 보내기 위해 최선의 노력을 다한다. 그런데 더 좋은 교육이란 무엇일까? 이 질문에 빠질 수 없는 정답은 질문하고 답변을 찾아가는 사고과정 자체가 공부의 핵심이라는 사실이다. 학교든 가정이든, 그 어디든 간에 아이들 교육에서는 그들의 호기심을 채워가는 노력에 관심을 가져야 한다. 배워야 할 것을 배우며 또 다른 호기심을 만들고 채워갈 수 있는 환경 안에서 교육이 진행되어야 한다. 그것 없는 좋은 교육은 있을 수 없다. 아이들의 변화와 성장이 빠른 이유도 여기에 있다. 아이들은 질문을 통해 호기심을 채우고 세상을 알아가며 지식과 경험을 확장해간다. 질문을 통해 세상을 이해하고, 문제해결 능력과 창의력을 발전시켜간다.

그런데 안타까운 것은 많은 이들이 나이 들면서 질문에서 멀어진다는 사실이다. 초등학교, 중학교, 고등학교를 거치며 질문을 통해 호기심을 해결하기보다 정해진 교과 진도를 수용하는 데 온 힘을 쏟는다. 학습된 무능력인 '체면' 때문에 질문을 던지지 않은 채 세월만 흘러간다. 어린 시절 1, 2년의 성장은 변화무쌍하지만 성인이 된 이후 5년, 10년의 변화는 흐르는 세월 그 이상의 변화를 나타내지 못한다. 자신도 모르는 사이에 나태함에 빠져드는 것이다.

이 같은 성인의 나태함이 무서운 이유는 누구도 통제해주지 않는다는 사실에 있다. 학창시절의 나태함은 수정, 보완할 기회가 주어진다. 부모와 교사의 경고와 지도 가운데 어느 정도 조절 가능하다. 한 걸음 나아가 통제의 대상이 된다. 생각해보라. 당시 우리들의 불만은 통제받는 데 있었다. 자율성을 존중해주지 않는다며 반항하기까지 했다. 그러나 성인이 된 이후 나태함에 대해서는 어느 누구도 간섭하지 않는다. 오로지 스스로 결정해야만 한다. 이 상황이 성인이 된 이들의 변화 가능성을 약화시키는 것이다.

자율성, 주도성이 중요하다고 통제 자체를 부정해서는 안 된다. 이는 타인에게 통제받아야 하는 것에 대한 강조가 아니다. 주도성은 자기 통제시스템이 가동될 때 가능한 일이다.

학창(學窓) 시절이란 배움의 창가에 머무는 시절을 의미한다. 많은 이들이 성인이 된 이후 배움의 창가를 가까이하지 않는다. 그런데 학창시절이 교실에 제한되어서는 안 된다. 세상을 살아가며 이루어지는 모든 배움의 자리가 학창(學窓)이어야 한다. 학창을 떠나는 순간 사람들은 나태함에 빠져들기 쉽다. 성인의 나태함에 빠지지 말아야 하지만, 사실 잠시 빠질 수는 있다. 하지만 그 상황의 지속을 두려워해야 한다. 머물러 정체되어서는 안 된다. 모든 것이 빠르게 변화하는 인공지능 시대에는 더욱 그렇다.

모든 것을 바꾸라는 말이 아니다. 변화해서는 안 되는 소중한 것들을 지켜내길 원한다면 변해야 하는 것이 무엇인지를 알고 변화시켜가는 노력을 지속해야 한다. 이때 다른 누군가의 통제가 아닌 스스로 자신을 절제하고 통제해가는 노력이 필요하다. 어린 시절 경험한 빠른 변화와 성숙은 성인이 된 이들에게는 힘든 과제인 걸까? 그렇지 않다. 스스로 질문을 던지고 새로운 지식과 정보를 수용하는 배움의 창에 머물기를 결심하고 실행한다면 변화는 지금도 계속 진행될 수 있다.

그렇다면 어떻게 해야 할까? 의문의 방향성은 질문이다. 의문을 질문으로 바꾸는 훈련을 해야 한다. 누구나 일상에서 의문을 품기 마련인데, 그 의문을 질문으로 바꾸는 일에 익숙해져야 한다.

의문은 사람들 마음속에서 자연스럽게 생기는 궁금증이다. 호기심을 드러내는 현상이다. 의문은 아직은 알 수 없는 것, 해결되지 않은 과제다. 골치 아픈 것, 고민스럽고 곤란한 상황도 의문을 유발하는 상황이다. 꿈과 목표도 달성해야 하는 과제인 동시에 해결해야 할 많은 의문을 품고 있는 현안들이다. 이러한 의문을 구체적인 질문으로 바꿔 던지는 훈련을 해야 한다.

하지만 많은 사람들이 일상의 의문을 미해결 상태로 그냥 그대로 두고 살아간다. 우리 일상이 미해결과제로 가득 찬 상태일 때, 변화 없는 정체가 진행된다. 나아가 퇴보하기까지 한다. 원하는 목표가 있는가? 그 목표 달성을 원하는가? 그렇다면 목표에 부합한 행동을 해야 한다. 모든 목표 달성에서 의문의 질문화는 필수과정이다. 결과를 바꾸려면 노력을 바꿔야 한다. 결과의 원인에 해당하는 노력이 지속되어야 한다. 의문의 질문화가 그 노력의 중심에 있다.

몸의 건강을 위해서는 잘 먹고 잘 자는 것이 중요하다. 관계를 통해 건강한 심리상태를 유지하는 것도 중요하고, 운동을 통해 몸의 밸런스를 맞추는 것도 중요하다. 이때 중요한 것이 배변 활동이다. 몸에 수용된 물과 음식들이 영양분으로 소화되는 과정도 중요하지만, 남은 찌꺼기들이 잘 배설되어야 한다. 아무리 잘 먹고 잘 자도 배설이 원활하지 않으면 건강에 적신호가 켜진다. 가스의 방출도 중요하다. 단기적 몸의 변비는 불편할 뿐이지만 지속되면 심각한 건강 악화를 초래한다. 단순한 문제가 아니다.

지적 변비 또한 다르지 않다. 반드시 해결해야만 하는 과제다. 배웠다면 어떤 방식으로든 표현되어야 한다. 말과 글로, 삶으로 표현되어야 한다. 표현되지 않은 사랑은 사랑이 아니라고 했던가. 마찬가지다. 표현하지 않으면 그에게 어떤 배움이 있었는지 알 수 없다. 사람의 변화와 성숙은 표현 과정을 거치며 완성되어간다.

의문을 질문으로 만드는 일도 마찬가지다. 의문은 질문이 될 때 우리 삶을 성장시키는 자양분이 된다. 표현되지 않은 의문이 쌓일 때 그것은 인생의 찌꺼기가 되어 우리 삶을 잠식해간다. 자신 삶의 변화 기회를 가로막는 것이 표현되지 않은 의문임을 많은 사람들은 알지 못한다.

다산 정약용은 18년 동안 유배 생활을 하면서《목민심서》,《경세유표》등 수백 권의 저서를 남겼다. 1년에 평균 30권 가까운 저서를 남겼다. 다산의 다작 비결은 그의 '메모 습관'에서 비롯되었다. 다산은 '둔필승총(鈍筆勝聰)'을 강조했다. 무딘 붓이 더 총명하다는 뜻이다. 어설프고 서툰 기록이 총명하다는 이들의 기억보다 낫다는 말이다. 그는 "책을 읽을 때도 눈으로만 보지 말고 손으로 읽으라"고 강조한다. 기억을 믿지 말고, 손을 믿고 부지런히 기록하라고 말한다.

정보를 메모하고 의문을 질문으로 만들고 그 질문에 대한 사고의
결과, 탐구의 결과를 기록해간 습관이 다산의 다작을 가능케 했다.
의문을 질문으로 만들어갈 때 말로 하는 질문과 함께 글로 질문을 남
기는 습관을 가져라. 질문이 요구하는 답을 찾아 생각하며 독서하라.
그 흔적을 글로 기록해가라. 이 작은 습관이 당신의 목표 성취의 원
동력이 될 것임을 확신한다.

질문은 그 자체로 남아 있지 않는다. 질문에는 생각이 뒤따른다.
질문은 관심이 되어 세상을 보는 눈을 뜨게 한다. 세상은 아는 만큼
보이는 법이다. 질문하는 자에게 세상은 자신의 비밀을 드러내 보여
준다. '언론이 질문을 제대로 못하면 그 사회는 망한다'는 말이 있다.
우리 인생도 마찬가지다. 던져야 할 질문을 던지지 못한다면 우리 인
생도 제대로 세워질 수 없다.

지금 마음에 드는 의문을 질문으로 던져보라. 이 말에 동의한다면
지금 당장 시작하라. 지금 당장 질문하라. 결심에서 실행하기까지의
시간을 줄여라. 마음에 드는 의문을 그냥 질문하면 된다. 말로 질문
하고 글로 그 흔적을 남겨라. 부족한 시작을 두려워마라. 부족한 질
문이라도 좋다. 그 부족한 질문으로 자신의 빈 여백을 채워가라.

챗GPT와 Bard가 절대로 답해줄 수 없는 질문들

스스로 자문자답하는 것이 질문력을 높이는 최고의 방법이다. 챗

GPT와 Bard 질문력을 높이는 첫걸음은 일상에서 자문자답하는 습관이다. 모든 질문의 첫 번째는 자신에게 던지는 질문이어야 한다. 스스로 생각하고 생각하고 또 생각한 이후 질문의 방향을 밖으로 돌려야 한다. 그때서야 챗GPT와 Bard에게 하는 질문이 의미를 갖는다. 생각하고 또 생각하는 습관을 가진 당신에게 챗GPT와 Bard는 이전에 경험하지 못한 스승, 동료, 친구가 되어줄 것이다. 이것은 이전에 없던 기회다. 질문만 잘 던진다면 매우, 잘 준비된, 탁월한 지적 동반자가 당신의 변화와 성장을 지원해줄 테니 이보다 좋은 일이 어디 있겠는가.

아래 질문은 챗GPT와 Bard가 절대로 답해줄 수 없는 질문들이다. 자신만이 답할 수 있는 질문이다. 누구나 품을 수 있는 의문, 던질 수 있는 질문이다. 이런 질문으로부터 시작해보라. 당신 마음속에 생각이 용솟음치는 것을 경험하게 될 것이다. 때로는 떠오르지 않는 생각 때문에 답답함을 느끼게 될 수도 있다. 하지만 이는 의문의 질문화 과정에서 누구나 겪는 사고 과정이니 걱정하지 말라. 그 과정을 통해 당신의 사고는 유연해지고 이내 능숙한 'thinker', 생각하는 사람이 될 것이다. 그때 나를 향한 질문에서 벗어나 세상을 향해 질문을 던지면 된다. 챗GPT와 Bard 질문법은 그렇게 시작되어야 하며, 누구나 그 과정을 통해 탁월한 진보로 나아갈 수 있다.

1. 생각만 해도 나를 웃게 만드는 사람이 있는가? 그는 누구이며 왜 그런 것 같은가?
2. 나에게는 확실한 멘토가 있는가? 있다면 누구인가?

3. 오늘 저녁 식사에 초대하고 싶은 한 사람이 있다면?

4. 지금까지 내가 가장 자랑스러웠던 순간은?

5. 매주 참여하고 있는 정기모임이 있는가? 어떤 모임인가?

6. 갖고 싶지만 갖지 못한 물건 한 가지가 있다면?

7. 돌이킬 수 있다면 돌이키고 싶은 실수가 있는가? 무엇인가?

8. 내가 행복하기 위해 나에게 꼭 필요한 것 한 가지만 이야기한다면?

9. 역사 인물 중 나에게 가장 큰 영향을 끼친 인물은? 어떤 영향을 받았는가?

10. 나는 이런 사람은 되지 말아야지 하는 사람이 있다면? 이유는?

11. 나의 존재감을 높여주는 사람은 누구며, 만날 때마다 나의 존재감을 낮추는 사람은 누구인가?

12. 어제 내가 산 하루를 1년 내내 살아야 한다면 1년 뒤 당신의 삶은 어떠하겠는가?

13. 지금 누가 가장 부러운가? 왜 부러운가?

14. 내가 목표한 가장 중요한 일을 방해할 수 있는 현재 나의 가장 나쁜 습관이 있다면 무엇인가?

15. 최근 일을 미루다가 낭패를 당한 적이 있다면 이야기해보라.

16. 요즘 내가 새롭게 배우고 있는 것은 무엇인가?

17. 항상 노력하지만 잘 안 되는 일이 있다면 그것은 무엇인가? 그 문제를 해결하기 위해 필요한 것, 도움을 줄 수 있는 사람은 누구인가?

18. 지금부터 1년간 어디에서나 살 수 있다면 어디에서 살고 싶은가?

19. 요즘 더 친해지고 싶은 사람이 있다면 그는 누구인가? 왜 그와 친해지

고 싶은가?(나이 초월)

20. 오늘 하루, 어떤 초능력이든 하나를 가질 수 있다면 어떤 능력을 원하는가?

21. 최근 나를 가장 화나게 한 것은 무엇이며 왜 화가 났는가?

22. 지금 당장 갖고 싶은 것 세 가지는 무엇인가?

23. 최근 내 마음을 가장 불편하게 한 사람은 누구인가? 무엇이 마음을 불편하게 했는가?

24. 어떤 말을 들었을 때 가장 자존심이 상하는가?

25. 가장 좋아하는 유튜브, 최근 자주 방문하는 채널 세 가지만 소개해보라.

26. 요즘 나를 자극하여 성장하는 데 도움을 주는 사람, 또는 라이벌이 있는가? 누구이며 무엇이 나에게 도전이 되는가?

27. 올해 책을 쓴다면 어떤 주제로 책을 쓰고 싶은가?

28. 최근 나의 일상 중 기억에서 지우고 싶은 실수가 있다면 무엇인가?

29. 최근에 운 일이 있는가? 왜 울었는가?

30. 나는 언제 가장 지루해하는가?

31. 지금 해결되지 않은 갈등이 있는가? 누구와의 어떤 갈등인가? 상대가 아닌 내가 할 수 있는 갈등해결을 위한 최선의 노력은 무엇인가?

32. 지금 가장 감사한 것은 무엇인가?

33. 일주일간 자가격리에 들어가야 한다. 읽었던 책 중 2권을 가져갈 수 있다면 어떤 책인가? 왜 그 책을 선택했는가?

34. 가족이 아닌 사람 중 평생 같이 살고 싶은 사람은 누구인가? 왜 그런 생각을 했는가?

35. 최근 했던 말실수 중 후회되는 말은 무엇인가? 누구에게 한 어떤 말인가?

36. 최근 눈물을 흘린 적이 있는가? 왜 울었는가?

37. 사람들이 싫어하는 나의 단점이 있다면 무엇인가?

38. 가장 최근에 산 책 제목은 무엇인가?

39. 일주일간 경제적 자유가 주어진다면 무엇을 하겠는가?

40. 지금 나에게 없거나 부족하지만 꼭 갖고 싶은 능력이 있다면 무엇인가? 그 능력을 통해 가장 하고 싶은 일이 무엇인가?

41. 지난 1년 중 내가 베푼 최고의 선행, 착한 일은 무엇인가?

42. 최근 나에게 가장 큰 영감을 준 사람은 누구인가? 무엇이 나에게 영감을 가져다주었는가?

43. 저런 삶을 살고 싶다는 생각을 들게 한 문학작품 속 주인공은 누구인가? 무엇이 가장 부러웠는가?

44. 최근 가장 좋아하는 명언이 있다면 무엇인가?

45. 내가 목표로 하는 삶을 현재 살고 있는 사람이 있다면 누구인가?

46. 오늘 당장 해결하고 싶은 문제가 있다면 무엇인가?

47. 내일 자고 일어나면 원하는 사람의 얼굴로 일어날 수 있다. 내일 누구의 얼굴로 일어나고 싶은가?

48. 일주일 후 죽는다면, 남은 일주일을 누구와 함께 무엇을 하겠는가?

49. 내가 들은 강연 중 가장 감명 깊었던 강연은 누구의 어떤 강의인가?

50. 나는 유산을 자녀들에게 물려준다 VS 사회, 종교 단체에 기부한다. 어느 쪽인가?

질문이 구체적일수록 정확한 정보를 얻는 챗GPT와 Bard 맞춤 질문법

책을 쓰고 새로운 분야를 연구할 때 가장 큰 아쉬움은 레퍼런스의 한계다. 한 분야의 정점을 향해 나아가는 과정에서 학습은 필수불가결한 과정이다. 연구와 개발이란 기존지식을 자양분 삼아야 하는 일이다. 참된 창의를 위해서 기존지식을 배우고 익히는 학습과정이 선행되어야 하는 것이다.

사업이라고 다르지 않다. 컨설팅은 선 경험자의 정보와 자료, 경험에 대가를 지불하고 받는 도움이다. 상담도 코칭도 우리에게 부족한 레퍼런스를 그 분야의 풍부한 레퍼런스를 가진 이들을 통해 지원받는 과정이다. 챗GPT와 Bard가 준 최고의 선물은 레퍼런스의 한계를 넘어서도록 한다는 데 있다. 어떤 분야든 간에 최고가 되길 원한다면 최고의 레퍼런스에 접근 가능해야 한다. 정보의 양과 질은 학습 결과를 좌우하는 초기값이기 때문이다. 챗GPT와 Bard는 레퍼런스의 한계, 즉 언어의 한계와 전문성의 한계를 넘어서게 한다.

❶ 언어의 한계를 넘어서다

언어의 한계는 곧 레퍼런스의 한계로 이어진다. 언어능력의 한계로 제한된 번역 자료에만 의존해야 하는 이들이 적지 않다. 번역된 자료는 양에 있어서도 제한적일 뿐 아니라 질적 한계에 봉착하게 만든다. 그래서 지금껏 양적, 질적 한계를 마주한 상태로 세계인들과 경쟁해야 했다. 출발지점이 다르다 보니 경쟁에서 승리하기 위해 몇 배의 노력을 기울여도 결과는 만족스럽지 않았다.

그러나 챗GPT와 Bard 출현으로 언어의 한계 때문에 접근하기 힘들었던 정보와 지식을 쉽게 얻을 수 있게 되었다. 놀라운 것은 언어의 벽을 무너뜨리는 힘은 챗GPT와 Bard를 통해 얻을 수 있는 1차적 수준의 도움에 지나지 않는다는 것이다.

❷ 전문성의 한계를 넘어서다

챗GPT와 Bard는 외국어 자료를 한국어로 번역 제공해주는 차원을 넘어선다. 자료 번역을 넘어 자료를 원하는 형태로 생성해준다. 챗GPT는 '챗(chat)'과 '지피티(GPT)'를 합친 단어다. '챗(chat)'은 대화를 의미하고, '지피티(GPT)'는 'Generative Pre-trained Transformer'의 약자로 '생성'을 의미하는 Generative, '사전 학습'을 의미하는 Pre-trained, '자연어 처리'에 능한 인공지능 모델 Transformer의 약자다. 즉 입력된 텍스트의 단어 간 관계를 파악하여 사전 학습된 데이터를 바탕으로 새로운 문장이나 답변을 생성해주는 언어형 인공지능이다. Bard는 챗GPT의 대항마로 구글 AI가 선보인 대화형 인공지능이다. 챗GPT처럼 의미를 지닌 단어의 약자가 아닌 '시인', '음유시인'을 의미하는 고전 영어 단어 Bard(바드)에서 유래했다. 구글은 Bard를 Apprentice Bard, 견습 음유시인이라 부르기도 하는데, Bard가 인류의 마지막 창의성 영역이라 여겨지는 '시'를 노래하는 '시인'과 같은 창의적인 대화형 인공지능임을 강조한 것이다.

챗GPT와 Bard는 그 이름에 걸맞은 결과물을 답변으로 제공해준다. 우리가 직접 자료를 검색하지 않아도 요청하는 자료를 찾아 문장 형태로 생성해주는 인공지능 비서에 가깝다. 물론, 답변이 만족스럽지 않을 때도 있다. 질문자의 전문분야일수록 답변에 대한 실망도는 더욱 커질 수 있다. 어떤 질문에는 부분지식, 오류지식이 가득한 답변을 내놓기도 한다. 그러나 그것을 단점으로 이야기하며 그것들의 가치를 부정하기에는 챗GPT와 Bard의 강점이 너무나도 크다. 무엇보다 자신이 새롭게 관심을 두고 배우려는 분야에서 일정 수준을 넘어선 전문 지식과 정보를 제공해주는 것이다.

세상 모든 분야, 주제를 통달한 척척박사를 옆에 두고 공부할 수 있는 시대를 열어준 것이 챗GPT와 Bard라면 과장된 표현일까? 그렇지 않다. 여전히 생성되는 답변에 오류가 가득하지만, 그 부족은 흐르는 시간 속에 채워져갈 것이라 기대해도 좋다. 무엇보다 지금 시점에서도 챗GPT와 Bard의 부족, 허점을 보완할 방법과 기술은 존재한다. 바로 질문법이다. 답변의 부족을 더 좋은 질문으로 보완할 수 있다. 챗GPT와 Bard의 부족을 불평하느라 마련된 잔치를 즐기지 못하는 우를 범해서는 안 된다. 이 책이 제안하는 질문법을 숙지하는 것만으로도 챗GPT와 Bard의 활용, 그것을 통해 받아 누릴 수 있는 도움의 지평은 더욱 넓어지고 커져갈 것이다.

질문법 포메이션 준비하기

축구는 포메이션(formation)이 중요하다. 포메이션은 선수들이 경기장에서 차지하는 위치와 역할을 나타내는 말이다. 팀 전략의 일부이며, 선수들은 각자의 역할에 따라 공격, 수비, 중앙에서의 플레이를 조율한다. 포메이션은 숫자로 표현되는데, 골키퍼를 제외한 수비수, 미드필더, 공격수의 인원수를 의미한다. 예를 들어, '4-4-2' 포메이션은 4명의 수비수, 4명의 미드필더, 그리고 2명의 공격수로 구성된 포메이션을 나타낸다. 선수들의 능력, 감독의 선호 전술에 따라 다양한 포메이션을 사용할 수 있다. 훈련된 선수들이라 할지라도 포메이션에 따라 더 나은 결과를 얻기도, 어려움을 겪기도 한다.

아마추어 축구와 프로 축구의 차이는 포메이션 실행 여부에 있다. 아마와 프로의 기량 차는 두말할 나위 없는데, 포메이션 유지 능력은 그 기량 차이를 극대화시키는 요인이 된다.

질문법은 사고력을 세워가는 포메이션이다. 원하는 답변을 얻길 원한다면 좋은 질문을 던질 수 있어야 한다. 이때 질문의 생명은 구체성에 있다. 질문이 구체적일수록 정확한 정보에 접근할 가능성이 높아진다. 〈챗GPT와 Bard 질문법〉이 바로 질문의 포메이션, 프로 질문러로 우리를 자리매김하는 인공지능 시대의 전략이요 전술이다.

독서력을 높이는 기술, 질문

독서법을 주제로 강연할 때면 받는 질문이 있다. "책을 잘 읽으려면 어떻게 읽어야 하나요?"

무엇 하나만 잘해서 '책을 잘 읽는다'는 것은 있을 수 없지만, 그래도 그중 한 가지만 이야기하라면 단연 질문을 강조한다. 독서를 잘한다는 것은 '질문을 잘 던진다'는 말과 다르지 않다. 정보를 얻기 위해 던지는 유형의 질문은 기본 질문에 속한다. 기본을 넘어 정보 너머 이해와 생각의 확장을 위한 질문도 필요하다. 책을 읽다 보면 의견에 동의할 수 없는 내용을 만나게 된다. 그 다른 차이를 중심으로 한 토의, 토론 질문도 필요하고 삶에 적용하기 위한 질문도 필요하다. 이해되지 않는 내용이 있다면 그것을 해소하기 위해 던져야 할 질문들도 있다. 책을 읽으며 다양한 질문을 던지는 가운데 책의 내용이 이해되기 시작한다. 책의 훌륭한 정보와 자신의 기존 정보가 연결되면서 생각이 정리되고 새로운 생각이 창조되는 순간도 질문을 마중물로 한 결과다.

아래 질문은 9단계로 정리한 독서 질문이다. 다양한 질문을 던지며 사고력을 훈련시키는, 질문의 포메이션 중 하나다.

1단계 바탕 - 준비질문 (제목읽기 / 표지읽기 / 정보읽기 / 대강읽기 / 예측읽기)

2단계 내용 - 지식질문 (개요읽기 / 연상읽기 / 훑어읽기 / 본문읽기 / 어휘읽기)

3단계 기억 - 점검질문 (회상읽기 / 기억읽기 / 내용읽기 / 점검읽기 / 반복읽기)

4단계 생각 - 이해질문 (생각읽기 / 이해읽기 / 추론읽기 / 근거읽기 / 개념읽기)

5단계 살핌 - 분석질문 (비교읽기 / 분석읽기 / 인물읽기 / 관계읽기 / 배경읽기)

6단계 주제 - 심화질문 (해석읽기 / 핵심읽기 / 주제읽기 / 의미읽기 / 가치읽기)

7단계 관계 - 적용질문 (토론읽기 / 관계읽기 / 강조읽기 / 가정읽기 / 적용읽기)

8단계 결단 - 앵커질문 (내면읽기 / 결단읽기 / 앵커읽기 / 기도읽기 / 창조읽기)

9단계 종합 - 평가질문 (복습읽기 / 요약읽기 / 전체읽기 / 평가읽기 / 종합읽기)

《아낌없이 주는 나무》는 쉘 실버스타인의 동화다. 짧은 동화지만 성인 동화라 이야기할 정도로 우리들 삶에 깊은 울림을 주는 이야기다. 사람들과 이 책을 주제로 이야기 나눌 때면 여러 가지 질문으로 그 책 내용에 접근하게 된다. 아래 질문은 책의 모든 내용을 살핀 후 던질 수 있는 질문이다. 1~3단계 질문을 나누고 난 후 서로의 생각을 보다 깊이 나누기 위해 던지는 4~9단계 질문 중 일부다.

- 소년이 나무를 매일같이 찾아온 이유는 무엇이라 생각하는가?
- 어린 소년은 어떤 기분이나 마음으로 나무와 놀았을까?
- 소년이 나무를 사랑했을 때 나무는 행복했다. 나무가 행복한 이유는 무엇인가?
- 소년이 나이를 먹으면서 나무는 혼자 있을 때가 많았다. 그 이유는?

- 어느 날 소년이 나무를 찾아왔을 때 나무는 소년에게 "같이 즐겁게 놀자?" 라고 말한다. 이때, 소년이 "나는 나무에 올라가서 놀기에는 너무 커졌어" 라 말하는데 그때 나무와 소년의 마음상태를 표현해본다면 어떻게 묘사할 수 있을까?

- 소년은 돈을 벌기 위해 나무에서 사과를 따가지고 떠났다. 그때도 나무가 행복했던 이유는?

- 사과를 따가지고 떠났던 소년이 오랜만에 왔을 때 나무가 소년에게 "나하고 같이 즐겁게 놀자"라고 하자 소년이 "나는 나무에 올라가서 놀 만큼 한 가하지 않다"라고 말한 이유는?

- 소년은 집을 짓기 위해 나뭇가지들을 찍어 간다. 그럼에도 나무가 행복했던 이유는?

- 오랜 세월이 흐른 후 소년이 돌아왔을 때 나무가 다시 소년에게 "나와 함께 놀자"라고 했을 때, 소년이 "나는 이제 너무 나이가 들어 놀 수 없어"라고 한 이유는?

- 소년이 나무줄기를 찍어 배를 만들어 타고 갔을 때 나무는 행복했지만 "진정 행복한 것은 아니었다"고 말한다. 왜 기쁜데 진정 행복한 것은 아니라 한 것일까?

- 또 오랜 세월이 지난 후 소년이 늙어 돌아왔을 때 나무가 소년에게 "이제는 줄 것이 아무것도 없다"라고 말한 이유는?

- 나무 그루터기에 앉은 소년은 어떤 생각을 하고 있었을까?

- 여러분은 소년이 어떤 사람이라고 생각하는가?

- 나무가 소년을 대하는 태도와 소년이 나무를 대하는 태도에는 어떠한 공통

점이 있으며 다른 점이 있다면 그것은 무엇인가?

- 여러분은 나무가 소년에게 베푼 행동에 대하여 어떻게 생각하는가?

- 나무가 가장 행복한 때는 언제라고 생각하는가?

- 소년은 나무를 어떻게 생각하고 있었을까?

- 소년을 위하여 아낌없이 주는 나무에 대한 자신의 생각을 표현해보자.

- 어릴 적에 소년은 나무와 서로 사랑했다. 그러나 성인이 되면서 나무와 함께 지내는 시간이 없어지게 되었다. 그 이유는 무엇인가?

- 여러 가지 일에 관심을 갖게 되면 가장 중요한 것을 소홀히 하게 된다. 인간 삶에서 가장 중요한 일은 무엇인가?

- 나무가 행복했을 때는 언제였으며 그 이유는 무엇이었나?

- 나무가 소년에게 원했던 것은 무엇이었을까?

- 소년이 나무에게 요구한 것을 찾아보고 그것이 무엇을 의미하는지 생각해보자.

- 아낌없이 주는 나무의 주제를 한 문장으로 정리해보라.

- 나무는 언제나 소년에게 "나하고 같이 놀자"라고 말한다. 내가 소년이라면 어떻게 할 것 같은가?

- 소년이 "집을 짓고 싶고, 배를 만들겠다"고 했을 때, 만일 내가 나무라면 어떻게 할 것 같은가?

- 아낌없이 주는 나무와 같은 사람에는 누가 있을까?

- 내 주변에 소년과 같은 사람은 누구인가?

- 소년이 원했던 우리들 삶 속에서의 열매, 집, 배는 무엇일까? 소년이 그토록 필요로 했던 것처럼 우리가 사는 세상에서 사람들은 어떤 것들을 필요

로 하며 추구하고 살아가는가?

- 당신은 함께하는 이들을 뒤로하고 추구하는 '더 소중한' 것들이 있는가? 있다면 무엇인가?

- 늙은 소년과 나무는 이후에 어떤 삶을 살았을까? 소년은 행복했을까? 이후를 상상하며 이야기를 나눠보자.

　독서 질문은 9단계가 정답이 아니다. 필요에 따라 3단계, 5단계, 7단계 등 다양한 형태로 나누어 던질 수 있다. 물론 모든 독서과정에서 이런 절차를 거칠 필요는 없다. 추상적인 질문 하나로 얻는 깨달음도 결코 무시할 수 없다. 다만, 목표가 높을수록, 이루어야 할 성장과 변화 정도가 클수록 자신을 다양한 질문 앞에 노출시켜야 한다. 질문이 구체적일수록 생각 근육이 힘 있게 자라간다. 질문의 질을 높여가면 갈수록 세상을 향한 창문은 넓어지고 소통의 문은 더욱 커지며 삶의 지평이 확장되어간다.

챗GPT와 Bard 질문법 vs 독서 질문법

　그런데 챗GPT와 Bard 질문법과 독서 질문법에는 큰 차이가 있다. 독서, 코칭, 상담 등 질문 능력을 요하는 여러 분야가 있지만 챗GPT와 Bard 활용을 위해서는 챗GPT와 Bard가 요구하는 유형의 질문 던지는 훈련을 해야 한다. 챗GPT와 Bard 질문법이 독서 질문법과 다를 수밖에 없는 가장 큰 이유는 질문 대상이 다르기 때문이다. 독서 질문은 그 목표가 무엇이든 사람을 대상으로 한다. 독서 질문은 독서를 통한 학습에 초점을 맞추기에 학습자가 차근차근 따라갈 수 있도록 순차적이고 체계적인 단계별 질문이 필요하다. 따라서 질문 맥락이 중요하다. 반면 챗GPT와 Bard 질문은 특정한 순서나 구조가 필요 없다. 챗GPT와 Bard 질문은 인간과의 인격적 교감을 전제하지 않은 인공지능과의 소통이기에 제일 중요한 목표는 '원하는 자료', '정확한 자료', '질적 만족도가 높은 자료'를 얻는 데 있다. 관계를 전제할 때는 던질 수 없는 '밑도 끝도 없는' 질문을 던져도 챗GPT와 Bard는 질문에 반응하여 답변을 생성해준다.

2부에서 소개하는 질문 유형들은 단계를 전제로 분류하여 소개하고 있지 않다. 모든 질문은 독립적인 형태의 질문이다. 세상의 모든 질문법 유형들을 살피며 챗GPT와 Bard에 활용 가능한 유형의 질문으로 정리한 새로운 접근법이다.

2부에서 소개할 다양한 유형의 챗GPT와 Bard 질문 중 1장의 질문법을 활용한다면 새로운 정보를 다양한 형태의 결과물로 생성해주는 챗GPT와 Bard의 능력을 경험하게 될 것이다. 앞에서도 강조했지만 챗GPT와 Bard의 가장 탁월한 능력은 요약에 뛰어나다는 것이다. 배움 과정에서는 당연히 창의가 강조되지만 진정한 창의를 위해서는 정확한 정보 수용과 그것을 기존지식과 연결지어 정리하는 요약 능력이 전제되어야 한다. 요약 능력 없는 창의는 번뜩이는 아이디어 그 이상도 이하도 아니다. 그러니 요약(Summarize)을 요구하는 다양한 질문을 던져보자. 이를 적극적으로 활용해보자.

챗GPT와 Bard는 정의 내리기도 탁월하게 수행해낸다. 무엇인가를 한마디로 정의 내리는 것은 생각보다 쉽지 않은 일이다. 자신의 정의가 분명히 내려지지 않은 상태에서는 아무리 많은 정보를 수용해도 그것은 학습자의 지식으로 자리 잡지 못한다. 나의 정의가 분명할 때 다른 정보가 자신의 지식으로 체화되는 법이다. 요약과 정의는 유사하지만 다른 차원의 레토릭이다. 정의란 무엇에 대해 한두 마디로 정리하는 자신의 견해라고 한다면, 요약은 정의를 전제한 후 중요한 개념을 구조적으로 정리한 것이라 보면 된다.

챗GPT와 Bard에 질문을 던질 때 가장 놀라고 자주 활용하는 유형의 질문이 철학적(Philosophical) 질문이다. 인생을 살며 철학적 질문들을 진지하게 나눌 기회를 갖는 이들은 생각보다 많지 않다. 무엇보다 철학적 질문을 던지며 현명한 생각을 나눌 수 있는 사람들을 주위에 두고 사는 이들은 더 적다. 그런데 챗GPT와 Bard는 철학적 질문들에 대해서도 우리에게 친절하게 답해준다. 우리가 조금 부족해도 절대 우리를 무시하지 않고 진지하게 학습된 정보를 요약, 정리, 전달해준다.

'인생이란 무엇일까?'
'죽음이란 무엇인가?'
'신은 정말 존재할까?'

'죽은 이후 세상은 존재할까?'

'노력해도 결과가 바뀌지 않는 상황에서 나의 노력은 어떤 의미가 있을까?'

'내가 선택하지 않은 상태에서 맺어진 관계, 끊을 수 없는 관계로 인해 고통받을 때 나는 어떻게 해야 할까?'

위 질문들은 결코 간단하지 않은 질문들이다. 아무리 지혜로운 철학자라 할지라도 '이것이 정답이다'라고 이야기해줄 수 없는 답을 요구하는 질문들이다. 그런데 챗GPT와 Bard도 마찬가지다. 정답을 제시해줄 수는 없다. 챗GPT와 Bard에게 정답을 기대해서도 안 된다. 그러나 평생 그 누구와도 나눌 수 없었던 심오한 의문들을 챗GPT와 Bard에게 질문해보라. 2부 2장에서 소개하는 질문 유형을 철학적 질문과 연결지어 질문하는 연습도 시도해보라. 기대하지도 않던 지혜의 답변을 마주하며 놀라는 자신을 자주 발견하게 될 것이다.

그리고 2부 1장에서 소개하는 설명 질문, 안내 & 학습 질문에도 관심을 가져보라. 요약 질문, 정의 질문, 철학적 질문과 무엇이 같고 다른지를 살피며 자신만의 질문력을 세워가보라.

〈챗GPT와 Bard 질문법〉 집필의 첫 번째 목표는 독자들에게 질문에 대한 개념을 갖게 하는 데 있다. 여기서 소개하는 질문들은 완전히 새로운 것들이 아니다. 독자 모두가 은연중에 사용하던 질문들이다. 다만 사용하면서도 체계적으로 정리해본 적 없는 것들에 질서를 부여하는 과정이라 생각하면 된다.

지식이 정리되면 이전에 없던 힘을 갖게 된다. 다양한 유형, 새로운 이름의 질문을 마주할 때 두려워할 필요가 없다. 그것들은 독자 모두가 이미 일상에서 들어왔고 던져보았던 질문들이다. 여기서는 질문 방법과 기술을 조금 부연 설명한 것뿐이다. 사실 모든 것을 이해하지 못해도 챗GPT와 Bard를 활용하는 데는 전혀 문제없다. 다만, 질문이 무엇인지, 어떤 유형의 질문이 있는지, 그 질문들의 공통점과 차이점을 아는 것만으로도 질문 던지는 방법과 기술의 질을 높여갈 수 있다. 그것으로부터 생겨나는 기회, 열린 문은 결코 무시할 수 없는 결과로 이어질 것이다.

내가 잘될 수밖에 없는 이유

필자는 어떤 일을 하든지 '나는 잘될 수밖에 없다'고 생각하며 일에 임한다. 교만해서가 아니다. 남보다 월등하게 뛰어난 재능이 준비되어서도 아니다. 아이러니하지만 내가 다른 사람들보다 더 잘될 수밖에 없다고 자신하는 것은 많은 사람들이 '안 한다'는 사실을 알기 때문이다. 독서가 중요하다면서 '독서하는' 이들은 많지 않다. 글쓰기가 중요하다 강조하는 이들은 많지만 '글쓰기'를 실행하는 이들은 언제나 소수다. '정말 이 정도도 하지 않는다고?' 생각할 정도로 기본적인 것도 하지 않는 모습을 자주 목격한다.

그래서 나는 스스로가 무엇인가를 일단 시작한다는 것만으로도 경쟁력 있음을 알고 있다. 시작조차 하지 않는 다수가 아닌 실행하는 소수에 속했기에 이러한 평가는 절대 과한 평가가 아니다. 물론 시작한다고 모두가 성공하는 것은 아니다. 당연히 실행이 지속되어야 한다. 실행 과정에서 질을 높여가는 노력이 있어야 한다. 챗GPT와 Bard 질문법에서도 같은 일은 반복될 것이다.

'챗GPT와 Bard, 요즘 누구나 다 쓰겠지!'

그렇지 않다. 상상 그 이상의 다수가 챗GPT와 Bard에 질문 던지기는 고사하고 페이지에 방문한 적조차 없음을 알아야 한다. 챗GPT와 Bard 이용자들도 크게 다르지 않다. 그중 소수의 사람들만 챗GPT와 Bard를 더 잘 활용하기 위해 관련 자료를 찾아 열람한다. 유튜브 영상을 시청하고 기사를 클릭한다.

여러분처럼 책을 구입하여 읽는 이들이 어느 정도 된다고 생각하는가? 우리나라 15세 이상 4,600만 명이 넘는 국민 가운데 챗GPT와 Bard 관련 책을 구입하여 읽고 노력하는 이들은 200명 중 1명도 되지 않는다. 챗GPT와 Bard에 관심을 갖고 책을 펼치는 노력만으로도 벌써 남보다 앞서가고 있음을 알아야 한다. 더구나 챗GPT와 Bard 질문법 자체만 훈련하는 책은 거의 없는 상황에서 여러분은 챗GPT와 Bard 활용을 위한 구체적인 노력을 선택한 것이다.

이 자체만으로도 의미 있다. 다시 강조하지만, 그 노력을 '지속'해가야 더 큰 의미가 발생하기 시작한다. 잠시 잠깐의 노력이 아닌, 질을 높여가는 과정 속 진보를 경험해야 한다. 그런 이들이 어찌 잘되지 않을 수 있겠는가.

이 책에서 소개하는 다양한 유형의 질문을 챗GPT와 Bard에 던져보라. 완전히 이해한 후가 아니어도 좋다. 일단 시작하면 된다. 모든 일의 성공의 1단계는 '그냥 시작'하는 데 있다. 잘하기 위한 노력은 그다음에 뒤따른다. 인류 역사상 처음으로 마주하는 수준의 인공지능과 차원이 다른 소통을 직접 경험하라. 마음껏 누려라. 처음에는 신기함으로, 이후에는 그 탁월함에 우려가 생길 수도 있다. 자신의 전문 분야에 미치지 못하는 생성된 답변에 실망도 할 것이다. 하지만 분명한 사실은 우리가 마주한 챗GPT와 Bard의 모습, 기능도 우리가 생각하는 그 이상의 속도로 진보해갈 것이라는 점이다.

초기 이용자들에게 주어지는 기회만 잘 활용한다면, 이전에 경험하지 못한 변화와 성숙을 챗GPT와 Bard를 발판삼아 이뤄갈 수 있음을 확신한다. 차원이 다른 인공지능의 도움을 통해 자신만의 인간지능을 성장시켜보라. 챗GPT와 Bard 질문법과 함께 자신의 분야에서 변화를 이뤄갈 수 있을 것이다. 변화하는 시대가 요구하는 분야, 당신의 새로운 관심사에서 영향력을 확대해가는 데 챗GPT와 Bard 질문법은 소중한 도구가 되어줄 것이다.

훌륭한 지식을 탁월하게
기존지식과 연결하는 확장연계 질문법

선견지명(先見之明)은 앞을 내다보는 안목이란 의미의 사자성어다. 과거를 기억하고 현재를 잘 살펴 앞으로 일어날 일을 예측하는 지혜를 말한다. 바람 속에서 비를 보는 능력이며 경제 지표와 시장 흐름 속에서 불황을 예측하는 능력이다. 이슈, 트렌드 변화 가운데서 내일의 새로운 도전을 예측하는 능력이다.

안목은 눈을 의미한다. 사물을 바라보는 눈이자 사람을 바라보는 눈이다. 선견지명을 위해 사람을 바라보는 눈, 세상을 보는 눈의 질을 높이는 노력이 필요하다. 우리는 안목을 높여야 한다. 안목이 자라야 좋은 것과 중요한 것, 먼저 할 것을 알고 준비해갈 수 있다.

소견(所見)이라는 말이 있다. 어떠한 일, 문제에 대한 생각과 의견을 말한다. 영향력 있는 사람이 되기 위해서는 소견의 질을 높여야 하는데, 소견을 높이기 위해서는 좋은 안목을 가져야 한다. 하나만 알고 둘은 모르는 사람이어서는 안 된다. 부분만 보고 전체를 보지 못하는 실수를 범하지 않기 위해 안목의 힘을 키우는 훈련에 힘써야 한다.

영국의 정치인 윈스턴 처칠(Winston Churchill)은 제2차 세계대전 발발 이전 독일의 군사력 강화를 조기에 인식하고는 이를 주의해야 한다고 강조했다. 독일의 아돌프 히틀러가 군사력을 불법적으로 확장하며 이웃 국가들의 위협으로 등장할 것이기에 이를 진지하게 받아들여야 한다고 주장했다. 그는 구체적인 대안까지 제시했다. 국방 예산을 증가하고 프랑스와 소련 등 이웃 국가와 외교 협력을 강화해야 하며 국민들에게도 정확한 정보를 제공하여 독일의 위협에 대한 경각심을 높여야 한다고 강조했다.

그러나 처칠의 주장은 당시 영국 정치권뿐만 아니라 국민들로부터도 지지를 받지 못했다. 모든 영국인들은 1차 세계대전의 고통을 선명하게 기억하고 있었다. 어쩌면 평화 분위기를 유지하고 싶은 마음이 강했기에 위기 징후를 외면하고 싶었는지도 모른다. 더구나 대공황으로 인해 경제적 어려움이 계속되고 있어 군사력 강화에 대한 예산을 지출하기도 어려운 상황이었다. 하지만 처칠은 이러한 반대에도 불구하고 독일 위협에 대한 인식을 높이고 영국의 군사력 강화를 위해 할 수 있는 최선의 노력을 기울였다.

그리고 1939년 9월 1일, 독일군이 폴란드를 침공했고 영국과 프랑스는 9월 3일 독일에게 전쟁을 선언하며 제2차 세계대전은 시작된다. 영국 정치인들은 당시 국가의 위기 상황을 고려하여 국민정부를 결성하기로 합의한다. 이 과정에서 독일 위협을 일관성 있게 강조해 온 처칠은 노동당과 자유당의 절대 지지를 받으며 1940년 5월 10일 영국 수상에 취임한다. 수상에 취임한 윈스턴 처칠은 하원에서의 첫 연설에서 다음과 같이 선포했다.

"나는 오늘 영광스러운 책임을 맡게 되어 매우 기쁘게 생각하며, 이제 나의 삶을 바쳐 우리 국가의 명예와 인류의 자유를 수호하고자 한다. 이것은 대담하고도 위험한 모험을 시작하는 것이다. 현재 상황은 아무런 보장도, 성공의 가능성도 가지고 있지 않다. 그러나 나는 하원의 신임을 받고 있으며, 이것은 나에게 위대한 힘을 주고 있다. 나는 특별한 헌신을 요구한다. 나는 완전한 결심으로 말한다. 나는 오직 승리에 관심을 가진다. 나는 승리, 승리가 없으면 생존조차도 없을 것이라고 믿는다. 나는 이 목표를 위해 최선을 다할 것이다. 이제 나는 피, 고된 노력, 눈물, 그리고 땀 외에는 아무것도 제공할 수 없다. 우리에겐 이제 싸워야 할 일이 있다. 우리는 앞으로 힘든 전투와 긴장된 협상을 겪어야 한다. 하지만 내가 확실히 말할 수 있는 것은 우리 모두가 이에 참여할 것이라는 사실이다. 나는 우리의 목표를 달성할 것이라고 믿는다. 나는 그 결과를 완전히 확신하고 있다. 나는 지금 여러분과 함께 나아갈 것을 확신하고 있다. 나는 이 시련을 겪어 우리의 목표를 달성할 것이다."

그는 어떻게 독일 위협을 사전에 인지했고 모든 이들의 반대 속에서도 자신의 주장을 굽히지 않을 수 있었을까? 수상이 된 이후 세계 대전이라는 문제를 해결하는 데 그의 리더십이 큰 영향을 발휘할 수 있었던 이유는 무엇일까? 수많은 요인이 있었겠지만 그 시작, 진행, 결과에 이르기까지 그가 수없이 던졌던 질문이 있었기에 모든 일은 가능할 수 있었다. 처칠은 2차 세계대전이 일어나기 전 국내, 국외 상황을 살피고 분석하며 다음과 같은 의문, 질문을 던졌을 것이다.

"왜 독일은 국제 협약을 무시하며 군사력을 불법적으로 강화하고 있는가?"

"독일의 군사력 확장이 영국과 유럽에 어떤 영향을 미칠 것인가?"

"독일의 군사력 강화가 영국의 국가 안보에 어떤 영향을 미칠 것인가?"

"독일의 군사력 확장이 영국 경제와 무역에 어떤 부정적인 영향을 줄 수 있는가?"

"현실을 외면하는 정치인들과 국민들을 어떻게 설득하여 독일의 위협을 인식하게 할 수 있는가?"

"독일 위협에 대한 경각심을 높이기 위해 국민들에게 어떤 정보와 대책을 제공해야 하는가?"

"영국 내에서 독일 위협에 대한 경각심을 높이는 방안은 무엇인가?"

"영국 국민들이 독일의 군사적 위협에 대비할 수 있는 방안은 무엇인가?"

"독일의 전쟁 야욕에 대비하여 영국의 군사력과 국가 안보를 어떻게 강화해야 하는가?"

"영국의 군사력을 강화하기 위해 어떤 방안을 제안할 수 있는가?"

"영국의 정치 지도층은 독일의 전쟁 야욕에 어떻게 대응해야 하며, 어떤 정책을 수립해야 하는가?"

"대공황이 영국의 군사력 강화 계획에 미칠 영향은 무엇인가?"

"국방 예산 증가가 경제 회복에 방해가 될 수 있는가?"

"영국의 경제와 정치를 안정화시키기 위해 어떤 장기적인 계획이 필요한가?"

"독일의 군사적 위협을 완화하기 위해 어떤 외교적 수단을 사용할 수 있는가?"

"영국이 독일의 군사적 위협에 대비하기 위해 어떤 국제적인 협력이 필요한가?"

"독일의 위협을 줄일 수 있는 영국과 프랑스, 소련과의 외교 협력은 어떻게 진행해야 하는가?"

"독일이 전쟁을 일으키는 것을 막기 위해 영국이 어떤 대외 정책을 펼쳐야 하는가?"

"독일의 전쟁 위협을 예방하기 위해 평화적인 외교적 해결책은 가능할까?"

지도자는 단편적인 정보를 근거로 어떤 일을 결정해서는 안 된다. 구성요소적으로 살필 수 있어야 한다. 관찰과 분석을 통해 여러 요인들을 철저히 살피는 과정을 통해 결과를 도출해야 한다. 윈스턴 처칠이 던졌을 것이라 예상되는 질문은 극히 일부에 지나지 않는다. 프랑스 철학자 르네 데카르트 철학의 제1명제인 "나는 생각한다. 그러므로 나는 존재한다"는 것은 질문한다는 것이다. 생각은 질문의 결과이고, 질문 없는 생각은 있을 수 없다. 탁월한 생각, 탁월한 창의력은 결과다. 질문은 그것의 원인이다.

우리의 목표는 질문하는 것을 넘어 탁월한 질문을 만드는 능력을 갖는 데 있다. 이것은 훈련으로 가능하다. 타고난 천재보다 끈기와 노력으로 승부하는 둔재가 성공한다는 말은 질문법 훈련에 해당하는 말이다. 더구나 우리 앞에 챗GPT와 Bard라는 선물이 주어지지 않았는가. 질문만 하면 언제든 답을 주기 위해 하루 24시간, 1년 365일 대기중인 탁월한 답변가(responder)를 활용한다면 나의 실력, 역량을 끌어올리는 전에 없던 기회를 갖게 될 것이다.

챗GPT와 Bard는 자료와 정보를 연결하여 생성하는 능력이 탁월하다. 인간만이 가능할 것이라 자신했던 추론 영역에서도 챗GPT와 Bard는 탁월한 진보를 보여주고 있다. 물론 독자가 속한 분야에 대한 답변에서는 부족함이 느껴질 수도 있다. 하지만 기억해야 할 것은 챗GPT와 Bard는 세상의 거의 모든 주제들에 대해 상식 그 이상의 정보를 가지고 있다는 사실이다. 그 안에는 챗GPT와 Bard의 확률에 근거한 답변 생성 과정에서 생성되는 오류지식, 허구라 할 수 있는 정보들도 가득하다. 그래서 챗GPT와 Bard 활용을 위한 질문법이 필요하다. 더 정확한 질문을 던지고, 질문의 질을 높일 수만 있다면 생성되는 답변의 오류를 줄이며 질 높은 정보에 접근해갈 가능성은 더욱 높아져간다.

옛말에 '배움의 길에서는 불치하문(不恥下問)하라'는 말이 있다. 자신보다 부족한 사람에게 묻는 것을 부끄러워하지 말라는 것이다. 좋은 말이지만 실행이 쉽지만은 않다. 불치하문은 고사하고 불치상문도 일상적이지 않다. 그렇게 자라왔다. 질문하면 주목을 받아야 했다. 질문 없이 배운 것을 익히고 그것으로 좋은 점수를 받으면 되는 것이 우리 배움터였다. 그런데 챗GPT와 Bard의 등장으로 누구의 눈치도 보지 않고 질문할 수 있는 시대가 되었다. 제대로 준비되지 않은 보통의 전문가들 이상으로 우리에게 답변해줄 수 있는 실력을 갖춘 챗GPT와 Bard가 우리가 질문하기만을 기다리고 있다. 모든 인류에게 그 기회가 주어졌다. 놀랍지 않은가!

지혜는 '좋은 것과 중요한 것과 먼저 할 것을 알고 준비하며 실행하는 힘'이다. 지혜는 '훌륭한 지식을 뛰어난 방법으로 기존지식과 연결짓는 과정'을 통해 발현된다. 챗GPT와 Bard를 활용한다면 자신의 전문분야에 새로운 분야를 연결시키며 새로운 도전에 임할 수 있다. 무지했던 영역, 미래를 준비하는 과정에서 학습해야 하는 영역을 자신의 전문분야와 연결지어보라. 자신만의 블루오션을 이런 과정을 통해 만들어갈 수 있다.

필자는 현재 수준의 챗GPT와 Bard를 통해서도 신세계를 경험하고 있다. 새로운 분야 공부를 위해 책을 뒤적인다고 해도 얻기 힘든 정보를 챗GPT와 Bard를 통해 제공받고 있다. 더 기대되는 것은 그 초입에 우리가 서 있다는 것이다. 챗GPT와 Bard의 진보가 기다려지는 이유다.

물론 챗GPT와 Bard가 우리에게 핑크빛 미래만 안겨주지는 않을 것이다. 챗GPT와 Bard를 통해 직면한 인공지능의 진보에 두려워하는 이들도 적지 않다. 챗GPT와 Bard 출현을 인류에의 위협으로까지 이야기하는 이들의 걱정이 결코 기우만은 아닐 것이다. 나는 그들에게 윈스턴 처칠의 명언을 나누고 싶다.

"비관론자는 모든 기회에서 어려움을 찾아내고, 낙관론자는 모든 어려움에서 기회를 찾아낸다."

우리 앞에 펼쳐진 진보 앞에서 필자는 낙관론자로, 주어진 기회의 선용에 집중하고 있다. 마주할 수도 있는 위기에 대해 생각하지 않는 것이 아니다. 막연한 기대감에 들뜬 것만도 아니다. 다만, 온전한 현실을 마주해 끊임없이 질문하고 정답이 아닌 수많은 해법 도출에 힘쓸 뿐이다.

이 책이 대중적인 차원에서 챗GPT와 Bard 활용에 고민하는 필자의 생각을 담아내는 그릇이라면, 수많은 분야의 다른 전문가들도 차원이 다른 형태의 질문을 던지며 주어진 챗GPT와 Bard를 기회로 만들어가야 한다. 우려되는 부분들에 대해서 질문을 던지며 발생 가능한 우려가 문제되지 않도록 조치해가는 노력도 병행되어야 한다. 챗GPT와 Bard 같은 기술 발전 추세와 혁신을 살피고 공부하는 가운데 변화하는 미래를 예측하기 위해 할 수 있는 최선을 다해보자. 기대도

우려도, 대응 방안을 모색하는 것도 질문을 통해 풀어가야 하는 우리 앞에 주어진 과제다. 그래서 질문역량 강화의 중요성은 아무리 강조해도 부족함이 없다.

챗GPT와 Bard 확장형 질문을 활용하라

2부 2장에서 소개하는 5가지 유형의 질문에 대한 개념을 숙지하라. 훌륭한 지식을 뛰어난 방법으로 기존지식과 연결하는 확장형 질문 만들기를 훈련하라. 나의 실력 그 이상의 생각을 만들어가는 데 필요한 정보를 챗GPT와 Bard로 생성 가능하게 할 수 있다.

지식은 우리가 세상을 이해하고 문제를 해결하기 위한 중요한 자산이다. 그러나 단순히 지식을 습득하는 것만으로는 충분하지 않다. 지식을 뛰어난 방법으로 활용하여 문제를 해결하고 새로운 발견을 이루어내야 한다. 이 일을 이루는 핵심 역량이 질문의 힘이다. 질문은 우리가 가진 지식과 다른 분야의 지식을 연결하는 역할을 한다. 우리가 가진 지식과 경험을 확장하는 윤활유 역할을 한다. 질문을 통해 지식의 빈틈을 채우고 지식의 깊이와 폭을 더욱 넓혀갈 수 있다.

아래 질문은 자기계발을 통해 성장을 꿈꾸는 사람이라면 누구나 던질 수 있는 질문들이다.

"지금 직업과 직장을 마음대로 선택할 수 있다면 어떤 직업, 직장을 선택하겠는가?"

"나는 어떤 능력을 활용할 때 가장 많은 돈을 벌 수 있을까?"

"잠을 자고 있는 동안 돈을 벌 수 있는 나만의 시스템을 마련해놓았는가?"

"나는 미래를 위한 계획, 로드맵을 가지고 있는가?"

"지금 사업화하면 성공할 만한 아이디어가 있는가? 어떤 아이디어의 사업인가?"

"10년 뒤의 나는 어디에서 무엇을 하고 있을까? 어떤 모습으로 살아가기를 원하는가?"

"5년 뒤, 10년 뒤를 위해 나는 오늘 무엇에 투자하고 있는가? 두 가지만 이야기해보자."

"최근 돈을 아끼지 않고 투자하는 분야가 있는가? 어느 정도 투자하는가?"

"내일 세계 최고 전문가를 만날 수 있다면 어떤 분야 전문가를 만나고 싶은가? 그와의 만남을 통해 어떤 도움을 받기를 원하는가?"

위 질문 중에서 "나는 어떤 능력을 활용할 때 가장 많은 돈을 벌 수 있을까?" 하는 질문을 던졌다고 하자. 이 질문은 마중물 질문에 지나지 않는다. 이 질문이 원하는 답변을 얻기 위해서는 수많은 확장 질문들을 던져야 한다. 먼저는 자문자답(自問自答)형 확장 질문이다. 챗GPT와 Bard가 대신해줄 수 없는 답변, 나만이 답할 수 있는 답변을 끌어내는 질문이 선행되어야 한다.

"내가 현재 가지고 있는 기술, 지식, 경험은 무엇인가?"

"어떤 분야에서 내 능력을 가장 효과적으로 활용할 수 있는가?"

"내가 준비된 분야에서 나의 준비된 능력은 현실적으로 어느 정도 수준이라 할 수 있을까?"

"내 능력을 더욱 향상시키기 위해 받아야 하는 추가 교육이나 훈련이 있는가? 그 과정이 필요한가?"

"내 능력을 활용하여 가장 많은 돈을 벌기 위한 장기 계획과 단기 목표는 어떻게 설정해야 할까?"

한 크로스오버 노래 경연대회에 나온 참가자가 멋진 춤과 연기를 겸한 공연을 마쳤다. 심사위원으로 참여한 프로듀서 중 한 명이 출연자에게 노래를 평하며 조언한다. "성악은 단기간 만들어지는 것이 아니다. 노래하는 사람에게 가장 중요한 것은 노래다. 먼저 노래가 만들어져야 한다. 거기에 연기가 입혀져야 한다. 그런데 순서가 뒤바뀐 것 같다."

챗GPT와 Bard를 통해 훌륭한 답변을 얻기 위해서는 자문자답이 일상이 되어야 한다. 자문자답하며 정리된 생각에 챗GPT와 Bard를 향한 질문과 답변이 입혀져야 한다.

'자문자답의 일상이 진행중인가?'

'챗GPT와 Bard를 활용한 다양한 질문과 답변을 경험해보았는가?'

그렇다면 2부 2장에서 소개하는 5가지 유형의 확장형 질문이 필요할 때다. 조금 더 질 높은 답변을 얻기 위한 정교화 질문, 확장형 질문으로 나아가라. 오류 가득한 답변을 내는 일에 자연스러운 챗GPT와 Bard일지언정, 훌륭한 질문을 통해 훌륭한 답변을 얻어내는 일에 성공하게 될 것이다.

할루시네이션을 방지하는
자료기반, 증거기반 질문법

챗GPT와 Bard 등장이 반가운 이유 중 하나는 더 많은 참고자료, '레퍼런스' 접근성이 좋아졌다는 것이다. 좋아졌다는 표현으로는 부족하다. 예전이라면 가까이할 수 없는 자료에 대한 접근 권한이 주어졌다고 해도 과언이 아니다. 프롬프트(prompt) 명령어 하나만으로 이전의 불가능이 현재는 가능한 일이 되었다.

챗GPT와 Bard가 요구하는 프롬프트 명령어가 바로 질문이다. 질문만 잘 던지면 누구나 원하는 정보와 자료를 얻을 수 있다. 본인만 원한다면 누구나 챗GPT와 Bard라는 개인 비서를 두고 일할 수 있는 시대가 된 것이다. 게다가 그 비서의 수준이 보통 수준이 아니다. 정보력에서는 인간과 비교할 수 없는 수준이다. 일 처리 속도도 누구보다 빠르다. 아무리 똑똑한 인간 비서도 일 처리에 어느 정도의 시간을 들여야 한다. 책을 찾아 읽어야 하고 자료를 검색해야 한다. 그러나 챗GPT와 Bard는 질문 즉시 신속하게 답변을 생성해준다.

스무고개라는 게임이 있다. 정답을 맞히기 위해 질문을 던지며 답을 향해 나아가는 게임이다. 답변자는 질문자의 물음에 사실만을 답해야 한다. 최대한 간단하게 답변하며 질문에 담긴 의문만 해소시켜 주면 된다. 질문자는 정보가 하나도 없는 가운데 답을 찾아야 하기에 추상적인 질문으로부터 시작할 수밖에 없다. 질문을 통해 자료를 수집하며 영역을 조금씩 좁혀가는 노력을 해야 한다. 예를 들어, 질문자의 마음속 정답이 '커피'라고 하자. 그렇다면 다음과 같은 질문을 던질 수 있을 것이다.

"그것은 살아 있는 생명체인가요, 아니면 무생물인가요?"
- 생명체라 할 수도 있고 아니라고 할 수도 있어요.
"그것은 자연에서 발견되는 것인가요, 아니면 인공적으로 만들어진 것인가요?"
- 자연에서 발견되기도 하고, 인공적으로 발견되기도 해요.
"그것은 일상생활에서 흔하게 접할 수 있는 것인가요?"
- 네. 아주 흔합니다.
"그것은 먹는 것인가요, 아니면 물건인가요?"
- 먹는 것입니다.
"그것은 음료인가요, 아니면 음식인가요?"
- 음료입니다.

네 번째 질문에서 답의 영역은 상당히 좁아진다. 그리고 다섯 번째 답변을 통해 답이 음료라는 사실을 알게 되었기에 얼마 지나지 않아 '커피'라는 답에 이를 수 있다.

우리는 챗GPT와 Bard에게 얼마든지 추상적인 질문으로 답을 유도할 수 있다. 그런 질문에도 챗GPT와 Bard는 성실하게 답변한다. 그렇게 생성된 답변에는 챗GPT와 Bard의 수많은 확률, 인간적으로 표현한다면 챗GPT와 Bard의 상상이 개입될 가능성이 많아진다. 이러한 현상을 '할루시네이션'이라 한다. 영어로 환각, 환영을 의미하는 할루시네이션(hallucination)은 챗GPT와 Bard 같은 AI 언어모델에서 주어진 데이터 또는 맥락에 근거하지 않은 잘못된 정보나 허위 정보를 생성하는 것을 의미한다. 질문이 추상적일수록 챗GPT와 Bard는 맥락을 잡지 못한 상태에서 확률에 근거한 정보를 사실처럼 생성해준다. 스무고개 같은 수준의 질문을 피해야 하는 이유다.

챗GPT와 Bard가 업데이트된다 해도 보완은 되겠지만 할루시네이션 현상은 피할 수 없을 것이다. 언어모델 AI의 현실적인 한계다. 그렇다고 방법이 없는 것은 아니다. 할루시네이션 현상을 줄여가는 노력, 정확한 답을 얻어내는 확률을 높이는 기술이 바로 자료기반, 증거기반 질문이다.

이 질문법은 기존에 통용되던 질문법 용어가 아니다. 챗GPT와 Bard를 활용하며 "챗GPT와 Bard의 할루시네이션 현상을 줄이기 위해 어떻게 질문을 던져야 하는가?" 고민하며 연구하는 가운데 붙인 이름이다. 증거기반 정책(evidence-based policy)이란 용어에서 아이디어를 얻은 질문법이다.

증거기반 정책이란 정책 결정 과정에서 과학적 연구와 데이터 분석을 바탕으로 한 최선의 증거를 사용하여 최적의 정책을 수립하는 접근 방식이다. 경제 전문가, 정치 전문가의 잘못된 예측은 기업과 국가에 큰 어려움을 초래할 수 있기에 정확한 예측에 기반한 의사결정이 이루어져야 함을 전문가들은 강조한다.

질문에서도 마찬가지다. 증거기반으로 질문하며 의문을 해소하고 문제를 해결해야 한다. 다양한 변수를 고려하며 질문을 생성하는 챗GPT와 Bard의 특성상 질문 자체에 사실에 기반한 정보가 많이 포함되어 있을수록 답변의 변수가 줄어든다. 그만큼 할루시네이션 현상을 극복하는 데 도움이 된다. 자료기반, 증거기반 질문 사례 두 가지를 살펴보자. 챗GPT에 다음처럼 질문을 던져보았다.

2021년 IMF의 세계경제 전망 보고서에 따르면, 중국의 경제 성장률이 둔화되고 있다고 한다. 이러한 중국 상황으로 인해 가장 큰 영향을 받는 곳은 어떤 분야일까? 2023~2024년 중국 경제에 대한 전망과 세계경제에 미치는 영향은 어떠할까?

2021년 IMF의 세계경제 전망 보고서에 따르면, 중국의 경제 성장률이 둔화되고 있다고 합니다. 중국 경제의 둔화로 가장 큰 영향을 받는 분야는 다음과 같습니다.

1. 국제 무역: 중국은 세계 최대 수출 국가이자 주요 국가들과 깊은 무역

연계를 가지고 있습니다. 따라서 중국 경제 둔화는 주요 무역 파트너국의 수출 시장에 부정적 영향을 미칠 수 있습니다.

2. **글로벌 공급망**: 중국은 전 세계 공급망의 핵심 역할을 담당하고 있습니다. 중국 경제 둔화로 인해 기업들은 공급망의 안정성을 확보하기 위해 다른 국가로 이전할 수 있으며, 이는 글로벌 공급망의 변화를 가져올 수 있습니다.

3. **원자재 시장**: 중국은 세계에서 가장 많은 원자재를 수입하고 소비하는 국가입니다. 중국 경제 둔화로 원자재 수요가 줄어들어 원자재 가격에 영향을 미칠 수 있습니다.

2023~2024년 중국 경제에 대한 전망은 다음과 같습니다.

- 중국 정부는 경제 구조 변화와 지속가능한 성장을 추구할 것으로 예상됩니다. 이를 위해 소비와 혁신 중심의 경제로 전환하려는 노력을 지속할 것으로 보입니다.
- 중국은 미국과의 무역 긴장 완화를 추구할 수 있으며, 이는 양국 간의 무역 관계 개선을 가져올 수 있습니다.
- 중국 경제 둔화는 세계경제 성장률을 미세하게 둔화시킬 수 있습니다. 이는 세계경제 전반에 대한 소비와 투자 심리에 영향을 미칠 수 있습니다.

세계경제에 미치는 영향은 다음과 같습니다.

- 중국 경제 둔화는 세계경제 성장률에 악영향을 미칠 수 있으며, 이로 인해 글로벌 경제 불확실성이 증가할 수 있습니다.

챗GPT 1회 답변 분량 제한으로 첫 번째 제공된 답변만 기록한 것이다.

이번에는 Bard에 자료기반, 증거기반 질문을 던져보았다.

2021년 발표된 연구(Lluna Maria Bru-Luna, Manuel Marti-Vilar, César Merino-Soto, 그리고 José L. Cervera-Santiago, "Emotional Intelligence Measures: A Systematic Review")에 따르면, 정서 지능에 대한 연구와 평가를 더욱 효과적으로 진행하기 위해 정서 지능 측정 도구의 신뢰성이 중요하다고 했는데, 현재 정서 지능을 측정하는 도구 중 가장 신뢰받고 널리 사용되는 도구는 무엇이며 그것의 최대 장점이 무엇인지 설명해주고 누구를 대상으로 활용되는 도구인지도 자세하게 설명해줘.

정서 지능을 측정하는 도구는 많지만 가장 신뢰받고 널리 사용되는 도구 중 하나는 1997년 Mayer, Salovey 및 Caruso가 개발한 Mayer-Salovey-Caruso Emotional Intelligence Test(MSCEIT)입니다. MSCEIT는 4가지 하위 영역으로 구성된 다요인 검사입니다.

- 인식: 정서를 식별하고 이해하는 능력
- 관리: 정서를 조절하고 관리하는 능력
- 사용: 정서를 의도한 목적으로 사용하는 능력
- 이해: 정서적 정보를 이해하는 능력

MSCEIT는 다양한 집단에서 정서 지능을 측정하는 데 사용되었습니다. 성인과 어린이 모두에게 적용 가능하며 신뢰도와 타당성이 입증되었습니다.

> MSCEIT는 학교, 직장 및 임상 환경을 포함한 다양한 환경에서 정서 지능을 측정하는 데 사용됩니다.
>
> MSCEIT의 최대 장점 중 하나는 정서 지능의 여러 하위 영역을 측정하는 다 요인 검사라는 것입니다. 이것은 정서 지능이 단일 차원이 아니라 복잡한 능력이라는 것을 반영합니다. MSCEIT는 또한 신뢰도와 타당성이 입증되어 정서 지능을 측정하는 데 신뢰할 수 있는 도구입니다.
>
> MSCEIT는 학생, 직장인 및 임상 고객을 포함한 다양한 개인의 정서 지능을 측정하는 데 사용할 수 있는 다재다능한 도구입니다. 정서 지능을 측정하는 신뢰할 수 있고 타당한 도구를 찾고 있다면 MSCEIT가 좋은 선택입니다.

위 질문들이 챗GPT와 Bard를 통해 얻어낼 수 있는 최선의 답변은 아니다. 2부에서 다루게 될 수많은 질문들의 전제가 되는 자료기반 질문에 대한 예시일 뿐이다. 챗GPT와 Bard의 할루시네이션 현상은 앞으로도 완전히 해결할 수 있는 방법은 없다. 챗GPT와 Bard가 바른 정보, 정제된 정보만 학습한 것이 아니기 때문이다. 오류, 거짓에 오염된 수많은 정보도 학습한 자료들 가운데 가득하다. 선입견, 편견 가득한 정보들도 가득하다. 따라서 우리 질문에 오염된 자료를 전제로 한 답변을 던져줄 수도 있다.

챗GPT와 Bard의 오류, 허위, 과장된 답변이 걱정된다면 자료기반, 증거기반 질문을 던져라. 질문이 구체적일수록 챗GPT와 Bard의 할루시네이션 현상은 확실히 줄어들 것이다.

아는 힘 너머 알아내는 힘을 세우는 트리비움 질문법

인공지능의 약진 앞에서 묻게 된다. '우리는 무엇을 준비해야 하는가?', '모든 것이 인공지능으로 대체되어가는 미래사회에 무엇으로 승부해야 하는가?'

답은 간단하다. 인공지능으로 대체할 수 없는 인간 본연의 일을 찾아야 한다. 그것이 필요로 하는 능력이 무엇인지를 살피고 그 역량을 세우는 일로부터 문제를 해결해야 한다.

그렇다면 '인공지능으로 대체할 수 없는 인간 본연의 일과 역량'은 무엇인가? 답은 모두가 알고 있다. 생각하는 능력이다. 단, 그냥 하는 '생각'이어서는 안 된다. 인공지능도 인간 수준의 사고력, 그 이상이 가능할 수 있음을 보여주고 있다. 챗GPT와 Bard가 그 증거다. 더구나 챗GPT와 Bard는 계속 진보해갈 것이다. 챗GPT와 Bard를 넘어선 또 다른 인공지능의 출현도 먼 미래의 이야기가 아니다. 이러한 상황 속에서도 이 모든 일의 중심에서 문제를 파악하고 해결해갈 수 있는 인간 본연의 능력이 무엇인가 묻는다면 '인간지능의 사고력'이라 이야기하겠다. 물론 이 역량 세움이 우리의 최종 목표는 아니다. 해결해야 할 수많은 문제 해결을 위해 먼저 수행해야 하는 우선 과제일 뿐.

이 과제 수행을 위해 '아는 것의 힘'을 세우기 위한 학습(學習), 누군가의 지식을 배우고 익히는 것에 머물러서는 안 된다. 그것이야말로 인공지능이 가장 잘하는 일이다. 챗GPT와 Bard가 사전 학습한(Pre-trained) 정보량은 인간이 평생을 투자한다 해도 담아낼 수 없는 수준의 엄청난 양이다. 학습을 통해 무엇인가를 배우는 과정, 아는 힘이 필요 없다는 것이 아니다. 다만, 챗GPT와 Bard 질문법은 인공지능이 사전 학습한 내용을 바탕으로 '아는 힘' 너머 '알아내는 능력'을 세우기 위한 도구요 수단임을 알아야 한다는 것이다. 인간이 인공지능보다 잘할 수 있는 일을 찾고, 인간의 고유한 역량 강화를 이루는 일에 집중하는 과제 속에서 대체 불가능한 존재로 나를 세우는 최선의 프로세스가 바로 챗GPT와 Bard 질문법이다.

동물과 인간의 진정한 차이는 생각 자체에 있지 않다. 동물들에게도 생각하는 능력이 있다. 다만 인간의 생각 능력과 비교한다면 그것은 본능에 가까운 것일 뿐이다. 지금 우리가 목표하는 인간의 사고력도 마찬가지다. 인간이면 누구나 가지고 활용하는 본능적인 차원에 대한 것이 아니다. 본능을 넘어선 것이어야 한다. 훈련된 사고력에 대한 이야기다.

정보력에서는 챗GPT와 Bard와 비교할 수 없겠지만, 우리는 인공지능과도 차이를 만들어내는 사고력, '알아내는 힘'을 세워야 한다. 트리비움 질문법이 바로 그 능력을 세우기 위한 디자인이다. 차원이 다른 인간지능 역량을 세우기 위한 자기계발 프로젝트로서의 구체적인 지침이자 분명한 목표다.

트리비움(Trivium)이란 3가지 배움(문법, 논리, 수사)을 뜻하는 라틴어다.

트리비움(Trivium) = 그래머(Grammar) + 로직(Logic) + 레토릭(Rhetoric)

트리비움은 고대 그리스부터 1000년간 활용되어온 유럽 교육의 핵심 커리큘럼이다. 인간지능, 인지력을 세우는 가장 단순하면서도 원리에 해당하는 프로세스다. 트리비움은 정보 수용력을 키우며, 조직화와 논리력을 강화하고, 창조적인 표현능력을 발전시키는 것을 핵심으로 한다.

트리비움 역량강화는 새로운 역량에 대한 강조가 아니다. 모든 인간은 성장 과정에서 트리비움 능력을 필수적으로 사용한다. 트리비움 역량을 얼마만큼 훈련했는지에 따라 사고역량 차이가 나타난다. 트리비움 질문법은 바로 이 역량을 세우는 과정학습을 의미하는데, 필자는 이 과정을 '인간지능의 파인튜닝(fine-tuning)'이라 부른다.

챗GPT와 Bard는 사전훈련된 자료를 기반으로 작동하는 언어형 인공지능이다. 챗GPT와 Bard에게 사전훈련은 언어를 배우는 과정,

정보를 학습하는 과정이다. 인터넷에서 수집한 방대한 텍스트를 학습하며 인간지능의 문장 구조, 문법, 어휘, 의미론 등 언어의 기본 요소를 습득한다. 이 과정을 통해 인간의 일반적인 언어 패턴과 지식을 어느 정도 이해하고 확률에 근거하여 인간 질문에 답변을 생성한다.

챗GPT와 Bard 버전은 계속 업데이트되고 있다. 그 과정이 바로 파인튜닝(fine-tuning) 과정이다. 파인튜닝은 인공지능 모델을 특정 작업이나 주제에 맞게 조정, 업데이트하는 과정이다. 작업에 관련된 데이터셋을 사용하여 모델이 더 정확한 결과를 도출하도록 학습시켜간다. 인간지능의 학습 과정은 인공지능의 파인튜닝 과정과 많은 면에서 유사하다. 인간도 다양한 경험과 지식을 통해 자신의 지능을 발전시키고 특정 분야의 전문성을 키워간다. 사람마다 관심 분야, 활동 분야가 다르지만 모든 분야의 전문성은 트리비움의 역량, 훈련된 인간지능을 전제한다. 그러한 차원에서 모든 인간의 자기계발 과정이 곧 인간지능의 파인튜닝 과정이라 할 수 있다.

여기서 중요한 것이 질문능력이다. 질문은 인간이 모르는 것을 알아가고, 지식의 틈을 메우는 데 결정적인 역할을 하는 핵심 기술이다. 인간은 질문을 통해 정보를 탐색하고 논리적 사고를 발전시켜간다. 의사소통 능력을 향상시키는 과정에서 중요한 것도 질문능력이다. 챗GPT와 Bard 같은 인공지능 기술을 잘 활용하기 위해 우선되어야 하는 능력이 바로 질문능력이다. 차이나는 질문능력만 준비할 수 있다면 챗GPT와 Bard를 활용해 인간지능을 향상시키는 일에서 이전과 비교할 수 없는 진보를 확인하게 될 것이다.

챗GPT와 Bard 질문법을 활용하여 지식을 얻고 사고역량을 향상시키는 인간지능의 파인튜닝 과정을 디자인해보라. 빠르게 변화하는 미래사회에서 생존을 넘어, 시대를 주도하는 존재로 자신을 세우는 기회 창출의 과정이 될 것이다.

트리비움의 요소 능력 파인튜닝하기

트리비움의 3가지 능력인 문법, 로직, 레토릭은 그것을 실제로 능력이 되게 하는 요소 능력들로 이루어져 있다. 트리비움 역량을 세우기 원한다면 요소 능력이 무엇인지 알고 그것을 하나하나 향상시키기 위해 힘써야 한다.

첫째, 문법(Grammar) 능력이다.

문법 과정에서는 언어의 기본 규칙과 구조를 다룬다. 언어를 정확하게 이해하고 사용하는 데 필요한 기초력에 해당한다. 학문적 차원에서 분야별 기초지식, 교양지식은 트리비움 문법에 해당하는 배움이다. 문법 단계에서는 정보의 수용력과 이해력을 향상시키는 데 집중한다. 정보력을 향상시키는 것은 모든 전문성을 세우는 일의 첫 번째 과제다.

노벨상을 수상할 정도의 사고력을 가진 학자라 할지라도 새로운 분야에 관심을 가졌다면 먼저 정보력 부족 문제를 해결해야 한다. 이

때 자신의 전문분야에서 훈련된 사고력은 새로운 분야의 정보력을 세우는 수용과 이해력의 강력한 초기값으로 작용한다.

문법 단계의 수용력, 이해력, 정보력을 세우기 위해서는 문법의 요소 능력을 향상시켜야 한다. 독서지속력, 연계학습력, 가속이해력, 핵심파악력, 의도파악력, 정보분류력이 대표적인 문법 단계의 요소 능력이다. 문법 단계의 요소역량 강화가 중요한 것은 인공지능 시대는 한 분야의 전문가 그 이상을 요구하기 때문이다. 기존 전문분야와 새로운 분야를 연결시키며 자신만의 새로운 분야를 창조하는 능력을 가진 사람을 필요로 하는데, Grammar(문법) 단계의 요소역량들은 그 일을 이루는 초기값에 해당한다고 하겠다.

독서 지속력	책읽기를 일상적인 습관으로 유지하는 능력은 지식의 지속적인 축적과 발전을 가능케 한다. 이를 통해 개인의 전문성을 높이고 다양한 영역에 대한 이해를 키워나갈 수 있다. 독서지속력을 기르기 위해서는 일정한 시간을 투자하고 다양한 주제의 책을 읽으며 관심 분야를 확장하는 것이 중요하다. 일은 시작하는 것도 힘들지만 지속하는 일은 더 힘들다. 독서를 잘하고 싶다면 일단 시작하라. 그리고 지속하라. 그러면 그다음 나아갈 길이 보일 것이다. 수많은 방법과 기술이 준비되어 있음을 발견하게 될 것이다.
연계 학습력	여러 영역의 지식을 통합하여 새로운 관점이나 아이디어를 도출하는 전문독서력이다. 연계학습력은 다양한 주제에 대한 이해와 유연한 사고능력을 기반으로 한다. 다양한 분야, 주제 간의 유사점이나 관련성을 찾는 과정을 통해 자신만의 새로운 분야를 창조해가는 데 중요한 학습력이다. 박학다식 너머 다재다능을 추구하는 차원에서 폴리매스(polymath)력이라 부를 수도 있다.

가속 이해력	대화나 문장의 전체상을 빨리 파악하며 정보와 대화를 빠르게 이해하고 처리하는 가속이해력은 정보 처리 속도를 높이며 학습 시간을 절약하여 학습 생산성을 향상시킬 수 있다. 가속이해력은 단일한 능력이 아니다. 이 역량도 수많은 요소 능력을 향상시키는 과정을 통해 발전한다. 맥락 이해와 집중력은 기본으로 요구된다. 글을 읽을 때 핵심 단어를 인식하고 문맥을 빠르게 파악하는 연습을 반복적으로 하는 것이 도움이 된다. 가속이해력은 빠르게 변화하는 시대에 반드시 필요한 역량이다. 훈련을 통한 강화가 가능하다.
핵심 파악력	대화, 문장, 상황에서 핵심을 인지하는 능력. 다양한 상황에서 주요한 정보나 요점을 식별하는 능력은 중요하다. 인간관계 소통과 효과적인 학습을 가능하게 하는 원천능력이다. 핵심파악력을 향상시키기 위해서는 글이나 대화에서 주요 정보와 아이디어를 빠르게 찾아내는 연습이 필요하다. 가장 단순하게 훈련하는 것이 좋다. 책 한 권을 읽고 핵심을 파악하기보다 짧은 단문, 구절을 읽고 핵심을 파악하며 역량을 강화해가는 노력이 필요하다. 모든 과정이 그러하지만 반복과 지속을 통해 훈련량을 높여가는 것이 무엇보다 중요하다.
의도 파악력	대화나 문장에서 화자의 의도를 파악하는 능력. 표현 또는 행동을 통해 타인의 의도나 목적을 이해하는 능력은 상대방과의 관계를 더 원활하게 만들고 충돌을 예방하는 데 도움이 된다. 의도파악력을 발전시키려면 화자의 말뿐만 아니라 표정, 제스처, 목소리 등 비언어적 요소에도 주의를 기울여야 한다. 글에서도 마찬가지다. 보이는 주장 이면의 의도, 전제를 볼 수 있어야 한다. 진짜 중요한 정보는 주장 이면의 의도, 전제에 있는 경우가 많다. 핵심파악력 같은 방식의 반복과 지속 훈련을 통해 향상시킬 수 있는 사고 역량이다.
정보 분류력	수용된 중요한 정보들을 체계적으로 관리하는 능력. 수집된 정보를 효과적으로 분류하고 관리하는 능력은 전문성의 기초력이다. 동시에 연계학습력을 높이며 자신의 전문분야를 확장할 수 있는 초기값이 된다. 분류는 기억력을 강화하는 기초기술이자 최고의 방법이다. 분류하면 기억하지 않아도 기억이 난다. 정보분류력은 정리와 조직화 능

력을 바탕으로 한다. 이를 발전시키기 위해, 새로운 정보를 수용할 때마다 기존 지식 체계에 어떻게 연결할지 고민하며 정보를 체계적으로 정리하는 습관을 가져야 한다. 분류하면 지식이 축적되지만 분류하지 않으면 정보는 쓰레기통에 빠진 폐기물과 다를 바 없다. 자신만의 분류체계를 디자인해야 한다. 필자는 도서관의 십진분류(KDC) 체계를 바탕으로 세상의 모든 지식을 수용하고 분류해가는 나만의 분류체계를 디자인해서 관리하고 있다.

문법의 6가지 요소 능력은 개인의 학습과 발전에서 필수적으로 훈련해야 하는 역량이다. 이러한 능력들을 향상시키기 위해서는 꾸준한 연습과 노력이 필요하다. 이 책은 질문법에 초점을 맞추었기에 독서에 대한 자세한 내용 소개에 분량을 할애하지는 않았다.

독서는 질문력, 트리비움의 모든 역량을 강화하는 디폴트 값이라 생각해야 한다. 차원이 다른 독서력을 준비해야 하는바, 위 요소 능력의 강화는 독서역량을 한 단계 더 발전시키는 구체적인 힘으로 작용할 것이다. 문법 단계의 역량은 독서를 시작으로 다양한 학습 방법과 전략을 디테일하게 나누고 적용하는 가운데 자라나는데, 이때 한 가지 역량만이 아닌 다양한 요소 능력들을 균형 있게 발전시키는 노력이 중요하다.

둘째, 논리(Logic) 능력이다.

논리 과정은 논증과 추론을 분석하고 검증하는 훈련을 핵심으로 하는 과정이다. 합리적인 판단과 결정을 내리는 데 논리는 기본이 되는 능력이다. 논리력은 사고력의 초기값으로, 요약정리력, 구조파악력, 논리추론력, 오류파악력이 대표적인 요소 능력이다. 논리의 요소역량 강화가 중요한 것은 인공지능 시대에는 정보 홍수 속에서 판단력과 문제해결 능력이 더욱 중요해지는데, Logic의 요소역량들이 이러한 능력들을 기르는 데 반드시 필요하기 때문이다. 논리의 요소역량은 개인이 빠르게 변화하는 시대에 유연하게 적응하고 다양한 문제와 도전에 대처할 수 있는 능력을 갖추게 해준다. Logic의 요소역량을 향상시키는 것은 개인의 지능 발전과 창의력을 위한 핵심적인 과정이라 하겠다.

요약 정리력	정보를 체계적으로 요약하는 능력. 주어진 정보를 간결하게 정리하여 핵심 내용을 전달하는 능력은 다양한 정보를 효과적으로 이해하고 활용하는 필수 능력이다. 요약정리 능력을 발전시키기 위해서는 주요 개념을 파악하고, 그 관계와 구조를 이해하는 연습이 필요하다. 요약력이 향상되면 복잡한 정보를 더욱 명확하게 정리하고, 새로운 지식을 빠르게 습득할 수 있게 된다. 요약력도 단일 역량이 아니다. 문법(Grammar) 단계의 6가지 요소역량이 강화될 때 요약력도 함께 세워진다. 요약력은 모든 학습과정의 핵심이라 할 수 있다. 요약력 강화는 새로운 분야를 학습할 때 가속학습력을 높이는 요소 능력이 된다. 어떤 의미에서 트리비움의 3가지 역량, 이번 장에서 소개하는 단계별 모든 요소역량은 순차적으로 키워가야 하는 역량인 동시에 서로 영향을 주고받는 서로의 요소역량이기도 함을 기억해야 한다.
구조 파악력	정보 속에 숨은 구성을 찾아 정확하게 나누는 능력. 복잡한 정보나 문제의 구조를 이해하고 분석하는 능력은 논리력의 핵심역량이다. 구조파악력은 글이나 발표에서 주요 주제와 아이디어, 그리고 그들 간의 관계를 인식하고 분석하는 능력을 기반으로 한다. 글을 읽거나 발표

	를 들을 때 주요 구성 요소와 그들 간의 연결 고리를 찾아내는 연습을 통해 향상시킬 수 있다.
논리 추론력	문제해결을 위해 귀납, 연역, 유비추론을 하는 것. 정보와 사실을 기반으로 합리적인 결론을 도출하는 능력은 다양한 상황에서 합리적인 판단과 결정을 내리는 데 필수적이다. 논리추론력을 키우기 위해서는 주어진 정보를 바탕으로 새로운 결론을 도출하거나, 아직 발견되지 않은 패턴을 찾아내는 연습이 필요하다. 이 과정에서 논리적 사고를 기반으로 가설을 세우고, 그 가설을 검증하는 과정을 반복하게 되는데, 가설 세우기와 가설 검증 과정의 반복이 논리추론력을 향상시키는 최선의 방법이다.
오류 파악력	체계적 정보 속에서 부족, 부재, 오류를 찾는 능력. 정보나 주장에서 논리적인 결함이나 오류를 발견하는 사고역량이다. 개인이 지식의 정확성과 신뢰성을 평가하고, 그에 따라 학습 전략을 수정, 보완하는 데 필수적인 능력이다. 오류파악 능력을 발전시키려면 정보를 수용할 때 비판적 사고와 논리적 분석 과정이 필수적이다. 자신의 가정과 생각에 대해서도 마찬가지다. 자문자답하는 태도는 문제를 파악하고 오류를 발견하는 데 반드시 필요하다.

논리 단계의 요소 능력들은 인공지능 시대가 요구하는 창의력과 융합적 사고를 발전시키는 데도 필수적인 역량이다. 요약정리력, 구조파악력, 논리추론력, 오류파악력을 균형 있게 발전시키는 것이 빠르게 변화하는 세상에 적응하고 성공적으로 대처할 수 있는 기반 역량이 된다.

셋째, 수사(Rhetoric) 능력이다.

레토릭 과정에서는 설득력 있는 말하기와 글쓰기 등의 표현 능력을 다룬다. 표현한다는 것은 감정과 논리를 사용하여 타인의 사고와 행동에 영향을 준다는 것과 같은 말이다. 표현을 통해서만 문법, 논리 능력을 확인할 수 있다. '표현하지 않은 것은 사랑이 아니다'라는 말이 있듯, 트리비움 역량에서도 레토릭 단계에서 훈련된 문법, 논리 능력을 확인할 수 있고, 표현 능력도 그 반복과정을 통해 향상시킬 수 있다. 레토릭의 요소 능력으로는 글짓기 능력, 주제표현력, 의사전달력, 구조설계력, 창의사고력, 학업설계력이 있다.

글짓기 능력	생각과 정보를 명확하고 효과적으로 글로 표현하는 능력이다. 글짓기 능력을 키우기 위해서는 문법, 구문, 어휘 등 언어의 기본 요소를 정확하게 알고 활용할 수 있어야 한다. 앞에서도 강조했듯 글쓰기가 중요하다고 해서 방법과 기술이 처음부터 강조되어서는 안 된다. 글짓기 능력 향상의 1단계는 일단 쓰는 것이며, 그 반복과정 속에서 천천히 이러한 요소들에 대한 개념을 세우고 발전시켜야 한다. 글 쓰는 것이 어느 정도 익숙해지면 그때부터 글짓기 기술을 적용하라. 그때부터는 한 문장을 쓰더라도 중복, 오류를 줄이기 위해 노력해야 한다. 그 과정을 통해 가독성 좋은 글, 명료한 글을 쓸 수 있는 글짓기의 디테일 능력도 자라난다.
주제 표현력	특정 주제를 명확하게 전달하고 설명하는 능력이다. 말과 글은 주제를 담고 그것을 드러내는 수단이다. 주제를 제대로 표현하기 위해서 구조를 설계하는 능력이 필요하고 논리력도 필요한 것이다. 다만, 주제를 제대로 드러내기 위해서는 논리만 가지고는 부족하다. 자유로운 표현을 통해 흥미롭고 매력적인 글로 만들어가는 노력이 필요하다. 주제표현력을 발전시키기 위해 다양한 표현법과 문체를 익히며 자신만의 문체, 표현법을 만들어가야 한다.

의사 전달력	다른 사람에게 생각이나 의견을 명확하게 전달하는 능력이다. 의사전달력을 강화하려면 명확하고 간결한 언어를 사용하여 자신의 생각을 전달하는 훈련을 해야 한다. 형식적인 차원에서는 단문 쓰기를 연습하고 말과 글의 내용 진행은 독자와 청중의 의문을 풀어가는 프로세스, 적절한 피드백을 제공하는 과정이어야 한다. 말과 글은 하는 데 의미가 있지 않다. 내용과 의도가 전달되어야 한다. 의사전달력은 이러한 능력 향상을 통해 세워진다.
구조 설계력	정보나 아이디어를 체계적으로 구성하여 전달하는 능력이다. 글을 쓰기 전, 주제를 정하고 글의 구조를 만드는 능력은 글쓰기의 질을 높이고 글 쓰는 과정의 효율을 상승시켜준다. 구조를 설계한다는 것은 결코 쉽지 않다. 모든 능력이 그러하듯 연습하고 훈련해야 한다. 구조를 찾고 개요를 구성하는 데 우선되어야 하는 것은 주제, 중요한 아이디어의 도출이다. 이를 체계적으로 구성하는 방법을 연습하는 가운데 구조설계력, 개요구성력이 향상된다.
창의 사고력	독창적인 아이디어와 해결책을 발견하고 구현하는 능력이다. 레토릭의 목표 중 하나가 문제해결이다. 이전의 정보만 반복적으로 표현하는 것이 아니라 창의적인 대안, 새로운 해결책과 아이디어를 발굴하는 노력이 매우 중요하다. 창의사고력을 향상시키기 위해서는 틀에 박힌 생각을 벗어나 다양한 관점에서 문제를 바라보고 새로운 해결책을 모색하는 연습이 필요한데, 독서, 질문이 바로 그 핵심 역량이다. 창의력은 맨땅에서 생겨나는 신비한 능력이 아니다. 충분한 정보력, 수준 이상의 논리력을 자양분으로 해서 맺히는 열매, 체계가 있는 신비함이다. 문법 단계에서 소개한 연계학습력은 창의사고력을 높이는 탁월한 방법 중 하나다.
학업 설계력	학습 목표와 계획을 세우고 실행하는 능력이다. 학업설계력은 레토릭 단계의 요소 능력으로 한정시킬 수 없다. 정보력 없이, 논리력 없이 불가능한 역량이다. 다만, 현재까지의 배움을 전제로 자신의 새로운 미래를 디자인하는 학업 설계를 레토릭하는 것의 중요성을 알고 실행해

야 한다. 어떤 형태라도 좋다. 논문이건 기획서건 에세이건 간에 글의 형태로 자신의 배움계획서, 학업계획을 재구성해보는 것이 필요하다. 학업설계력을 향상시키기 위해서는 학습 목표를 설정하고 이를 이루기 위한 전략과 계획을 세우는 훈련이 중요하다. 시간 관리와 자원 활용 능력을 향상시키는 노력도 동반되어야 한다. 과정의 진보를 점검하고 수정 보완해가며 목표를 달성하기 위한 노력이 있어야 한다. 어떤 일을 하는 데서 학습기획, 업무기획서를 구성하고 작성하는 능력은 목표 달성과 효율적인 학습을 돕는 요소 능력이다. <챗GPT와 Bard 질문법> 자체가 인공지능 시대가 우리의 위기가 아닌 기회가 되게 하기 위한 학업설계, 학습기획의 일부임을 기억하라.

챗GPT와 Bard 출현 이전에 질문법에 대한 관심은 특정 소수에 머물렀다. 자녀교육, 코칭 상담 등 넓은 의미의 자기계발에 진심인 이들 중 소수만 질문법에 관심을 가졌다. 가끔 유대인 교육에서 질문이 중요하다는 정도의 강조가 강의와 책에서 언급될 뿐이었다. 그런데 챗GPT와 Bard 출현 이후 질문 역량에 대중이 관심을 갖기 시작했다. 질문 역량의 차이가 곧 인공지능 챗GPT와 Bard의 활용력임을 알게 되며 대중이 질문법에 관심을 갖게 된 것이다. 챗GPT와 Bard를 활용해본 사람들이라면 알고 있다. 질문 수준이 답변 수준을 결정한다는 사실을 말이다.

<챗GPT와 Bard 질문법>을 읽는 독자들은 여기서 한 걸음 더 나아가기를 소망해본다. 챗GPT와 Bard를 활용하는 차원의 질문법 너머 인간역량의 강화, 인공지능이 넘볼 수 없는 인간지능 역량을 강화하는 수단으로 이 질문법이 활용되기를 원한다. 그러기 위해서는 질문

에 대한 개념을 먼저 세워야 한다. 동시에 질문법의 활용 목표가 단순히 챗GPT와 Bard의 효과적인 활용 너머 트리비움 역량, 인간지능 구성요소로서의 수많은 역량을 키우는 과정학습이라는 개념하에 질문법을 연습해야 한다. 이 책에 소개되는 모든 방법과 기술이 바로 그 역량, 차이를 만들며 위기를 기회로 자신만의 자리를 만들어가는 트리비움 역량을 세우기 위한 과정의 설계다.

아는 힘 너머 알아내는 힘을 세우는 트리비움 질문법은 구성요소적 과정학습의 설계를 전제한다. 구성요소 하나하나를 일상에서 반복하라. 그것을 지속하는 일에 성공하기를 바란다. 챗GPT와 Bard 질문법은 개념을 세우는 동시에 오늘 바로 적용할 수 있는 방법과 기술도 제안하고 있다. 챗GPT와 Bard 질문법의 일상 활용도를 높여간다면 인공지능 챗GPT와 Bard는 인간지능 역량을 강화하는 과정에서 우리를 돕는 최고의 어시스턴트(assistant)가 되어줄 것이다.

기억해야 한다. 우리가 역사의 중심에 서 있음을 말이다. 인공지능이 임계점을 넘어 인간 수준의 사고를 할 수 있는 존재로 등장하는 최초의 순간을 마주한 이들이 바로 우리다. 이 기회를 잘 활용한다면 레벨 업(Level up) 너머 스케일 업(Scale up)을 이뤄가는 삶을 디자인할 수 있다.

이전처럼 살지 않기를 결심하라. 변화하겠다면 제일 먼저 지금껏 살던 방식, 노력의 정도, 방법과 기술 그 모든 것들에 변화를 줘야 한다는 말이다. 나름대로의 노력이 아닌, 누구나 다 하는 정도의 노력을 넘어선 최선의 노력을 결심하라. 이 결심만 실행할 수 있다면 미래는 바뀐다. 그런 이들에게 미래는 자신을 허락한다. 챗GPT와 Bard 질문법을 통해 모두가 인공지능 시대에 생존 너머, 대체 불가능한 존재가 되어가기를 바란다.

챗GPT와 Bard의 등장으로 세상은
챗GPT와 Bard 전과 후로 나누어 볼 수 있다.
비관적 우려에도 불구하고 챗GPT와 Bard 질문법만
잘 활용한다면 전에 없던 의미 있는 진보가
챗GPT와 Bard로 가능해진 것이다.

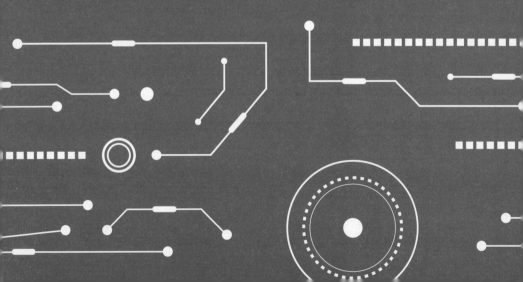

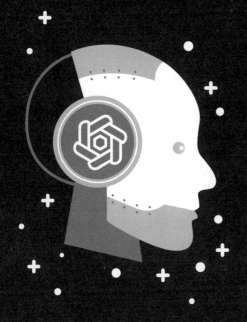

대체 불가능한
챗GPT와
Bard 질문법

part 2.

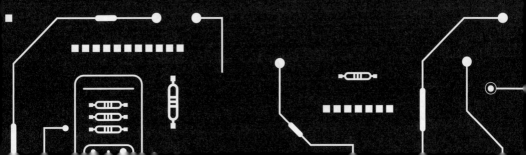

1장
—
Summarize & Explain
요약과 설명 질문

Summarize, 요약 질문
: '질문으로서의 요약'과 '결과로서의 요약'

요약 질문은 '한마디'의 명령어로 실행 가능하다. 인공지능 챗GPT 와 Bard에게 원하는 분야의 뉴스 기사, 자료, 이야기의 요약을 요청 하면 된다. '~을 요약해줘' 하는 형태의 간단한 질문이면 된다.

"미국 남북전쟁의 주요 내용을 요약해줘."(역사 요약)
"첨부한 뉴스 기사 내용을 간략하게 요약해줘."(뉴스 요약)
"영화 '바람과 함께 사라지다'의 줄거리와 주인공에 대해 요약해 줘."(영화 요약)

이 외에도 연구논문 요약, 연설 및 강의 요약, 역사 인물 요약, 역 사적 사건 요약, 과학 이론 요약, 책 요약 등 다양한 영역에서 요약 질 문 활용이 가능하다. 영역만 다를 뿐 던져지는 질문, 요구하는 것은 '요약해달라'는 것이다. 챗GPT에 질문해보았다. "소설 '동물농장'을 요약해줘"라고 요청했더니 아래와 같은 답변을 제시해주었다.

소설 <동물농장>을 요약해줘.

　　조지 오웰(George Orwell)의 소설 <동물농장(Animal Farm)>은 1945년에 출판된 대표적인 풍자 소설입니다. 이 작품은 러시아 혁명과 그 후의 소비에트 연방에 대한 비판적 시각을 풍자적으로 표현하고 있습니다.
소설은 일리터머스가 축산장 주인 농부 존스를 쫓아내고 동물들이 자신들의 농장을 운영하게 되는 이야기로 시작합니다. 동물들은 이상적인 사회를 구축하기 위해 일곱 가지 기본 원칙을 가지고 '동물주의'를 선포합니다. 그러나 농장의 지배 계층으로 부상한 돼지들이 점차 썩어가는 모습을 보이며, 특히 돼지 나폴레옹(Napoleon)이 독재자로 변해가는 과정을 그립니다.
소설이 진행됨에 따라 돼지들은 다른 동물들에게 약속한 자유와 평등을 점점 침해하고, 다른 동물들을 착취하며 부와 권력을 독점합니다. 나폴레옹과 그의 추종자들은 권력을 유지하기 위해 거짓말, 폭력, 조작 등 각종 수단을 동원하며, 동물주의의 기본 원칙을 뒤틀어 자신들의 이익에 맞게 변형합니다.
결국, 동물농장은 처음의 이상과는 거리가 멀어진 어두운 현실로 변해가고, 돼지들은 인간과 구별되지 않는 존재가 되어버립니다.
<동물농장>은 혁명 이후 실상에 놀라운 통찰력을 보여주는 작품으로, 전체주의와 독재에 대한 조지 오웰의 경고로 해석되곤 합니다. 이 작품은 권력의 부패와 이상주의의 변질, 그리고 개인의 자유와 평등을 얻기 위한 투쟁에 대한 인간 본성의 모습을 생생하게 그려낸 고전입니다.

처음에는 단순한 질문으로부터 시작하면 되지만 답변의 질을 높이기 위해서는 질문의 질을 높이는 노력이 필요하다. 같은 책 요약을 요청해도 질문 길이, 질문 시 사용한 어휘의 특징, 어휘 수에 따라 조금씩 다른 느낌의 결과물을 생성해준다. 챗GPT와 Bard 요약(Summarize) 질문에서 기억해야 할 개념은 두 가지다. '질문으로서의 요약'과 '결과로서의 요약'이다.

첫째, 질문으로서의 요약이다. 좋은 답을 얻기 위해서는 좋은 질문을 던져야 한다. 좋은 질문이란 잘 정리된 질문이다. 잘 정리된 질문이란 핵심 포인트가 분명한 질문을 말한다. 원하는 방향의 좋은 답을 얻길 원한다면 핵심 키워드, 핵심 문장이 질문 자체에 포함되어 있어야 한다. 챗GPT와 Bard에 던졌던 〈동물농장〉 요약 요청 질문에 약간의 변화를 주고 다시 질문해보았다. 기존 질문에 주요 등장인물 한 사람의 이름을 등장시키고(자료기반) 그를 중심으로 내용을 요약해달라 요청하니 다음과 같은 답변을 생성해주었다.

독재자로 변해가는 나폴레옹 이야기를 중심으로 소설 <동물농장>의 전체 내용을 요약해줘.

<동물농장>은 조지 오웰이 지은 소설로, 일차적으로 소련의 공산주의

체제와 스탈린의 독재를 비판하는 이야기입니다. 작품은 일반적인 영국 농장을 배경으로 하며, 농장 동물들이 인간 농장주를 몰아내고 동물들 스스로가 직접 농장을 경영하는 이야기로 전개됩니다.

나폴레옹이라는 돼지는 다른 동물들과 함께 농장에서 반란을 일으키고 인간의 지배에서 벗어나 동물들만의 농장을 만듭니다. 그들은 동물이 인간보다우월하다는 이념을 바탕으로 평등한 사회를 구축하려 하지만, 나폴레옹은점차 독재적 성향을 드러내며 다른 동물들을 지배하게 됩니다.

나폴레옹은 자신의 이익을 추구하고, 처음의 이념을 점차 왜곡해나갑니다. 이로 인해 농장의 다른 동물들은 이전보다 더 열악한 환경에서 살아가게 되며, 농장은 점차 원래의 인간 주인들의 모습을 갖추게 됩니다. 결국 동물들은 농장을 인간 주인들로부터 구해준 독재자로 변해간 나폴레옹에 대한 환멸을 느끼게 됩니다.

<동물농장>은 동물의 모습을 통해 인간의 권력욕과 독재를 혹독하게 비판하며, 어떠한 혁명의 이념도 권력에 의해 왜곡될 수 있다는 메시지를 전달합니다.

앞의 요약보다 책의 핵심이 명료하게 드러난 요약문임을 확인할 수 있다. 질문이 바뀌면 답변도 바뀐다. 답변으로서의 좋은 결과물을 얻길 원한다면 핵심 키워드, 핵심 문장이 포함된 자료기반 요약 질문을 던지는 훈련을 해야 한다.

둘째, 결과로서의 요약이다. 챗GPT와 Bard를 통해 생성되는 모든 답변은 요약된 글임을 아는 것이 중요하다. 요약을 요구하든, 설명을 요구하든, 시뮬레이션을 요구하든 챗GPT와 Bard의 모든 답변은 요약 형태로 주어진다. 답변으로서 주어지는 요약의 질을 높이기 위해서는 질문에서 요약 개념을 이해하고 요약력을 높여가는 것이 중요하다. 챗GPT와 Bard가 생성해준 요약으로서의 답변이 바른 답변인지, 오류 답변인지 판단하기 위해서도 질문 분야에 대한 개념, 어느 정도의 요약 능력이 준비되어 있어야 한다. 챗GPT와 Bard가 항상 잘 정리된 요약 글만 생성해주는 것은 아니기 때문이다. 종종 오류 정보, 거짓 정보를 그럴싸한 문장으로 만들어 제공하곤 한다. 이때 답변의 진위 여부를 판단하는 것은 질문자의 몫으로 남겨지는 것이다.

그렇다면 요약이란 무엇인가? 요약은 복잡하거나 긴 내용을 핵심 포인트, 주요 정보로 축약하여 간결하게 전달하는 과정을 말한다. 한마디로 '긴 내용을 핵심만 추려 정리하는 것'이다. 챗GPT와 Bard가 많은 이들에게 관심받고 있는 것은 요약 능력을 탁월하게 수행해주기 때문이다. 문제는 질문자의 요약 능력이다.

요약은 글을 읽을 때와 쓸 때, 말을 할 때와 들을 때, 모든 공부 과정에서 예외 없이 사용된다. 인지능력의 가장 기본 기술인 동시에 최고의 고급 기술이다. 요약 기술 수준에 따라 능력의 정도가 결정된다고 해도 틀린 말은 아니다. 요약 기술이 없다면 글을 읽어도 제대로 이해할 수 없다. 요약 능력이 없는 작가가 책을 쓴다면 독자들은 혼란에 빠질 것이다. 핵심을 간결하게 정리하는 능력 없이 쓴 글의 독해는 독자의 짐으로 떠넘겨지기 때문이다.

말할 때도 마찬가지다. 자신이 말하고자 하는 핵심이 정리되어 있지 않을 때는 횡설수설하게 되고 이야기는 삼천포로 빠진다. 대화할 때도 요약 능력이 없으면 말귀를 알아듣지 못한다. 강의를 들어도 핵심은 놓치고 쓸데없는 이야기만 기억한다. 학창 시절 누가 공부를 잘하는가? 요약정리 잘하는 아이들이다. 이 아이들은 수많은 과목과 내용 모두에 시간을 쏟지 않는다. 핵심 포인트를 찾고 그것에 집중한다. 전체 내용을 학습하고 이해한 후 핵심 요약 내용만 기억하는 방식이다. 놀라운 것은 잘 요약된 내용을 떠올리면 전체 내용이 동시에 기억난다는 것이다. 기억은 하는 것이 아니라 되는 것인데 그것을 가능하게 하는 사고능력이 요약력이다.

직장 생활에서도 요약 능력은 중요한 기술이다. 요약 능력이 없으면 새로운 사업기획도 할 수 없다. 물론, 기획은 누구나 할 수 있다. 다만, 핵심을 파악하는 능력의 준비 없이 기획된 사업이 좋은 결과를 얻을 방법은 없다. 인공지능 챗GPT와 Bard에서도 요약력은 중요하다. 임계점을 넘어 계속 진보하는 인공지능을 제대로 활용하려면 좋은 요약 글의 생성만을 요구하고 기대하는 사용자이기 이전에 자신의 인간지능 역량, 요약 능력을 향상시키는 일에 최선을 다하는 사람이어야 한다. 잘 정리된 요약 질문을 던지면 챗GPT와 Bard는 훌륭한 결과물로서의 요약문을 제공해준다. 한마디로 챗GPT와 Bard는 질문 수준에 맞는 답변을 생성해준다고 보면 된다.

요약력을 세우는 5단계 훈련

요약 질문을 포함하여 요약력을 키우기 위해 아래 5단계를 숙지하고 연습해보라.

요약훈련 1단계: 전체 내용을 파악하는 훈련이다. 이를 위해 책을 정독하며 책의 구조를 파악하는 의식적인 훈련이 필요하다. 강의 듣기에서도 마찬가지다.

요약훈련 2단계: 책의 핵심 내용과 문장, 핵심 키워드를 찾는 훈련이다. 주제를 한 문장으로 정리하는 훈련은 매우 중요한 과정이다.

요약훈련 3단계: 파악한 핵심 키워드, 핵심 주제를 중심으로 내용을 재구성하여 간결하게 문장화시키는 훈련이다. 요약문은 문장 길이에 따라 다른 이름으로 부르는데 3단계에서는 긴 요약(일반 요약), 짧은 요약(요점)문 만들기를 주로 연습한다. 2단계에서 한 줄 요약(주제문장), 키워드 요약(주제 키워드 찾기) 훈련에 대해 강조했는데, 2단계 훈련이 제대로 진행되어야 3단계 요약 진행이 가능하다. 이후 제공되는 다양한 질문들을 유형별로 이해하고 원하는 답에 적합한 질문을 디자인해 질문할 수 있도록 질문의 문장화 훈련이 필요하다.

요약훈련 4단계: 주제를 중심으로 3단계에서 작성한 요약문을 수정하고 보완하는 단계다. 글의 완성은 퇴고 과정을 거치며 이루어진다. 다듬어지는 것은 문장만이 아니다. 문장은 결과물이고 그 과정 속에서 생각이 재정리되고 정교해져간다.

요약훈련 5단계: 1~4단계 요약 과정을 반복 연습하고 그 행위를 지속하는 단계다. 일관성이 유지되면 요약은 습관이 되고 체화된 역량, 훈련된 사고능력이 된다.

요약의 5단계 훈련과정을 진행하는 가운데 잘 보고, 잘 듣고, 잘 읽으며, 잘 요약하는 능력의 진보를 경험하게 될 것이다. 이렇게 풍성한 요약 능력이 전제되었을 때 좋은 질문을 던질 수 있다. 요약질문 문장도 처음에는 간단한 것에서 시작하여 디테일한 답을 원할 때는 그에 걸맞은 질문 문장을 디자인하여 프롬프트 명령어를 실행(질문)해야 한다. 챗GPT와 Bard를 통해 훌륭한 답변으로서의 요약 글을 생성해내는 것, 결과물에 대한 판단 및 수정, 보완은 오로지 질문자의 몫이다. '질문으로서의 요약력'을 높이면 '결과로서의 요약 글' 질이 높아진다는 사실을 기억하며 나만의 챗GPT와 Bard 질문 만드는 훈련을 지속해보자.

Definition, 정의 질문: 개념을 세우고 정의력을 높이는 정의 질문 디자인

의사 A: 이 환자분은 고열과 통증이 동반된 급성 편도염이 있는 것 같아요. 그래서 아모키실린 500mg을 TID로 처방해줬어요.

의사 B: 차트를 보니 NSAID인 이부프로펜도 PRN으로 처방했군요. 효과적인 항염증 및 진통 효과를 기대할 수 있겠네요.

의사 A: 맞아요. 또한 환자분이 알레르기 증상도 있어서 셋리진 10mg을 QD로 처방해줬어요. 알레르기 증상이 완화되면 환자분의 전반적인 상태도 개선될 거예요.

두 의사의 대화가 진행중이다. 그런데 무슨 말이 오가는지 알겠는가? 의사가 환자에게 약을 처방해줬다는 정도는 알겠다. 그러나 TID가 뭔지 NSAID, PRN이 뭔지 알지 못하니 정확한 의미는 알 수 없다. 이 대화를 이해하는 데서 우리에게 부족한 것은 무엇인가? 우선은 어휘력 문제다. 의학 용어의 정확한 정의와 의미를 알지 못한다는 것, 의학 분야에 대한 개념 자체가 없다는 사실이다.

의학 분야만의 일은 아니다. 법, 정치, 코딩, 인공지능, 심리학 등 어느 분야이건 간에 새로운 분야를 이해하고 전문성을 세우기 위해서는 어휘에 대한 정의력이 전제되어야 한다. 해당 분야에 대한 기본 지식, 어휘에 대한 바른 정의, 의미를 알아가는 일이 선행되고 지속, 관리되어야 한다. 정의 가능한 어휘의 양이 쌓여가고 이해가 깊어질수록 관심 분야에 대한 개념이 분명해지고 배움의 질은 높아져간다. 전문성은 그렇게 쌓이는 것이다.

사실 많은 이들이 사고력, 문해력 향상에 관심을 갖고 있다. 그렇다면 어떻게 해야 사고역량을 세우고 문해력을 향상시킬 수 있을까? 이 문제를 푸는 핵심 키는 어휘력, 어휘를 다루는 기술에 있다. 어휘력이란 어휘에 대한 정의력이며 의미를 부여하는 논리력이다.

어휘의 종류, 양에 따라 사고의 폭이 결정되고, 정의 내리는 정도에 따라 사고의 깊이와 질이 결정된다. 모든 배움, 이해의 시작 지점에는 특정 단어, 용어, 개념 등을 정의할 수 있는가 없는가에 대한 질문이 놓여 있다. 학습자가 기본 지식을 습득하고 그것을 바탕으로 더 복잡한 개념을 배우기 위해서는 무엇인가에 대해 정의할 수 있는 능력이 있어야 한다. 그런 차원에서 챗GPT와 Bard는 정의력을 훈련하며 사고역량을 세우는 이들에게 좋은 친구가 되어준다. 챗GPT와 Bard를 활용하며 누리는 가장 큰 도움 중 하나가 바로 어휘에 대한 명료한 정의다.

정의(definition)란 무엇인가? '어떤 말이나 사물의 뜻을 명백히 밝혀 규정함. 또는 그 뜻'이라고 표준국어대사전은 정의(定義)하고 있다. 챗GPT와 Bard는 우리가 한 번도 정의해본 적 없는 어휘와 어렴풋하게 알고 있는 개념들에 대해 자신만의 정의를 일목요연하게 정리해준다. 챗GPT와 Bard에 요청하는 정의 질문의 시작은 매우 간단하다. '~은 무엇이지?' 형식의 단문 질문을 던지면 된다.

'민주주의란 무엇인가요?' '공산주의란 무엇인가요?' '자본주의란 무엇인가요?'

'지속가능성이란 무엇인가요?' '인공지능이란 무엇인가요?' '블록체인이란 무엇인가요?'

'사회적 기업이란 무엇인가요?' '현상학이란 무엇인가요?' '양자역학이란 무엇인가요?'

Bard에 질문을 던져보았다.

민주주의란 무엇인가요?

민주주의는 국가의 주권이 국민에게 있고, 국민이 권력을 가지고 그 권력을 스스로 행사하며 국민을 위하여 정치를 행하는 제도입니다. 그리스어 demos(사람들)와 kratos(권력)에서 유래한 말입니다.

민주주의에는 다양한 형태가 있지만, 공통적으로 국민이 정부를 통제한다는 원칙을 가지고 있습니다. 민주주의 정부는 국민의 대표로 구성되며, 대표들은 국민의 이익을 대변하기 위해 선출됩니다. 민주주의 국가에서는 국민이 정부의 정책과 행위에 대해 발언권을 가지고 있으며, 선거를 통해 정부를 교체할 권리를 가지고 있습니다.

민주주의는 세계에서 가장 널리 사용되는 정부 형태입니다. 민주주의는 국민의 참여와 통제를 보장하기 때문에 선호되는 형태의 정부입니다. 또한 민주주의는 자유와 평등을 보장하는 데 도움이 되기 때문에 선호됩니다.

위 예처럼 '민주주의란 무엇인가?'를 질문했을 때 생성되는 결과물은 짧은 정의, 요약 형태의 글로 주어진다. 요약(summary)과 정의(definition)는 생성되는 형태는 비슷하지만 그 목적에서 명확한 차이가 있다. '요약'은 많은 양의 정보를 간결하게 축약하여 핵심 내용을 전달하는 효율성에 목적을 둔다면, '정의'는 특정 어휘의 의미를 한마디로 명확하게 설명하여 이해시키는 데 목적을 둔다.

그런데 많은 사람들이 '정의'에 익숙하지 않다. 대부분 스스로 정의 내리기보다 내려진 정의를 암기하는 방식으로 공부해왔다. 챗GPT와 Bard를 활용할 때도 이 점을 주의해야 한다. 챗GPT와 Bard가 탁월하게 잘하는 능력이 바로 특정한 어휘나 개념에 대한 정의 내리기라고 해서 이것의 도움을 먼저 받는 일은 피해야 한다. 나의 역량을 세우는 일에 챗GPT와 Bard를 활용하기 위해서는 도움을 받기 이전에 스스로 정의 내리는 시간을 가져야 한다. 챗GPT와 Bard가 우리의 생각을 돕는 도구가 되어야지 생각을 대신해주는 도구로 활용해서는 안 된다. 이런 과정을 통해 생성된 정의와 나의 정의를 비교하는 것만으로도 이해력이 자라고, 우리는 명확한 정보를 수용하고 정리하는 기회를 얻게 된다.

독서 후, 나의 정의를 확인해야 하는 이유

정의 내리기 훈련에서 챗GPT와 Bard는 나의 정의 내리기 다음에 오는 도움이어야 한다면, 독서는 그 반대의 경우다. 책을 읽는다는 것은 다른 누군가의 정의를 엿보는 과정을 포함한다. 책을 잘 읽는다는 것은 남의 견해를 잘 파악하고 이해한다는 것이며 그것이 독서의 첫 번째 목표다.

남의 생각, 남의 정의를 확인하는 일에 성공했다면 이제 필요한 것은 '나의 정의'를 만드는 과정이다. 책이 이야기하는 주제에 대한 자신만의 생각을 정리해야 한다. 이때 필요한 기술이 질문이다. 책의 핵심 키워드, 개념들에 대해 질문을 던지며 자신의 정의를 다듬어가야 한다. 서로 다른 정의를 비교하고 유사한 정의는 나의 정의를 강화시키는 재료로 삼으면 된다.

정의 질문은 자신만의 견해를 만들어가는 최선의 도구다. 챗GPT와 Bard의 활용이 남의 생각을 수용하는 과정에서 멈춰서는 안 된다. 자신의 기존 지식에 새로운 정보를 연결시키며 새롭게 정의 내리고 그 정의의 질을 높이는 노력의 과정이어야 한다. 그 과정이 지속되고 축적되어갈 때 사람은 변화하고 성장한다.

정의 내리기 실행 여부는 관심 분야 학습 과정에서의 명확한 이해도와 효과적인 의사소통 능력에 큰 영향을 준다. 챗GPT와 Bard를 활용해 관심 분야의 어휘와 개념, 정보에 대해 정의를 내려보고 그것을 참조하는 학습 패턴을 잘 활용한다면 우리 배움의 질은 놀랍게 향상될 것이다.

자료 검색에서 한 걸음 진보하여 스스로 자료를 생성하며 질문자와는 또 다른 정의를 제시해주는 잘 준비된 동료 챗GPT와 Bard와 함께하는 오늘의 기회를 적극 활용하라. 당신의 사고 과정을 제한하는 도구로서의 챗GPT와 Bard가 아니라 차원이 다른 생각, 다른 방식의 사고과정을 촉진하는 도구로 챗GPT와 Bard를 활용하라. 당신이 속한 분야에서, 새롭게 도전하는 분야에서 당신을 경쟁력 있는 존재가 되게 하는 데 챗GPT와 Bard가 훌륭한 도구가 되어줄 것을 확신한다.

Philosophical, 철학적 질문
: 일반적인, 그러나 매우 지혜로운!

인간이 살아가면서 궁금해하는 가장 기본적이고 근본적인 질문들이 있다.

"인생이란 뭘까?"
"내가 오늘처럼 사는 것이 진정 행복한 삶일까?"
"내가 궁극적으로 추구해야 할 가치는 무엇인가?"
"죽음이란 무엇이고 죽은 뒤에 나는 어떻게 되는 것일까?"

누구나 할 것 없이 인생을 살며 고민과 갈등 가운데 던지는 철학적 질문들이다. 정해진 답이 없는 추상적 질문 같지만 철학의 세계에서는 이러한 질문을 과제삼아 생각을 정리해왔고 그 결과는 인류사에 큰 영향을 끼쳐왔다. 사람들은 이러한 질문을 통해 삶의 목표와 의미를 찾을 수 있을 뿐만 아니라 올바른 선택을 하기 위한 기준도 마련해간다. 답이 없는 질문이다 보니 다양한 관점에 귀 기울이며 사고의 폭을 확장시킬 수 있는 것도 철학적 질문을 통해 얻을 수 있는 유익이다. 철학적 질문은 추상적 질문에 머물지 않는다. 논리적이고 인식론적인 질문들도 여기에 속한다.

"객관적인 지식은 가능한가?"
"과학적 방법론이 가장 높은 신뢰성을 가진 지적 학습 형태인가?"
"판단의 타당성을 평가하는 기준은 무엇인가?"

그런데 놀랍게도 인공지능 챗GPT와 Bard는 인간의 이러한 질문에 매우 논리적이며 종합적인 답변을 생성해준다. 물론 한계는 분명하다. 챗GPT와 Bard는 개인적인 경험을 갖지 못한 인공지능이기에 경험에 기반한 조언과 다른 사람들과의 상호작용을 통해 얻은 지식을 바탕으로 한 실질적인 조언을 제공해주지는 못한다. 무엇보다 질문자 개인의 상황을 고려한 맞춤형 답변이 아닌 학습된 일반적인 정보와 조언만 제공받을 수 있다. 그럼에도 불구하고 철학적 의문과 질문을 해소해가는 데 챗GPT와 Bard의 장점은 넘쳐난다.

먼저 접근성이다. 컴퓨터든 스마트폰이든 언제나 질문할 수 있다. 질문자의 물음에 언제나 실시간으로 빠르게 응답해주면서도 비용이 거의 들지 않는다. 그러나 관계 속에서 철학적 질문을 주고받는 상황은 정반대다. 인생을 살며 철학적 질문에 응답해줄 수 있는 지인(知人) 자체가 없는 이들도 많다. 있다 하더라도 그러한 자리를 자주 마련할 수 있는 것도 아니고 이러한 유형의 질문은 던지는 이도, 답변해야 하는 이들에게도 결코 쉽지 않은 고난이도의 질문이다. 부모님이든 스승님이든 연륜을 바탕으로 개인적 경험에 기반한 진심 어린 조언을 줄 수는 있지만, 그의 여러 성향이 반영된 편향적 조언을 주기도 한다.

이에 비해 챗GPT와 Bard는 중립적이며, 대규모 데이터를 기반으로 학습했기에 일반적인 지식뿐만 아니라 다양한 철학자들의 생각이나 개념들을 정리해 다양한 조언을 제공해준다. 편향적인 답변이 제공될 수도 있다. 그때는 질문을 바꿔가며 다른 차원의 답변을 살피는 기회를 가지며 생각을 정리하는 기회로 삼으면 된다. Bard에 다음과 같은 질문을 던져보았다.

> 직장 상사가 나를 무시해. 대화가 통하지도 않아. 이런 것이 인생인가 생각하니 힘드네. 도대체 인생이란 뭘까? 이론적인 이야기 말고 조금 실질적인 조언을 부탁해.

> 상사가 당신을 무시하고 대화가 통하지 않아서 힘들다는 것을 듣게 되어 유감입니다. 직장에서 이런 일을 겪는 것은 매우 답답하고 스트레스 쌓이는 일이 될 수 있습니다.
> 상사가 당신을 무시하는 데는 여러 가지 이유가 있을 수 있습니다. 그들은 바쁘거나 당신을 신뢰하지 않거나 단순히 당신을 좋아하지 않을 수 있습니다. 무시당하는 이유가 무엇이든, 그것은 당신의 잘못이 아니라는 것을 기억

하는 것이 중요합니다.

상사가 당신을 무시하는 것에 대처하는 방법에 대한 몇 가지 팁은 다음과 같습니다.

- 먼저 상사와 직접 이야기하십시오. 왜 당신을 무시하는지 묻고 그들이 직장에서 당신과 더 잘 소통할 수 있는 방법을 찾으십시오.
- 상사가 당신의 요청에 응답하지 않으면 전자 메일이나 문자 메시지로 다시 연락하십시오. 이렇게 하면 요청을 받은 것과 요청에 대한 응답을 기대하고 있음을 알릴 수 있습니다.
- 여전히 상사와 의사소통할 수 없다면 인사 부서나 상사 위에 있는 사람과 이야기하십시오. 그들은 당신이 상사와 더 잘 소통할 수 있도록 도울 수 있습니다.
- 직장을 그만둘 수도 있습니다. 상사가 당신의 행복을 방해하고 있다면 직장을 그만두는 것이 최선의 선택일 수 있습니다.
- 인생은 길고 아름답고 놀라운 여정입니다. 그것은 우리가 성장하고 배우고 새로운 것을 경험할 수 있는 시간입니다. 인생은 또한 우리가 사랑하고 사랑받고, 행복하고 만족스러워할 수 있는 시간입니다.

인생은 항상 쉬운 것은 아닙니다. 때로는 도전적이고 힘들 수 있습니다. 하지만 인생은 또한 아름답고 보람 있는 경험이 될 수 있습니다. 직장 상사가 당신을 무시하는 것은 힘든 상황이지만, 인생이 끝났다는 의미는 아닙니다. 당신은 여전히 당신의 경력에서 성공하고 행복할 수 있습니다. 당신은 여전히 당신이 원하는 것을 성취할 수 있습니다. 당신을 믿고 당신이 할 수 있다는 것을 아는 사람들이 있습니다. 당신은 혼자가 아닙니다.

철학적 질문에 대한 Bard의 답변은 인공지능 시스템의 장단점을 고스란히 담아내고 있다. 장점을 살펴보자면 Bard가 제시한 답변은 넓은 의미에서 가장 지혜로운 답변이다. 어느 한편에 치우친 답변이 아니라 종합적으로 문제를 바라본 뒤 원론이지만 정답에 가까운 다양한 해법을 제시해주고 있다. 거기에 응원까지 더해주고 있다. 그러나 어떤 이들은 실질적인 조언을 달라고 했음에도 자기 경험에 기반하지 않은 일반적인 정보와 조언에 머무른 답변만 제시한다고 느낄수도 있다.

하지만 실망하기에는 아직 이르다. 다른 질문 기법과 연결해가며 조금 더 실질적인 답변을 얻을 수 있는 방법은 얼마든지 있다. 현재 시점의 챗GPT와 Bard 역량도 무시할 수준의 것이 아님을 기억해야 한다. 다시 한 번 강조하지만, 챗GPT와 Bard는 여러 가지 한계가 있음에도 우리의 철학적 의문점을 해소하는 데 적지 않은 도움을 주는 도구로 활용 가능하다. 시간을 내어 이미 던져보았어야 했지만 아직 해보지 않은 철학적 질문을 챗GPT와 Bard에게 던져보는 것은 어떨까? 느껴지는 아쉬움은 다음 질문 기법을 공부해가는 가운데 보완될 것임을 기대해도 좋다.

- 인간의 존재 목적은 무엇인가?
- 신은 존재하는가? 그렇다면 어떤 존재인가?
- 자유의지는 실재하는 것인가, 아니면 일종의 착각인가?
- 인간 삶에 가장 중요한 가치는 무엇이며 왜 그것이 가치 있는 것인가?
- 무엇이 선과 악을 결정하는가?

Explain, 설명 질문: 간결함과 명확함에 상세함과 깊이를 더하라

질문의 다양한 유형을 살피고 이해하는 과정을 통해 추구하는 목표는 분명하다. 더 좋은 질문을 던져 챗GPT와 Bard를 통해 '더 완성도 있는' 답변을 생성하도록 하기 위해서다. 예를 들어, 다음과 같은 질문을 던졌다고 하자. '챗GPT에 대해 요약해줘', '챗GPT를 정의해줘', '챗GPT를 설명해줘.' 비슷한 질문 같지만 요약, 정의, 설명이라는 어휘가 가지는 의미와 목적에는 분명한 차이가 있다. 먼저 챗GPT가 각각의 질문을 어떻게 이해하고 답변하는지 살펴보자.

챗GPT에 대해 요약해줘.

챗GPT는 OpenAI에서 개발한 대화형 인공지능 언어 모델로, 다양한 주제에 대한 지식을 갖추고 자연어 처리 능력을 통해 사용자의 질문에 답변하거나 정보를 제공하는 기술입니다. 이 기술은 인간과의 원활한 대화를 가능하게 하며, 여러 분야에서 긍정적인 영향을 미칠 것으로 기대되지만, 동시에 윤리적, 법적 문제와 함께 부정적인 영향에 대한 걱정도 존재합니다.

챗GPT를 정의해줘.

챗GPT는 OpenAI가 개발한 인공지능 기반의 대화형 언어 모델로서, 사용자와 자연스러운 대화를 이끌어내며 정보를 제공하고 질문에 답변하는 기능을 수행합니다. 이 모델은 자연어 처리와 머신러닝 기술을 활용하여 다양한 주제에 대한 대화를 지원하며, 다양한 분야에서 인간의 업무를 보조하고 효율성을 높이는 데 사용됩니다.

챗GPT를 설명해줘.

챗GPT는 OpenAI에서 개발한 고급 인공지능 대화형 언어 모델로, GPT-4 아키텍처를 기반으로 합니다. 이 모델은 대량의 텍스트 데이터를 학습하여 사용자의 질문에 대해 자연스럽고 의미 있는 답변을 생성할 수 있는 능력을 갖추고 있습니다. 챗GPT는 자연어 처리(NLP)와 머신러닝(ML) 기술을 활용하여 문맥 이해와 인간처럼 대화하는 데 필요한 논리와 표현력을 갖추게 됩니다.

챗GPT는 다양한 환경에서 사용할 수 있으며, 고객 지원, 가상 비서, 교육 및 연구 등 여러 분야에서 인간 업무를 보조하고 효율성을 높이는 데 활용됩니다. 또한, 다양한 주제와 분야에 대한 지식을 가지고 있어 사용자들의 정보 검색, 조언 및 문제해결을 도울 수 있습니다.

그러나 챗GPT도 완벽하지 않으며, 때로는 부정확하거나 편향된 정보를 제공할 수 있습니다. 따라서 적절한 윤리적, 법적 가이드라인을 마련하고 인간의 역할과 인공지능의 역할을 잘 조화시키는 것이 중요합니다. 이렇게 함으로써 챗GPT 같은 인공지능 기술의 긍정적인 잠재력을 최대한 활용하고 부정적인 영향을 최소화할 수 있을 것입니다.

요약(Summarize), 정의(Define), 설명(Explain)은 모두 정보를 전달하는 방법이기에 공통적으로 다루어야 할 내용이 존재한다. 그러나 그 방식과 목적에는 분명한 차이가 있다. 요약은 '핵심 내용을 간결하게 전달'하여 빠르게 이해하도록 돕는 것을 목표로 한다면, 정의는 '개념의 의미를 명확히 설명'하여 기본적인 이해를 제공하는 것을 목표로 한다.

설명할 때도 간결함과 명확함은 동일하게 중요하다. 그러나 여기서 한 걸음 더 나아가 '자세한 정보'와 컨텍스트를 제공하여 '깊이 있는 이해'를 도모하는 것이 설명의 주목적이다. 예를 들어, 책을 저술한다고 생각해보자. 이런 경우 요약, 정의, 설명 방식이 어떻게 활용되는지 살펴보면 서로 다른 표현 방식의 차이를 이해하는 데 도움이 될 것이다.

책의 프롤로그에서 가장 필요한 서술 방식은 요약이다. 프롤로그에서는 책의 주제와 큰 그림으로서의 개요, 주요 개념을 간략하게 요약 제공하여 독자의 관심을 끄는 것이 중요하다. 이후 책의 본문 도입부에서는 관련 콘텐츠의 개념 및 용어들에 대해 작가로서의 정의를 내리고 본문의 전반적인 내용을 통해 책의 주제를 자세하게 설명하는 방식으로 책을 집필해가면 된다. 그래서 설명하고자 하는 주제에 대한 체계적이며 명확한 분석이 전제되어야 한다. 결과에 해당하는 내용만이 아니라 다양한 원인과 그것의 이해를 돕는 예시를 들어가며 주제를 이해할 수 있도록 하는 데 집중하는 것이 중요하기 때문이다.

자신이 원하는 답변을 생성하도록 하는 상황 질문 만들기

챗GPT와 Bard에게 설명을 요구할 때 질문자가 원하는 것이 무엇인지를 질문에 포함시키는 것이 중요하다. 여기서 중요한 것은 질문의 디테일이다. 아래 질문은 위에서 던진 질문에 이어 던지는 설명형 질문이다. '챗GPT와 Bard 등장 이후 사람들의 반응과 결과는 어떠할지'에 대해 묻고 있다. 챗GPT와 Bard의 기능에 대한 요약이나 존재 자체에 대한 정의가 아닌 질문자가 가장 궁금해하는 것들을 '직접, 솔직히' 질문하며 챗GPT에게 답변을 요구해보았다.

챗GPT와 Bard가 소개되고 난 후 사람들의 반응은 여러 가지야. '똑똑한

백과사전 정도의 컴퓨터니 걱정하지 마라'는 사람도 있고, '처음으로 인간 외에 지적 결과물을 생성해낼 수 있는 존재가 등장했다'며 놀라고 걱정하는 이들도 있어. 너와 같은 인공지능 출현에 이처럼 다양한 견해, 걱정, 기대 등의 반응들이 나타나는 상황에 대해 왜 그런 것인지, 챗GPT와 Bard 시대 이후의 인간 일상에는 어떤 변화가 있을지 등의 결과, 가장 걱정해야 하는 것과 기대해도 좋을 것들을 나눠서 자세히 설명해줘.

챗GPT는 간단하지만 철저하게 질문에서 요구한 모든 항목을 다룬 답변을 생성해주었다.

인공지능 기술의 발전과 함께 나타난 다양한 견해, 걱정, 기대 반응들은 기술이 인간의 삶과 사회에 미치는 영향에 대한 불확실성과 인식의 차이 때문입니다. 챗GPT와 Bard 같은 인공지능이 인간 일상에 가져올 변화와 결과에 대해 다음과 같이 설명할 수 있습니다.

• 가장 걱정해야 하는 것들
직업 시장의 변화: 인공지능이 많은 일을 자동화하면서 일부 직업은 사라질 수 있고, 다른 새로운 직업이 생길 것입니다. 이로 인해 직업 시장의 불안정성이 증가할 수 있으며, 사람들은 지속적인 업무 변화와 새로운 기술 습득에 대한 부담을 겪을 수 있습니다.
사회적 불균형: 인공지능 기술이 일부 사람들에게 더 많은 이익을 가져다주는 반면, 일부 사람들은 그 이익을 누리지 못할 수 있습니다. 이는 경제적, 교육적, 사회적 불균형을 야기할 수 있습니다.
프라이버시와 보안: 인공지능 기술이 발전함에 따라 데이터 처리량이 증

가하게 되어 프라이버시 침해와 보안 문제가 더욱 중요한 이슈가 될 것입니다.

• 기대해도 좋을 것들
  생산성 향상: 인공지능이 많은 일을 자동화하면서 인간의 생산성이 향상되고, 일상 업무에서 소요되는 시간과 노력이 줄어들 것입니다.
  새로운 기회와 직업: 인공지능의 발전은 새로운 기술과 산업의 출현을 이끌어낼 것이며, 이로 인해 새로운 기회와 직업이 생겨날 것입니다.
  문제해결 능력 강화: 인공지능은 복잡한 문제 해결에 도움을 줄 수 있으며, 이를 통해 인간은 더 나은 결정을 내릴 수 있게 됩니다.

결국, 인공지능의 영향력은 어떻게 활용하느냐에 따라 달라질 것입니다. 기술이 인간에게 미치는 영향에 대한 지속적인 연구와 규제, 그리고 적절한 대응 전략이 중요해집니다. 인공지능의 발전과 적용에 대한 균형 잡힌 접근 방식을 통해 긍정적인 변화를 극대화하고 부정적인 영향을 최소화할 수 있습니다.

• **인간과 인공지능의 협력을 통해 더 나은 세상을 만들기 위해서는 다음과 같은 전략들을 고려할 수 있습니다**
  교육과 평생 학습: 기술 발전에 따른 직업 시장의 변화에 대비하기 위해 교육과 평생 학습을 강조하며, 새로운 기술과 업무에 적응할 수 있는 유연성을 키워야 합니다.
  공정한 기술 사용: 인공지능이 누구에게나 혜택을 가져다주도록 공정한 기술 사용 원칙을 마련하고 실행해야 합니다. 이를 통해 사회적 불균형을 완화할 수 있습니다.
  데이터 프라이버시와 보안: 개인 정보와 데이터 보안에 대한 철저한 관리와 규제를 통해 인공지능이 사용자의 프라이버시와 보안을 침해하지 않

도록 해야 합니다.

인공지능 윤리와 가이드라인: 인공지능의 올바른 사용을 위해 윤리와 가이드라인을 수립하고, 이를 준수하는 것이 중요합니다. 이를 통해 인공지능의 부정적인 영향을 최소화하고, 사회적 가치를 추구할 수 있습니다.

결론적으로, 챗GPT와 Bard 같은 인공지능의 등장은 인간의 일상에 여러 가지 변화를 가져올 것이며, 이러한 변화에 대응하기 위해서는 적절한 대응 전략과 협력적 접근이 필요합니다. 인간과 인공지능이 함께 발전하며 서로를 보완하는 형태로 미래를 구축할 수 있다면, 더 나은 삶의 질과 지속가능한 사회를 만들어갈 수 있을 것입니다.

챗GPT와 Bard의 최대 장점 중 하나가 누구보다 설명을 잘한다는 것이다. 이유는 크게 두 가지다.

첫째, 챗GPT와 Bard의 방대한 데이터는 한 개인의 인지역량으로 소화할 수 없는 광범위한 지식을 포괄하고 있기 때문이다. 챗GPT와 Bard는 자신이 학습한 데이터를 기반으로 질문자가 요구하는 질문에 적합한 답변을 다양한 주제와 맥락을 고려해 최고의 답변으로 생성해내는 일에 특화되어 있다. 같은 질문에도 맥락에 대한 전제를 달리하며 바로바로 답변을 생성해낼 수 있다.

둘째, 챗GPT와 Bard는 문장 생성 능력뿐 아니라 서술 방식에서도 매우 자연스러운 언어표현 능력을 갖춘 고차원적 인공지능 시스템이기 때문이다. 챗GPT와 Bard 출현 전에도 인공지능의 정보력은 인정받았으나 논리와 표현이 이토록 자연스러우리라고는 상상도 할 수 없었다. 임계점을 넘어 빠르게 진보해가는 인공지능에 대해 두려움을 갖는 이들이 생기는 것도 무리는 아닌 듯하다. 그러나 이러한 모습 속에서 이후를 기대하게 되는 것도 사실이다.

인류사에서 찾아볼 수 없는 놀라운 배움의 기회, 새로운 시대가 시작되었다. 챗GPT와 Bard를 잘 활용한다면 좋은 친구를 넘어 가장 뛰어난 가정교사를 하루 24시간 옆에 두고 공부할 수 있으니 말이다. 무엇보다도 이토록 설명에 능한 챗GPT와 Bard의 도움을 받는다면, 다양한 정보와 그것을 연결시키는 논리, 자연스러운 표현을 더한 설명 능력을 갖추는 것은 그리 어려운 일이 아닌 듯하다. 인공지능의 진보를 두려워하지만 말고 그것을 활용하는 당신의 능력을 세워보라.

"자, 이제 챗GPT와 Bard에게 설명을 요구해보라!"
"어떤 설명이 듣고 싶은가?"
"내가 답해야 하는 생각 이외의 궁금한 모든 것에 대해 설명을 명령하라."
"모든 사물, 사건, 세상의 모든 것들에 대한 설명에 귀 기울이며 천천히 사실 확인에 들어가보라."

Guide & Learn, 안내 & 학습 질문: 챗GPT와 Bard를 활용한 지속가능한 성장 & 배움 디자인

 생각하기 1   **피트니스 클럽 운동**

　많은 사람들이 피트니스 클럽을 찾는다. 건강을 위해서 운동하며 아름답고 건강한 몸을 갖기 위해 노력한다. 그러나 오랜 기간 운동해도 효과를 보지 못하는 사람들이 있다. 그들은 체육관에서 두 시간, 세 시간을 보낸다. 아령을 몇 번 들고 친구와 이야기를 나누며, 러닝머신에서 몇 분 뛴 후 스마트폰을 만지작거리며 시간을 보낸다. 벤치프레스도 몇 번 하고 한참을 쉰다. 이렇게 센터의 모든 기구들을 한 번씩은 터치하는 것 같다. 다음 날도 그렇게 운동한다. 오랜 기간 운동하지만 결과를 보지 못하는 사람들의 모습이다.

　반면, 운동을 잘하는 사람들이 있다. 시간이 지나면 몸이 결과를 보여준다. 이들은 그날그날의 운동을 계획한다. 상체에 집중할 것인지 하체에 집중할 것인지 결정한다. 상체 중 가슴 운동을 할 것인지

어깨 운동을 할 것인지 정한다. 팔 운동을 하는 날은 이두 근육을 운동할 것인지 삼두 근육에 집중할 것인지 계획을 세우고 운동을 진행한다.

 생각하기 2　　　　　　　　　　　　　　　　**주짓수**

나는 9년간 주짓수라는 운동을 지속해왔다. 관절기를 중심으로 진행되는 그래플링 운동이다. 이 운동을 하는 데서도 절차는 중요하다. 체육관에 도착하면 먼저 스트레칭으로 몸을 푼다. 기본 스트레칭부터 애니멀 워킹이라는 워밍 운동으로 몸을 유연하고 따뜻하게 데워준다. 이때 같은 동작을 반복적으로 훈련하기에 이 과정을 드릴이라 부르기도 한다. 그다음 기술 훈련이 진행된다. 매일 다른 기술을 배우는데 하나의 기술을 연계동작으로 나누어 배운다. 코치가 기술을 가르쳐주면 파트너와 짝을 이뤄 배운 기술을 서로에게 적용해보며 반복 훈련한다. 기술 훈련의 포인트도 그것을 반복적으로 훈련하는 데 있다. 숙련됨은 반복 과정의 결과이기 때문이다.

 생각하기 3　　　　　　　　　　　　　　　**독서 & 글쓰기**

독서와 글쓰기도 마찬가지다. 잘하기 위한 프로세스가 존재한다. 첫 번째 스텝은 일단 시작하는 것이다. 시작 없는 성공은 없다. 시작부터 잘하기를 바라서는 안 된다. 그러한 바람은 기대가 되고 실망의 이유가 된다. 잘하고 싶은 마음 자체가 문제가 아니다. 기대는 기준이 된다. 처음부터 자신을 평가하는 높은 기준을 갖는 것이 문제다.

두 번째 스텝은 지속하는 것이다. 시작했다면 지속해야 한다. 독서량이 쌓여야 한다. 글 쓴 페이지가 늘어가야 한다. 양질전환의 법칙은 독서와 글쓰기 초보자에게는 원칙에 가깝다. 양이 쌓이지 않은 가운데 질적 강화는 일어나지 않는다. 축적이 우선되어야 한다. 지속한다고 독서 실력이 늘고, 작문 실력이 느는 것이 아니다. 하지만 지속만으로도 이루는 진보는 분명히 있다. 그런데 잘하기를 원하는 사람은 그 진보에 만족할 수 없다. 더 잘하고 싶다. 그때 세 번째 스텝을 적용하면 된다. 방법과 기술의 적용이다.

독서방법과 기술은 차고도 넘친다. 1단계부터도 방법과 기술을 적용할 수 있다. 더 잘하는 지침은 언제라도 적용할 수 있다. 필자가 3단계에서 방법과 기술의 적용을 강조하는 것은 이때라야 방법과 기술이 큰 의미로 작용하기 때문이다. 독서를 지속하는 사람, 글쓰기를 지속하는 사람에게는 메타인지력이 자란다. 무엇을 알고 모르는지에 대해 알기 시작한다. 잘하는 것과 잘 안 되는 것에 대한 어느 정도의 인식이 생긴다. 방법과 기술의 적용은 바로 그 지점부터 시작하면 된다. 필요를 채우는 데 방법을 활용하면 된다. 기술 적용으로 부족을 하나 둘 채워가면 된다. 독서와 글쓰기의 모든 기술을 무작정 적용하면 안 된다. 때와 시기를 기다려야 한다.

네 번째 스텝은 방법과 기술을 구성요소 역량 강화를 위한 수단으로 사용하는 것이다. 독서와 글쓰기의 목표가 무엇이냐 질문하면 문해력을 세우는 것이라 답한다. 사고력 향상, 창의력 향상을 위한 것이라 말한다. 문해력, 사고력, 창의력을 향상시키기 위해서는 방법과 기술을 더욱 디테일하게 적용해야 한다.

위 세 가지 사례, 피트니스 클럽 운동, 주짓수, 독서와 글쓰기를 통해 강조하는 것은 프로세스에 관한 것이다. 목표가 분명하다면 목표를 이루는 과정을 설계하며 진행해야 한다. 방법과 기술, 절차 없는 실행으로 이룰 수 있는 변화에는 한계가 있다. 임계점을 넘어 최고의 역량 강화, 차원이 다른 결과를 내기 위해서는 목표가 분명해야 하며, 그것을 위한 계획이 있어야 한다. 이를 지속하기 위해서는 동기도 있어야 하지만 과정의 설계, 성공을 위해 구성요소적으로 사고할 수 있는 능력이 준비되어야 한다.

챗GPT와 Bard를 활용하여 지속적인 성장을 이루기 위한 방법 중 하나는 새로운 관심 분야를 학습하고 실질적인 가이드를 받는 것이다. 새로운 지식을 습득하는 배움의 기회 마련은 변화와 성장을 원하는 이들의 삶에 중요한 부분이다. 학창 시절 좋은 대학 진학을 위해 노력하는 이유가 무엇인가? 사회인으로 살며 평생 배움의 길에 관심 갖는 이유는 무엇인가? 변화하기를 원하기 때문이다.

그런데 때로는 재정 문제로 원하는 배움 과정에 참여하지 못하는 경우가 발생한다. 관심 분야 전문가의 도움을 받기 위해 필요한 재정 마련에 어려움을 느끼는 것은 특정 소수의 문제가 아니다. 한 사람의 변화와 성장이 이러한 제약 조건으로 지속되지 못한다는 것은 큰 아폼이 아닐 수 없다. 그러한 상황 속에 챗GPT와 Bard는 새로운 배움의 기회를 우리에게 가져다주었다.

사람과 얼굴을 마주하며 배워야만 하는 순간들이 있다. 일반적인 정보와 지식을 넘어 관계를 가지며 나에게 필요한 도움을 줄 수 있는 전문가와의 만남은 배움에서 매우 중요하다. 그러나 그러한 도움이 필요하기까지의 배움의 과정, 그 과정의 설계, 설계한 과정 속 배움의 내용에 대해 챗GPT와 Bard가 줄 수 있는 도움은 결코 작지 않다.

먼저, 관심 분야를 선정해보라. 어떤 분야여도 상관없다. 분야를 불문하고 챗GPT와 Bard에 질문을 던져보는 것 자체가 챗GPT와 Bard 활용력을 높이는 노력 중 하나다. 챗GPT와 Bard 출현 이전만 해도 이러한 과정의 설계는 전문가들만의 노하우였다. 돈을 지불하고 얻을 수 있는 훈련된 이들의 방법과 기술이었다. 물론 공개된 자료를 검색하여 활용하는 것은 이전에도 가능했다. 그러나 챗GPT와 Bard가 주는 가이드, 학습에 필요한 프로세스 디자인은 맞춤형에 가깝다. 질문에 대한 이해, 질문 유형에 대한 개념을 갖고 몇 가지 기술만 익혀도 수준 이상의 가이드, 학습 프로세스를 제공받을 수 있다.

 가이드 질문 1   **운동**

예를 들어, 피트니스 클럽에서 운동을 시작한다고 하자. 요즘은 유튜브를 통해서도 분야 최고 전문가들의 조언을 살펴볼 수 있다. 이전에 없던 최고의 배움이 기회로 주어진다. 그런데 챗GPT와 Bard는 또 다른 차원의 기회를 우리에게 가져다줄 수 있다. 챗GPT와 Bard를 통한 조언은 수많은 데이터를 기반으로 한 것이기에 이전이라면 불가능했던 도움을 질문 하나로 얻어낼 수 있다. 챗GPT에 피트니스 클럽에서의 운동 프로세스, 가이드라인을 디자인해달라고 질문해보았다. 다음은 챗GPT가 제시해준 맞춤형 운동계획이다.

피트니스 클럽에 등록하여 혼자 하체 근력 강화 훈련을 하려고 해. 체육관에서는 처음 운동하는데 나에게 적합한 운동 계획을 가이드해줘. 일주일에 3일, 격일로 하루 45분 운동하려고 해.

피트니스 클럽에서 처음 운동하게 된 것을 축하드립니다! 하체 근력 강화를 목표로 일주일에 3일, 격일로 45분씩 운동하는 계획을 아래와 같이 제안드립니다.

- **운동 전 워밍업 (5분)**
  운동 시작 전에 꼭 가볍게 스트레칭과 워밍업을 해주셔야 합니다. 워밍업을 통해 근육과 관절을 풀어주고, 부상을 예방할 수 있습니다. 가볍게 걷기, 런지, 스쿼트 등의 동작을 통해 근육을 활성화시키세요.

- **운동 계획**
  1. 스쿼트 (3세트x12회)
  스쿼트는 대표적인 하체 운동으로, 근력 강화 및 근지구력 향상에 도움이 됩니다.

2. 런지 (3세트x12회)

런지는 허벅지 앞쪽과 뒤쪽, 엉덩이 근육 강화에 도움을 줍니다.

3. 레그 프레스 (3세트x12회)

레그 프레스는 스쿼트와 비슷한 동작이지만, 기계를 사용해 안전하게 운동할 수 있습니다.

4. 레그 컬 (3세트x12회)

레그 컬은 허벅지 뒤쪽 근육을 강화하는 데 도움을 줍니다.

5. 카프 레이즈 (3세트x12회)

카프 레이즈는 종아리 근육 강화에 도움을 줍니다.

• **운동 후 쿨 다운 (5분)**

이러한 운동 계획에 따라 일주일에 3일, 격일로 45분씩 운동하면 하체 근력 강화에 큰 도움이 될 것입니다. 각 세트 사이에는 1~2분의 휴식을 취하며, 몸 상태에 따라 운동 강도와 횟수를 조절해가며 진행하세요.

기계를 사용하는 운동의 경우, 트레이너의 도움을 받아 정확한 자세와 사용 방법을 숙지하십시오. 잘못된 자세와 기계 사용법은 부상을 초래할 수 있으므로 주의해야 합니다.

또한, 근력 강화를 위해서는 꾸준한 운동이 중요합니다. 일정한 간격으로 운동을 진행하며, 점차 강도와 횟수를 증가시켜 체력과 근력을 향상시키십시오.

운동 외에도 건강한 식습관과 충분한 수면이 근력 강화에 도움이 됩니다. 균형 잡힌 식단을 섭취하고 충분한 수면을 취하는 것이 운동 효과를 극대화하는 데 중요한 역할을 합니다.

마지막으로, 근력 강화 운동 중 부상을 방지하기 위해 항상 자세와 체중 이동에 주의하십시오. 필요한 경우 전문가 도움을 받아 근력 강화 운동을 안전하게 진행하시길 바랍니다.

결혼, 출산 이후 경력이 단절된 상태로 오랜 세월을 보낸 여성들이 적지 않다. 자녀들이 어느 정도 자란 이후 자신의 자리에 대해 고민하는 여성들 이야기를 상담과정에 자주 듣게 된다. 은퇴 이후, 무엇을 하며 노후를 보낼까 고민하는 이들도 마찬가지다. 그들 중 새로운 직업으로 여행지, 고궁 등에서 활동하는 문화해설사가 되려는 이들도 있었다. 필자는 그 분야에 대해 아는 것이 없었기에 문화해설사에 대한 안내, 관련된 기본 정보에 대한 가이드 질문을 Bard에 던져보았다.

여행지, 고궁 등에서 활동하는 문화해설사가 되려고 해. 현재 한국에서 활동하는 문화해설사를 소개해줘. 서울에서 일하고 싶어.

물론입니다. 다음은 한국에서 활동하는 문화해설사입니다.

- **국립중앙박물관 문화해설사**
국립중앙박물관은 한국의 대표적인 박물관으로, 고고학, 역사, 미술, 민속 등 다양한 유물을 소장하고 있습니다. 국립중앙박물관 문화해설사는 이러한 유물에 대한 해설을 제공하고, 관람객들이 한국의 역사와 문화를 이해할 수 있도록 돕고 있습니다.

- **서울역사박물관 문화해설사**

  서울역사박물관은 서울의 역사와 문화를 소개하는 박물관입니다. 서울역사박물관 문화해설사는 서울의 역사와 문화에 대한 해설을 제공하고, 관람객들이 서울의 과거와 현재를 이해할 수 있도록 돕고 있습니다.

- **창덕궁 문화해설사**

  창덕궁은 한국의 대표적인 궁궐로, 유네스코 세계문화유산에 등재되어 있습니다. 창덕궁 문화해설사는 창덕궁의 역사와 문화에 대한 해설을 제공하고, 관람객들이 창덕궁의 아름다움과 가치를 이해할 수 있도록 돕고 있습니다.

- **경복궁 문화해설사**

  경복궁은 한국의 대표적인 궁궐로, 유네스코 세계문화유산에 등재되어 있습니다. 경복궁 문화해설사는 경복궁의 역사와 문화에 대한 해설을 제공하고, 관람객들이 경복궁의 아름다움과 가치를 이해할 수 있도록 돕고 있습니다.

- **인사동 문화해설사**

  인사동은 한국의 대표적인 전통시장으로, 다양한 전통공예품과 음식을 판매하고 있습니다. 인사동 문화해설사는 인사동의 역사와 문화에 대한 해설을 제공하고, 관람객들이 인사동의 매력을 경험할 수 있도록 돕고 있습니다.

이들은 한국에서 활동하는 문화해설사 중 일부에 불과합니다. 한국에는 이 외에도 많은 문화해설사가 활동하고 있습니다. 문화해설사가 되고 싶다면, 한국의 역사와 문화에 대한 지식과 해설 능력을 키우는 것이 중요합니다. 또한, 관람객과 소통하고 그들의 이해를 돕는 능력도 키워야 합니다.

문화해설사는 한국의 역사와 문화를 알리고, 관람객들에게 즐거운 경험을 제공하는 중요한 역할을 합니다. 문화해설사가 되고 싶다면, 한국의 역사와 문화에 대한 사랑과 열정을 가지고, 관람객을 위해 최선을 다할 의지를 갖추어야 합니다.

Bard에 조금 더 구체적인 질문을 던져보았다.

예를 들어 경복궁 문화해설사가 되려고 할 때 어느 정도의 기간 동안 교육을 받아야 하고, 교육비용은 얼마이며, 문화해설사로 활동할 때 시간당 벌 수 있는 수익은 어느 정도 될까? 구체적이지는 않아도 대략적인 금액을 알려줘.

경복궁 문화해설사가 되기 위해서는 문화재청에서 주관하는 문화해설사 양성교육을 이수해야 합니다. 교육은 2개월 과정이며, 교육비는 100만 원입니다. 교육을 수료하면 경복궁 문화해설사 자격증을 취득할 수 있습니다. 문화해설사로 활동할 때 받는 수입은 정해져 있지 않습니다. 시간당 수입은 보통 1~2만 원 정도입니다. 경복궁 문화해설사의 평균 수입은 월 200~300만 원 정도입니다.
다음은 경복궁 문화해설사 양성교육에 대한 자세한 내용입니다.

- **교육 기간**: 2개월
- **교육 비용**: 100만 원
- **교육 내용**: 한국의 역사와 문화, 해설 방법, 관광객 응대 방법, 안전 교육 등
- **교육 장소**: 서울 종로구 경복궁
- **교육 문의**: 문화재청 문화해설사 양성교육 담당자

경복궁 문화해설사가 되고 싶다면, 문화재청에서 주관하는 문화해설사 양성교육을 이수하는 것이 가장 좋은 방법입니다.

　　많은 부모가 필자의 책을 읽고 자녀교육 문제로 상담메일을 보낸다. 그중 가장 많은 문의는 '자녀의 독서, 글쓰기를 어떻게 지도하면 좋겠는가' 하는 질문이다. 책에서 좋은 방법과 기술에 대한 내용은 확인했지만 정작 자녀에게 적용하려니 어디서부터 시작해야 할지 몰라 당황하는 부모가 많다.

　　챗GPT에 8세 자녀의 글쓰기 지도 계획을 물어보았다. 이전 질문들보다는 조금 구체적인 솔루션 제시를 요청했다.

> 　　8세 자녀의 글쓰기를 지도하려고 해. 아이는 하려는 의지는 있는데 엄마로서 어떻게 지도해야 할지 모르겠어.
> 1) 먼저 8세 자녀가 글쓰기에 대한 두려움을 갖지 않도록 엄마가 직접 도와줄 수 있는 글쓰기 동기 부여 지도법을 알려줘. 한 달 동안은 동기부여 수준의 글쓰기를 하려고 해.
> 2) 다음 한 달 동안은 일기쓰기에 자신감을 갖도록 일기쓰기를 지도하려고 해. 한 달 동안 진행할 수 있는 프로세스를 제시해줘.
> 3) 세 번째 달, 한 달 동안은 독서감상문 쓰는 법을 알려주려고 해.
> 엄마인 나에게 세 달 동안 이 3가지 프로젝트를 진행할 수 있는 지침을 제시해줘.

　　8세 자녀의 글쓰기를 지도하기 위한 세 달 프로젝트를 계획하신 것을 축하드립니다. 아래에 각 단계별로 진행해야 할 지침을 제시해드리겠습니다.

1개월차: 글쓰기 동기부여

1. 아이의 관심사를 찾아주세요. 아이가 글쓰기에 흥미를 느끼도록 관심사와 관련된 주제를 제시하며 시작하세요.
2. 매일 10~15분 정도 글쓰기 시간을 가지도록 권장하세요. 이 시간 동안 아이는 자유롭게 그림을 그리거나 글을 써도 좋습니다.
3. 아이와 함께 글쓰기를 즐기세요. 같은 주제로 함께 글을 쓰거나 아이 글에 대해 긍정적인 피드백을 제공하세요.
4. 글쓰기 도전을 제안하세요. 간단한 글쓰기 과제를 주고 완료 시 소소한 보상을 제공하세요.
5. 아이의 글을 읽어주고 함께 이야기를 나눠보세요. 이를 통해 아이는 글쓰기가 의사소통 도구임을 느낄 수 있습니다.

2개월차: 일기쓰기 자신감 기르기

1. 일기쓰기의 목적과 중요성을 설명해주세요. 일기를 통해 자신의 생각과 감정을 표현할 수 있다고 말해주세요.
2. 매일 일기쓰기 시간을 설정하고 꾸준히 실천하도록 독려하세요.
3. 일기 주제를 제안하되, 아이가 편안하게 쓸 수 있는 범위 내에서 제안하세요.
4. 일주일에 한 번 정도 아이의 일기를 읽고 함께 이야기해보세요. 긍정적인 피드백과 격려를 잊지 마세요.
5. 아이가 일기쓰기를 지속하도록 독려하세요. 일기를 꾸준히 쓰면 자연스럽게 글쓰기 실력이 향상됩니다.

3개월차: 독서감상문 쓰기

1. 아이가 관심 있는 책을 함께 고르고, 그 책을 읽고 이야기를 나누며 시작하세요. 아이 취향에 맞는 책을 선택하면 독서에 대한 관심이 더욱 높아집니다.
2. 독서감상문의 구성요소(줄거리, 인물, 배경, 느낀 점 등)를 설명해주세요. 이를 통해 아이가 독서감상문의 기본적인 틀을 이해하게 됩니다.
3. 아이가 읽은 책에 대한 독서감상문을 쓰도록 독려하세요. 처음에는 간단한 내용 위주로 작성하게 하고, 점차 분석이나 해석, 느낀 점을 추가하도록 유도할 수 있습니다.
4. 아이의 독서감상문을 읽고 긍정적인 피드백과 개선 사항을 공유해주세요. 이를 통해 아이는 글쓰기에 대한 자신감을 얻고, 글쓰기 실력을 향상시킬 수 있습니다.
5. 꾸준히 독서감상문 작성을 실천하도록 독려하세요. 다양한 장르의 책을 읽고 감상문을 쓰면 아이의 글쓰기 능력과 함께 독서에 대한 흥미와 이해도가 높아집니다.

세 달 동안의 프로젝트를 통해 아이의 글쓰기 실력이 점차 향상되고, 이로써 독서에 대한 흥미와 긍정적인 태도도 길러질 것입니다. 꾸준한 지도와 격려로 아이가 글쓰기를 즐길 수 있도록 도와주세요.

세 가지 주제로 던진 질문에 대한 챗GPT와 Bard의 답변이 어떠한가? 어떤 이는 만족스러워할 수도 있고, 답변이 기대에 미치지 못한다고 여기는 이들도 있을 것이다. 하지만 아직 실망하기에는 이르다. 다음 장에서 다루는 '정교화 질문'을 '안내 & 학습 질문'에 적용해보라. 수준 높은 나만을 위한 맞춤형 답변을 확인할 수 있다. 답변에 실망하기보다 내가 던져야 할 질문에 대해 더욱 궁리해보자. 더 좋은 질문을 던지기 위해 고민해보자.

이제 새로운 분야를 향한 도전을 챗GPT와 Bard에게 던지는 질문으로 시작해보자. 완벽한 답변은 아닐지라도 그 누구도 쉽게 답해줄 수 없는 나만의 필요를 채워주는 구체적인 답변을 질문만으로도 마주할 수 있다. 같은 질문을 챗GPT와 Bard에 각각 던지고 비교하는 즐거움도 결코 작지 않다. 새로운 분야의 배움을 계획한 이들에게 이보다 좋은 도구가 어디 있을까?

아래의 요청 질문을 참조하며 자신만의 실행 지침을 챗GPT와 Bard에 질문해보라.

- 소규모 사업을 시작하려고 하는데, 사업계획서 작성에 필요한 기본 구성 요소와 작성 팁을 알려줘.
- 매주 주말마다 집에서 요리를 배우고 싶은데, 초보자를 위한 4주간의 요리 학습 계획을 제안해줘.
- 고양이를 처음 입양할 계획인데, 신규 반려인을 위한 첫 달 동안의 유기묘 입양 및 관리 가이드라인을 알려줘.
- 정신적으로 건강한 삶을 유지하고 싶어. 스트레스 관리와 정신건강을 유지하기 위한 실용적인 조언을 제공해줘.
- 처음으로 캠핑을 계획하고 있는데, 캠핑 초보자를 위한 기본 장비 목록과 안전 팁을 알려줘.
- 초보자를 위한 3개월간의 기타 연습 계획을 제안해줘. 기본적인 코드와 연

주 능력을 향상시킬 수 있는 연습 방법을 포함해줘.

- 집에서 화분으로 허브를 키우려고 하는데, 키우기 쉬운 허브 종류와 관리 팁을 알려줘.

- 외국어를 배우려고 하는데, 효과적인 언어 학습 전략과 기억력 향상을 위한 조언을 제공해줘.

- 사진취미를 시작하려고 하는데, 초보자에게 적합한 100만 원 이내의 사진기를 추천해주고 기본적인 사진촬영 기법과 카메라 설정 팁을 알려줘.

- 프리랜서로 활동하려고 하는데, 성공적인 프리랜서로서 필요한 역량 및 자기 관리 방법을 알려줘.

- 자동차 정비에 관심이 있는데, 기본적인 자동차 정비 방법과 유지보수 팁을 알려줘.

- 컴퓨터 프로그래밍을 배우려고 하는데, 어떤 언어부터 시작하는 것이 좋을까? 초보자를 위한 학습 자료를 추천해줘.

- 커피를 좋아하는데, 집에서 바리스타 수준의 커피를 내려 마시려면 어떤 기구와 원두를 준비해야 하며, 어떤 추출 방법을 따라야 할까? 초보자를 위한 커피 추출 가이드라인을 알려줘.

- 운동을 시작하려는데, 체력 향상을 위한 3개월간의 홈트레이닝 계획을 짜려고 해. 어떤 운동들로부터 시작해야 할까? 스트레칭과 간단한 근력 강화 운동 몇 가지만 제시해줘.

- 실내에서 난 키우기에 도전해보려고 해. 특별한 관리가 필요하다고 하는데, 초보자가 도전해볼 수 있는 난의 종류와 관리 팁을 알려줘.

- 직장에서 팀원들의 리더십 역량 향상 세미나를 준비중인데, 효과적인 커뮤

니케이션 기술과 팀워크를 개선하는 방법에 대한 지침 몇 가지만 알려줘.

- 기획전시회를 처음으로 주최하려고 하는데, 전시회를 준비하고 성공적으로 진행하기 위한 전략과 팁 10가지만 알려줘. 그것이 왜 중요한지도 설명해줘.

- 집에서 유튜브 채널을 시작하려고 하는데, 동영상 콘텐츠 제작과 편집을 위한 기본 지침을 제공해줘. 유튜브 초보자 십계명이라는 제목으로 알려줘.

- 정원 가꾸기에 관심이 있는데, 어떤 식물을 심고 어떻게 관리해야 하는지 식물 3가지와 초보자를 위한 가이드라인을 알려줘.

- 시간 관리와 생산성 향상을 위한 가장 효과적인 방법과 도구를 알려줘.

- 개인 브랜딩을 향상시키려고 할 때 어떤 방법들을 활용할 수 있을까? 온라인 및 오프라인에서 자신을 어떻게 표현하고 홍보할 수 있는지에 대한 지침, 주의사항을 각각 10가지 제공해줘.

- 공간 활용을 최적화하려는데, 작은 집(8평 원룸)에서 공간을 효율적으로 사용하는 인테리어 팁을 알려줘.

- 학습 습관 개선을 위해 어떤 전략을 적용해야 하는지, 학습 효율을 높이는 방법과 시간 관리 전략에 대한 지침을 제공해줘.

- 개인 블로그를 시작하려고 하는데, 블로그 주제 선정 및 글 작성을 위한 유용한 팁과 가이드라인을 알려줘.

- 기업 홍보를 위해 SNS 마케팅을 시작하려고 하는데, 효과적인 콘텐츠 전략과 팔로어 유치 방법에 대한 지침을 알려줘.

- 그림 그리기를 배우려고 하는데, 초보자를 위한 기본 기술과 연습 방법에 대한 가이드라인을 제공해줘.

- 건강한 수면 패턴을 유지하려면 어떻게 해야 할까? 수면 질을 높이는 방법과 습관에 대한 조언을 부탁해.
- 가족여행을 계획중인데, 아이들과 함께 즐길 수 있는 여행지와 활동 추천 및 준비사항에 대한 지침을 알려줘. 사이판과 제주도 3박 4일 일정계획과 계획에 따른 예상 지출비를 알려줘.
- 실내 정원을 가꾸고 싶은데, 초보자를 위한 식물 선정 및 관리 방법에 대한 가이드라인을 제공해줘.
- 긍정적인 사고를 유지하려고 할 때, 자기계발 및 정신건강에 관해 세계적인 자기계발 컨설턴트들의 의견을 기반으로 실천 가능한 팁과 지침 10가지만 제공해줘.
- 직장 내에서 스트레스 관리를 위한 전략과 도구를 제안해줘. 어떻게 스트레스를 감소시키고 업무 성과를 높일 수 있을까?
- 자전거 타는 것을 배우려고 하는데, 초보자가 탈 수 있는 자전거 종류와 가격대, 필요한 장비와 기초 안전 수칙 및 지침을 제시해줘.
- 혼자 여행을 계획중인데, 솔로 여행자를 위한 여행 준비 및 안전 팁에 대한 가이드라인을 제공해줘.
- 프레젠테이션을 준비하려면 어떤 전략을 사용해야 할까? 청중의 관심을 유지하고 전달력을 높이는 방법에 대한 조언을 알려줘.
- 작은 아파트에서 공간 활용을 극대화하기 위한 인테리어 및 수납 팁을 제공해줘.
- 퍼스널 컬러를 찾고, 옷과 액세서리를 어떻게 매치해야 하는지에 대한 패션 지침을 알려줘.

- 농장에서 농작물을 재배하려고 하는데, 지속가능한 농업 방법과 토양 관리에 대한 가이드라인을 제공해줘.
- 자원봉사 활동을 시작하려는데, 나에게 가장 적합한 기회를 찾는 방법과 자원봉사 활동을 최대한 활용하는 전략에 대한 조언을 알려줘.
- 음식을 건강하게 보존하려면 어떤 방법을 사용해야 할까? 음식 보관 및 부패 방지에 대한 가이드라인을 제공해줘.
- 직장에서의 커리어 발전을 위한 전략과 목표 설정 방법에 대한 지침을 알려줘.
- 새로운 취미로 요리를 시작하려는데, 초보자를 위한 요리 기술 및 주방용품 구입에 대한 조언을 제공해줘.

　어떤 질문이라도 좋다. 분야 불문이다. 챗GPT와 Bard는 질문자의 전문분야를 제외하고 세상의 모든 분야에서 내가 알 수 없는 수준 이상의 지침, 가이드라인을 제시해준다. 어떤 경우에는 질문자의 전문분야에서 질문자도 알지 못한 정보와 자료를 제시하기도 한다. 그럼에도 답변이 만족스럽지 못하다고 느낀다면 다음 장의 '정교화 질문법'을 참조하라. 1부 2장 '할루시네이션(hallucination)을 방지하는 자료기반, 증거기반 질문법'도 참고하며 질문을 이어가라.
　안내 & 학습 질문을 통해 인생 2모작 너머 3모작을 기획하기를, 자신의 전문분야에 새로운 배움을 연결지어 자신만의 활동 무대를 넓혀가는 창조자가 되기를 바란다.

Debate & Elaboration
토론과 정교화 질문

Elaboration, 정교화 질문:
답의 정확성을 높이다

　일론 머스크는 더 이상의 설명이 필요 없는 혁신의 아이콘이다. 그는 다양한 분야에서 기업을 창업하고 발전시키는 데 성공한 기업가다. 그는 24세에 온라인 비즈니스 & 지도서비스 업체 Zip2 Corporation을 창업했고, 28세인 1999년 온라인 금융서비스 회사 X.com을 창업했다. X.com은 1년 뒤 다른 회사를 인수합병한 후 페이팔로 사명을 바꾼다.

　2004년 32세 나이에 그는 테슬라를 창업했고, 2006년(35세)에 태양광 발전 에너지 기업 솔라시티를 공동 창업한다. 2016년(45세)에는 뇌와 기계의 인터페이스를 가능하게 하는 것을 목표로 한 Neuralink를 창업했으며, 같은 해(2016년) 지하 터널 구축 및 교통 솔루션 개발회사인 The Boring Company도 창업했다.

　그의 삶의 궤적을 살피다 보면 '도대체 한 사람 머리에서 어떻게 이런 아이디어가 생겨날까?', '생각은 누구나 할 수 있다 치자. 어떻게 그것을 위한 구체적인 결단과 실행이 이렇게 다양한 분야에서 가능할 수 있는가?' 질문하지 않을 수 없다. 비단 필자 한 사람만의 의문은 아닐 것이다. 2013년 3월, TED 콘퍼런스에서 TED Talks의 창업자인 크리스 앤더슨(Chris Anderson)은 일론 머스크에게 질문한다.

"당신은 로켓 만드는 비용을 75%나 낮추었네요. 이런 걸 대체 어떻게 한 겁니까?"

"네 우리가 이룩한 큰 진보들이 있습니다. 특히 프레임과 엔진, 전자기기와 발사과정에서 말이지요. 기본적으로 현재 사용되는 모든 로켓은 모두 소모품이지요. 그러다 보니 비행할 때마다 10억 달러가 사용됩니다. 이제 로켓은 출발했던 곳으로 돌아올 수 있어야 합니다. 그리고 몇 시간 안에 다시 발사할 수 있어야 합니다. 로켓만 효과적으로 재사용하면 대략 100배로 우주여행 경비를 절감할 수 있습니다. 그래서 이것이 매우 중요합니다. 우리가 사용하는 모든 운송 수단들은 비행기건 기차건, 자동차건 자전거건 말이건 간에 로켓만 빼고 모두 재사용 가능합니다. 그래서 우리가 범우주적 문명을 이루려면 이 문제는 반드시 해결해야 합니다."

일론 머스크가 30세(2002년)에 창업한 우주 운송 및 우주 탐사 기술 개발을 목표로 한 SpaceX와 관련한 질문과 답변이다. 20년간 스페이스엑스가 보여온 발자취는 놀라움 그 자체다. 최강대국 미국이 우주 기관 NASA를 통해 수십 년간 추진해왔음에도 해결하지 못한 수많은 문제를 민간 기업 SpaceX가 해결해가고 있다. 이런 업적을 이루는 데 얼마나 많은 뛰어난 인재가 투입되었으며 얼마나 많은 돈이 필요했을까? 이는 헤아릴 수 없이 많은 문제, 들여야 했던 노력 하나하나가 연결되어 이룬 성취임이 분명하다.

그런데 우리가 잊지 말아야 하는 것은 이런 대단한 진보의 시작이 그가 던진 하나의 질문으로부터 시작되었다는 사실이다. 처음 던진 질문은 대단하거나 특별한 것도 아니다. 누구나 한 번쯤은 던질 수 있는 평범한 질문이다.

"지구가 아닌 다른 행성에서 사람이 살 수 있을까?"
"내가 살아 있을 때 화성에 가볼 수 있을까?"

일론 머스크는 이 질문에 머물지 않았다. 그는 여기서 한 걸음 더 나아가 "인류가 화성에 도착할 수 있는 가장 빠르고 저렴한 방법은 무엇일까?" 질문했고, 그 질문을 해결하기 위해 SpaceX를 창업했다. 해가 거듭될수록 SpaceX의 연구는 작고 큰 성과를 보였고 그의 질문은 더욱 구체적으로 변해갔다.

"우주여행 비용을 낮추기 위해서는 어떤 방식으로 로켓을 개선해야 할까?"
"항공기도 재사용 가능한데, 왜 우주선은 재사용이 안 될까?"
"로켓을 어떻게 더 안전하고 빠르게 지구로 회수할 수 있을까?"
"지구와 다른 행성 간의 통신을 위한 우주 기반 인터넷 인프라를 어떻게 구축할 수 있을까?"

이와 같은 질문이 정교화(Elaboration) 질문이다. 처음 던진 질문에 이어 꼬리에 꼬리를 물며 던지는 질문, 주어진 정보를 깊이 있게 조사하거나 아이디어를 더 발전시키고 싶을 때 던지는 상세 질문, 확장 질문이 정교화 질문이다. 정교화 질문은 하나의 독립된 질문이 아니다. 그에 앞서 던져진 수많은 질문들을 전제한다. 주어진 문제를 해결한 뒤에야 던질 수 있는 질문들, 더 큰 문제를 해결하기 위해 던지는 수많은 질문들이 여기에 속한다.

스페이스X는 2006년 처음으로 펠콘1 로켓 발사를 시도하지만 실패한다. 2008년 4차 시도 끝에 성공적으로 펠콘1 로켓을 궤도에 진입시켰다. 이는 민간 기업으로서 처음 이룬 업적이었다. 2010년, 스페이스X는 펠콘9 로켓 드래곤 우주선을 우주 궤도에 진입시키는 데 성공한다. 2012년에는 드래곤 우주선이 국제 우주 정거장(ISS)에 도착하여 물자를 보급하는 일도 성공했으며, 2015년에는 발사한 펠콘9 로켓 일부분을 회수하고 착륙시키는 일에 성공했다.

2018년, 스페이스X는 펠콘 헤비 로켓을 처음으로 발사했고, 일론 머스크의 '테슬라 로드스터'를 우주로 보내기까지 한다. 2020년, 스페이스X는 크루 드래곤 우주선으로 NASA 우주비행사들을 ISS로 안전하게 보내는 일도 성공적으로 수행했다. 이러한 성공 사이사이에 얼마나 많은 실패가 있었겠는가?

일론 머스크가 던졌던 질문, 품었던 꿈이 헛된 것이었다고 확신할 만한 상황은 매일매일 수도 없이 그들의 눈앞에 펼쳐졌다. 정교화 질문은 그러한 상황 가운데 던져지는 질문이다. 문제해결 현장에는 언제나 정교화 질문과 실행이 있었다. 그렇다고 이것이 특별한 사업가만 던지는 특별한 질문은 아니다. 앞서 살핀 정의(Definition) 질문에서 "민주주의란 무엇인가요?"라는 질문을 던졌었다. 여기서 한 걸음 나아가 정교화 질문을 한다면 다음과 같은 질문을 던져볼 수 있다. Bard에 질문을 던져보았다.

민주주의의 핵심 원칙과 가치는 무엇이며, 다양한 형태의 민주주의가 존재하는 이유와 각 형태의 특징은 무엇인지 자세히 설명해줘. 또한, 민주주의가 실현되는 과정에서 어떠한 기관과 체계가 필요한지, 그리고 민주주의가 사회와 개인에게 가져다주는 장단점에 대해 설명해줘.

민주주의는 국민이 국가의 통치에 참여하는 정치 형태입니다. 민주주의의 핵심 원칙은 다음과 같습니다.

- **국민주권**: 국민이 국가의 주권을 가진다는 원칙입니다.
- **대의 민주주의**: 국민이 대표를 선출하여 국가의 통치를 맡긴다는 원칙입니다.
- **법치**: 국민과 국가 모두에게 적용되는 법이 있다는 원칙입니다.
- **자유와 평등**: 국민은 누구나 법 앞에서 평등하고, 기본적인 자유를 누릴 수 있다는 원칙입니다.
- **다원주의**: 다양한 의견과 가치가 존중받는다는 원칙입니다.

민주주의는 다양한 형태로 존재합니다. 가장 대표적인 형태는 직접 민주주의와 대의 민주주의입니다.

- **직접 민주주의**: 국민이 직접 국가의 통치에 참여하는 민주주의입니다. 예를 들어, 국민투표나 주민투표를 통해 국가의 정책을 결정하는 것입니다.
- **대의 민주주의**: 국민이 대표를 선출하여 국가의 통치를 맡기는 민주주의입니다. 대표는 선거를 통해 국민의 뜻을 대변하고, 국가의 정책을 결정합니다.

민주주의가 실현되는 과정에서는 다음과 같은 기관과 체계가 필요합니다.
- **선거 기관**: 선거를 관리하고, 선거의 공정성을 보장하는 기관입니다.
- **입법 기관**: 법률을 제정하는 기관입니다.
- **행정부**: 법률을 집행하는 기관입니다.
- **사법부**: 법률을 해석하고, 법률 위반자를 처벌하는 기관입니다.
- **언론**: 언론의 자유를 보장하고, 국민에게 정보를 제공하는 기관입니다.
- **시민 사회**: 시민들이 모여 정치에 참여하고, 권리를 보호하는 조직입니다.

민주주의는 사회와 개인에게 다음과 같은 장점을 가져다줍니다.
- **사회 통합**: 민주주의는 모든 국민이 국가의 주인이라는 인식을 심어줌으로써 사회를 통합하는 데 도움이 됩니다.
- **경제 발전**: 민주주의는 안정적이고 예측 가능한 정치 환경을 조성하여 경제 발전에 도움이 됩니다.
- **인권 보호**: 민주주의는 국민의 기본적인 인권을 보호하는 데 도움이 됩니다.
- **빈곤 감소**: 민주주의는 경제 발전과 인권 보호를 통해 빈곤을 감소시키는 데 도움이 됩니다.

그러나 민주주의에는 다음과 같은 단점도 있습니다.
- **비효율성**: 민주주의는 모든 국민의 의견을 반영해야 하기 때문에 의사 결정이 느릴 수 있습니다.

> - **갈등**: 민주주의는 다양한 의견이 공존하기 때문에 갈등이 발생할 수 있습니다.
> - **부패**: 민주주의는 국민의 대표가 국가를 통치하기 때문에 부패가 발생할 가능성이 있습니다.
>
> 이러한 단점에도 불구하고 민주주의는 여전히 가장 이상적인 정치 형태로 여겨지고 있습니다. 민주주의는 모든 국민이 국가의 주인으로서 정치에 참여할 수 있는 기회를 제공하고, 사회 통합, 경제 발전, 인권 보호, 빈곤 감소를 이루어낼 수 있기 때문입니다.

정교화 질문은 첫 번째 던진 질문이 아니다. 처음 한 질문에 상세한 내용을 더하려는 목적에 따라 던지는 질문이다. 누구에게나 최초의 질문은 유치한 것일 수도 있다. 하지만 차원이 다른 변화는 항상 유치한 질문으로부터 시작된다.

첫 번째 질문으로 문제를 해결하는 것은 쉬운 일이 아니다. 그러나 뜬금없이 든 의문이 질문으로 던져지고 작은 문제가 해결되고 가능성이 더해갈 때 던져지는 또 다른 질문, 정교화 질문을 통해 얽힌 실타래의 실마리를 찾아 풀어가듯 문제는 해결될 수 있다.

일론 머스크는 2012년 인터뷰에서 다음과 같은 질문을 던졌다.

"항공기도 재사용 가능한데, 왜 우주선은 재사용이 불가능한 것일까?"

이 질문은 우주산업에서 재사용 가능한 로켓 개발의 필요성을 제시하며, 스페이스X가 로켓의 재사용 기술을 개발하는 데 큰 동기를 부여했다. 만일 이 질문이 던져진 마지막 질문이었다면 오늘 우리가 아는 스페이스X는 없었을 것이다.

독창적인 사고란 어느 날 문득 하늘에서 떨어지지 않는다. 고민하고 갈등하며 던지는 정교화 질문, 꼬리에 꼬리를 무는 질문과 문제 해결을 위한 결단을 통해 스페이스X에게 놀라운 혁신이 일어났듯 우리 삶의 변화를 이루어가는 현장에도 정교화 질문이 필요하다. 어제 품었던 의문, 던졌던 질문에서 한 걸음만 더 나가보라. 바로 그 지점에서 이전과 다른 차이가 발생하고 우리가 바라는 진보, 성공이 이루어질 것이다.

그렇다면 정교화 질문은 언제, 어디에, 어떻게 던져야 할까? 다양한 영역에서 던질 수 있겠지만 정보와 사실을 확인하는 과정에서 반드시 던져야 한다. 정교화 질문은 누락된 정보를 채우거나 모호한 정보를 명확하게 하고 잘못된 정보를 바로잡는 데 사용된다. 챗GPT와 Bard의 오류 할루시네이션 현상을 줄이기 위해서 정교화 질문은 필수적이다. 정교화 질문 과정 자체가 팩트체크(fact-check)의 과정이다.

사람과의 관계에서도 정교화 질문을 통해 원하는 정보를 정확하게 얻을 때 오해를 줄일 수 있고 상대방의 의도도 명확히 이해할 수 있다. 챗GPT와 Bard를 제대로 활용하기 위해서는 기본 질문에 더해 정교화 질문으로 나아가는 훈련을 반복해야 한다. 한 번의 정교화 질문을 넘어 2차, 3차 계속되는 질문이 필요하다.

챗GPT에 한국과 일본 간 외교문제에 대해 질문을 던져보았다. "일본이 한국을 수출 심사 우대국, 일명 화이트리스트에서 제외한 이유와 대표 종목은 무엇인가?" 하는 기본형 질문이다. 이 질문에 대해 챗GPT는 다음과 같이 답변했다.

일본이 한국을 '화이트리스트(수출 심사 우대국)'에서 제외한 이유와 대표 종목은 무엇이지?

2019년 일본은 한국을 '화이트리스트'에서 제외했습니다. 이러한 결정 배경에는 여러 가지 요인이 있지만, 주요한 이유는 두 가지로 볼 수 있습니다.

1. 역사적 갈등
일본이 한국을 화이트리스트에서 제외한 것은 한일 간의 역사적 갈등과 밀접한 관련이 있습니다. 일본은 대한민국 최고법원이 2018년 일본 기업들에게 한국인 강제징용 피해자들에게 배상을 지불하라는 판결을 내린 것에 대해 불만을 표시했습니다. 일본 정부는 1965년 한일 기본조약 당시 배상 문제를 해결했다고 여겼기 때문입니다.

2. 전략물자 관리
일본은 한국에 대한 무기 제한을 이유로 화이트리스트 제외를 결정했습니다. 일본 정부는 대한민국이 전략 물자 관리가 미흡하다고 주장하며, 이로 인해 북한과 관련된 국가들에게 전략 물자가 유출될 가능성이 있다고 주장했습니다.

화이트리스트에서 제외된 대표적인 종목은 반도체 제조에 필요한 소재로,

일본은 이 분야에서 세계적인 리더입니다. 대표적인 소재로는 극자외선 (Extreme Ultraviolet, EUV) 레지스트, 고품질 수산화수소, 플루오린 폴리이미드 등이 있습니다. 이러한 소재들은 한국의 반도체 산업에 큰 영향을 미쳤으며, 이후 한국 정부와 기업들은 소재의 국산화를 추진하게 되었습니다.

기본 질문을 통해서도 화이트리스트에 대해 잘 요약된 정보와 사실을 확인할 수 있다. 정교화 질문은 이러한 답변을 전제로 한 걸음 더 나아간 것이다. 예를 들면, 다음과 같은 질문을 던질 수 있다.

정교화 질문 1단계

일본이 한국을 '화이트리스트'에서 제외함으로써 국내 기업, 사회 전반에 미쳤던 단기적 영향은 무엇이었으며 이로 인한 잠재적 변화는 무엇인지 정리해줘.

일본이 한국을 '화이트리스트'에서 제외함으로써 국내 기업과 사회 전반에 미친 단기적 영향과 잠재적 변화는 다음과 같습니다.

단기적 영향
1. 공급망 차질: 화이트리스트 제외로 인해 반도체 제조에 필요한 중요 소

재 공급이 차질을 겪게 되었습니다. 일본산 소재 수입이 지연되거나 축소되면서, 대한민국의 반도체 및 전자 산업 전반에 부정적 영향을 미쳤습니다.

2. **기업의 경영 악화:** 일본의 수출 규제로 인해 국내 기업들의 원가 상승, 매출 감소, 이익 감소 등 경영 악화가 발생했습니다. 특히 반도체와 디스플레이 산업이 큰 타격을 입었습니다.

3. **무역 마찰 확대:** 한일 양국 간 무역 마찰이 확대되었으며, 양국 간 경제 협력과 상호 투자 등에 부정적인 영향을 미쳤습니다.

4. **불매 운동:** 한국 내에서는 일본 불매 운동이 확산되었습니다. 일본 제품 및 서비스에 대한 소비가 줄어들면서 일본 기업들의 한국 내 판매가 감소했습니다.

잠재적 변화

1. **소재 국산화 및 공급망 다변화:** 이러한 상황을 교훈으로 삼아 국내 기업들은 소재와 부품의 국산화를 가속화했으며, 공급망 다변화를 추구하게 되었습니다.

2. **대일 외교 관계 변화:** 화이트리스트 제외 사건으로 인해 대일 외교 관계가 더욱 긴장되었으며, 양국 간의 신뢰 회복이 중요한 과제로 대두되었습니다.

3. **세계 무역 질서 영향:** 일본의 수출 규제로 인해 한국과 일본 사이의 무역 갈등이 세계 무역 질서에 영향을 미칠 수 있다는 우려가 제기되었습니다. 이로 인해 다른 국가들도 자국의 전략적 이익을 위해 유사한 조치를 취할 가능성이 제기되어, 세계 무역 질서에 미치는 영향에 대한 대비가 필요해졌습니다.

정교화(Clarify) 질문은 기본 질문을 통해 이미 제시된 정보나 아이디어를 더 명확하고 이해하기 쉽게 만들어가는 과정이다. 정교화 질문을 통해 오해, 혼동, 모호성이 제거되며 관련 주제에 대해 더 명확하고 정교한 정보를 제공받아 이해의 깊이를 더할 수 있게 된다. 동시에 주어진 정보나 아이디어에 더 많은 세부 정보와 콘텍스트를 추가하여 깊이를 더해가는 것도 정교화 질문을 통해 추구하는 바라고 할 수 있다.

정교화 질문 던지는 것이 습관이 되도록 하기 위해서는 누락된 부분을 찾아 질문하고, 더 자세히 알고 싶은 부분에 대해 더욱 더 구체적인 질문을 던지는 훈련을 일상에서 반복해야 한다. 화이트리스트에 대한 정교화 질문을 한 번 더 던져보았다.

정교화 질문 2단계

일본이 한국을 '화이트리스트'에서 제외한 결정이 양국 정치, 경제에 미치는 영향은 무엇이며, 어떤 부분에서 타협 가능하며, 긴장을 유지하며 소통해야 하는 것이 무엇인지에 대한 대책을 제안해줘.

일본이 한국을 '화이트리스트'에서 제외한 결정이 양국 정치, 경제에 미치는 영향
1. **정치 영향**: 양국 간 외교 관계가 악화되면서 신뢰가 손상되었습니다. 이로 인해 양국 간 협력이 어려워지고, 지역 안보 및 국제 정치에도 부정적 영향을 미칠 수 있습니다.

2. 경제 영향: 국내 기업의 소재와 부품 수급이 위축되어 경제에 부정적 영향을 미칠 수 있으며, 무역 갈등으로 인한 글로벌 공급망 변화가 양국 경제에 영향을 줄 것으로 예상됩니다.

타협 가능한 부분
1. 상호 이해와 대화: 양국 간의 불신을 해소하고 협력을 증진하기 위해 지속적인 대화와 상호 이해가 필요합니다. 공동의 이해와 협력을 통해 무역 규제를 완화하거나 철회할 수 있는 합의를 도출해야 합니다.
2. 경제 협력 강화: 양국이 경제 협력을 강화하고 교역을 촉진함으로써 현재의 갈등 상황을 해소할 수 있습니다. 특히, 소재와 부품에 대한 상호 의존성을 감소시키기 위한 협력을 모색해야 합니다.

긴장을 유지하며 소통해야 하는 부분
1. 정치적 이슈: 역사적 문제나 영토 문제 등 양국 간의 정치적 갈등은 해결하기 어렵고 민감한 부분이기 때문에, 이러한 문제를 논의할 때는 신중하게 접근하고 상호 존중을 기반으로 소통해야 합니다.
2. 지역 안보와 국제 정치: 북한의 핵 문제나 중국과의 관계 등 지역 안보와 국제 정치에 관한 이슈는 양국 간 긴장을 유지하며 소통해야 하는 부분입니다. 양국이 이러한 이슈에 대해 협력하고 정보를 공유하면서 상호 이해를 높여갈 필요가 있습니다.

정교화 질문은 새로운 개념과 이론을 알아가는 과정에서도 필요하다. 질문 수준을 높여가며 특정 개념, 이론, 또는 아이디어에 대해 명확한 이해를 얻는 것이 정교화 질문의 목표다. 이런 질문은 개념 정의를 명확히 하거나 이론의 적용 범위와 한계를 이해하는 데 도움이 된다. 예를 들면, 다음과 같은 단계로 질문을 발전시키면 된다.

기초 질문

챗GPT와 Bard를 교육 현장에 어떻게 적용할 수 있을까?

정교화 1단계

챗GPT와 Bard를 교육 현장에 적용할 때 학습자가 누릴 이점은 무엇이고 예상 가능한 부정적인 결과가 있다면 무엇일까?

정교화 2단계

챗GPT와 Bard를 학습자들의 창의력과 독립적 사고력을 향상시키는 학습도구로 활용하기 위해 지켜야 할 교육원칙은 무엇이며, 나타날 수 있는 부정적인 결과를 최소화하기 위한 제도적 측면에서의 대책은 어떠해야 할지 제안해줘.

이 외에도 의견이나 관점에 대한 명확한 이해를 얻기 위한 절차와 방법, 전략을 알아가기 위해 배경이 되는 상황, 동기, 맥락 등의 다양한 요소를 파악하는 데서도 정교화 질문은 중요한 역할을 한다.

정교화 질문을 활용한다면 다양한 영역에서 오해와 혼동을 줄이고 이해를 높여갈 수 있다. 챗GPT와 Bard를 통해 정교화 질문을 연습해보라. 정교화 질문을 잘 활용한다면 챗GPT와 Bard를 통해 자신의 성장과 발전을 이루는 답변을 구하는 것이 어렵지 않은 일임을 확인하게 될 것이다.

Compare, 비교 질문:
더 나은 선택을 위한 조율

"비교하지 마라."

어린 시절부터 자주 들어온 이야기다. 책에서도 '비교하지 말라'는 말을 어렵지 않게 발견할 수 있다. 이때의 비교는 남과 자신을 비교하는 것을 의미한다. 개인의 건강한 성장을 저해하는 의미의 비교를 말한다. 타인의 성공, 경력, 재산 등과 자신의 것을 비교하며 스스로를 부정적으로 인식하게 만드는 잘못된 비교를 의미한다. 그러나 우리는 비교하며 살아야 한다. 한 걸음 나아가 비교를 훈련해야 한다. 물론, 훈련해야 하는 비교는 앞서 이야기한 비교와 본질적으로 다른 차원의 것이다. 논리력을 훈련하기 위한 비교다. 바른 판단을 위해 사고력을 향상시키는 비교다.

비교는 서로 다른 아이디어, 의견, 해결책 등을 대조하며 차이를 이해하고 학습하는 과정이다. 의사결정 과정에서 바른 판단을 하기 위해 비교는 필수적이다.

비교는 두 개 이상의 대상을 놓고 공통점이나 차이점을 찾아내는 사고과정이다. 비교의 목적은 두 대상이 어떤 점에서 서로 유사하고 어떤 점에서 다른지를 파악하여 두 대상의 우위를 판단하는 데 있다. 사실상 적절한 비교는 올바른 결정을 내리는 데 필수적이다. 탁월한 비교 능력을 갖추면 더 나은 결정을 내릴 수 있다.

비교하지 않는다는 것은 생각하지 않는다는 말과 다르지 않다. 중요한 결정이 이루어져야 하는 순간, 비교하지 않고 생각 없이 남의 의견을 따르는 것은 감당하기 어려운 난관을 초래할 수 있다. 적절한 비교와 판단을 통해 올바른 결정을 내리는 것은 성공의 핵심이다. 훈련된 비교역량은 일상생활뿐만 아니라 직장, 학업, 대인관계 같은 다양한 영역에서 성공적인 결과를 이끌어낼 수 있는 기반을 마련해준다.

여기서, 제대로 된 비교를 위해 우선되어야 하는 것은 정보다. 비교 대상에 대한 정보가 많고 이해가 깊을 때 바른 비교가 가능하다. 깊이 있는 지식을 갖추기 위해 다양한 분야에 대한 학습과 경험을 쌓아야 한다. 지식과 경험이 부족할 때 우리는 비교를 통해 바른 결과를 도출하지 못한다. 편향적인 결정을 내릴 가능성이 높아진다. 그러한 차원에서 본다면 챗GPT와 Bard는 잘 준비된 기재(器材), 비교에 적합한 그릇이자 도구다. 인간이 평생을 공부해도 축적할 수 없는 정보를 미리 학습한 챗GPT와 Bard를 비교 질문을 통해 잘 활용한다면 우리의 의사결정 과정에서 더 나은 선택을 위한 탁월한 결정을 내릴 수 있다.

챗GPT와 Bard에게 비교 질문을 던져보라. 다양한 주제를 대상으로 한 비교 질문이 가능하다. 몇 가지 질문 사례를 살펴보자. 비교 질문에 대한 개념만 이해해도 모든 분야에 걸쳐 비교 질문을 활용하여 자신의 판단력을 높일 수 있다.

 Case study 1   **여행 질문**

Bard에 여행에 대한 비교 질문을 던져보았다.

> 300만 원 예산으로 뉴욕을 중심으로 한 3박 4일 여행과 로스앤젤레스를 중심으로 한 3박 4일 여행 코스, 식당, 호텔을 소개해주고 여러 가지 여행 자료를 참고하여 어떤 선택이 좋을지 의견을 제시해줘(비행기 티켓은 별도 구매해. 300만 원은 온전한 여행비야).

> 물론입니다. 300만 원 예산으로 뉴욕을 중심으로 한 3박 4일 여행과 로스앤젤레스를 중심으로 한 3박 4일 여행 코스, 식당, 호텔을 소개하고, 여러 가지 여행 자료를 참고하여 어떤 선택이 좋은지 의견을 제시해드리겠습니다.
>
> **뉴욕**
> 뉴욕은 미국 동부 해안의 대도시로, 미국에서 가장 인구가 많은 도시입니다. 뉴욕은 세계에서 가장 중요한 금융, 문화, 미디어 중심지이며, 매년 전 세계에서 수백만 명의 관광객이 방문합니다.

뉴욕 여행에서 가장 인기 있는 명소로는 엠파이어 스테이트 빌딩, 자유의 여신상, 센트럴 파크, 브루클린 다리, 9/11 기념관 등이 있습니다. 뉴욕에는 또한 메트로폴리탄 미술관, 현대 미술관, 프릭 컬렉션 등 세계적으로 유명한 박물관이 많이 있습니다.

뉴욕은 쇼핑과 식사를 하기에도 좋은 곳입니다. 5번가와 소호는 세계에서 가장 유명한 쇼핑 거리이며, 뉴욕에는 미슐랭 스타를 받은 레스토랑이 200개 이상 있습니다.

다음은 뉴욕을 중심으로 한 3박 4일 여행 코스입니다.

1일차	2일차
엠파이어 스테이트 빌딩 방문 자유의 여신상과 엘리스 섬 방문 센트럴 파크 산책 브루클린 다리 건너기 첼시에서 저녁 식사	메트로폴리탄 미술관 방문 현대 미술관 방문 프릭 컬렉션 방문 리틀 이태리에서 저녁 식사
3일차	4일차
브로드웨이 쇼 관람 소호에서 쇼핑 차이나타운에서 저녁 식사	인트레피드 해양, 항공 및 우주 박물관 방문 9/11 기념관 방문 스태튼 아일랜드로 페리 타기 윌리엄스버그에서 저녁 식사

다음은 뉴욕에서의 저렴한 숙박 장소입니다.
• 호스텔 월드 뉴욕 시티
• 워싱턴 스퀘어 호스텔
• 리틀 이태리 호스텔
• YHA 뉴욕
• 로어 이스트 사이드 YMCA

다음은 뉴욕에서의 저렴한 식사 장소입니다.

- Katz's Deli
- Joe's Pizza
- Magnolia Bakery
- Shake Shack
- Halal Guys

로스앤젤레스

로스앤젤레스는 미국 서부 해안의 대도시로, 캘리포니아에서 가장 인구가 많은 도시입니다. 영화와 TV의 중심지인 로스앤젤레스에는 매년 전 세계에서 수백만 명의 관광객이 방문합니다.

로스앤젤레스 여행에서 가장 인기 있는 명소로는 할리우드 사인, 로스앤젤레스 카운티 미술관, 유니버설 스튜디오, 디즈니랜드, 그리피스 공원 등이 있습니다. 로스앤젤레스에는 또한 로데오 드라이브와 선셋 스프링스 등 세계적으로 유명한 쇼핑 거리가 많이 있습니다.

다음은 로스앤젤레스를 중심으로 한 3박 4일 여행 코스입니다.

1일차	2일차
할리우드 사인 방문 로스앤젤레스 카운티 미술관 방문 유니버설 스튜디오 방문 그리스 극장에서 콘서트 관람	디즈니랜드 방문 그리피스 공원 산책 로데오 드라이브에서 쇼핑
3일차	**4일차**
선셋 스프링스 방문 마리나 델 레이에서 요트 타기 베니스 비치에서 서핑	팜스프링스 방문 조슈아 트리 국립공원 방문 할리우드에서 저녁 식사

한 가지 사례를 더 살펴보자. 스마트폰을 구입하기 전 두 회사 제품에 대한 비교를 챗GPT에 요청해보았다.

나는 나이 50대 중반이야. 20년 이상 삼성의 노트북과 휴대폰을 사용해왔어. 이번에 스마트폰을 교체할까 고민이 되는데, 기존의 삼성폰으로 유지할까, 새로운 애플의 아이폰으로 바꿔볼까? 객관적인 데이터를 기준으로 두 회사의 최신 기종의 비슷한 사양 스마트폰을 비교해주고 내가 어떤 결정을 내려야 할지 제안해줘. 이유도 분명히 밝혀줘.

50대 중반이신 분께서 삼성 갤럭시와 애플 아이폰 중 어떤 스마트폰을 선택할지 고민하시는군요. 각각의 최신 기종들 중 비슷한 사양의 스마트폰을 비교해드리겠습니다. 기준으로 삼을 최신 기종은 2021년 9월 기준입니다. 삼성 Galaxy S21과 애플 iPhone 12를 비교해보겠습니다.

1. 디자인: Galaxy S21은 글래스 백 패널과 알루미늄 프레임을 사용하며, iPhone 12는 세라믹 실드 프런트 커버와 알루미늄 프레임을 사용합니다. 디자인 측면에서는 주관적이지만, iPhone 12는 평면한 모서리를 가지고 있고, Galaxy S21은 곡선 모서리를 가지고 있습니다.

2. 디스플레이: Galaxy S21은 6.2인치 Dynamic AMOLED 2X 디스플레이를 사용하고, iPhone 12는 6.1인치 Super Retina XDR OLED 디스플레이를 사용합니다. 두 디스플레이 모두 고해상도를 제공하지만, Galaxy S21은

120Hz의 리프레시 레이트를 제공하며, iPhone 12는 60Hz를 제공합니다.

3. 카메라: Galaxy S21은 64MP 망원 카메라, 12MP 광각 카메라, 12MP 초광각 카메라를 사용하고, iPhone 12는 12MP 광각 카메라와 12MP 초광각 카메라를 사용합니다. 두 스마트폰 모두 우수한 카메라 성능을 제공합니다.

4. 성능: Galaxy S21은 삼성 Exynos 2100 또는 Qualcomm Snapdragon 888 칩셋을 사용하며, iPhone 12는 애플 A14 Bionic 칩셋을 사용합니다. 두 기기 모두 최신 프로세서를 사용하여 높은 성능을 제공합니다.

5. 배터리: Galaxy S21은 4,000mAh 배터리를 사용하고, iPhone 12는 약 2,815mAh 배터리를 사용합니다. Galaxy S21의 배터리 용량이 더 큽니다.

6. 가격: Galaxy S21과 iPhone 12 모두 비슷한 가격대에 속합니다. 하지만 지역에 따라 가격이 다를 수 있으니 확인해보시기 바랍니다.

이러한 비교를 통해 보았을 때, 두 스마트폰 모두 각각의 장점이 있습니다. 삼성 Galaxy S21은 더 높은 리프레시 레이트와 큰 배터리 용량을 가지고 있고, 애플 iPhone 12는 디자인 면에서 차별화되어 있으며, 효율적인 A14 칩셋을 사용하고 있습니다.

당신의 상황을 고려할 때, 20년 이상 삼성 제품을 사용해온 경험이 있으므로 Galaxy S21을 선택하면 익숙한 인터페이스와 기능을 계속 사용할 수 있습니다. 그러나 아이폰으로 전환한다면 애플의 생태계에 적응하는 데 시간이 걸릴 수 있지만, 새로운 경험과 다양한 애플 전용 앱 및 기능을 사용할 수 있습니다.

결론적으로, 만약 익숙한 인터페이스와 기능을 유지하고 싶다면 삼성 Galaxy S21을 선택하는 것이 좋습니다. 반면, 새로운 경험을 원하고 애플 생태계에 관심이 있다면 애플 iPhone 12로 전환해보는 것도 좋은 선택이 될 수 있습니다. 최종 결정은 당신의 개인적인 취향과 필요에 따라 달라질 것입니다.

챗GPT와 Bard는 맥락을 파악한 상태에서 답변을 하기에 첫 번째 답변을 전제로 조금 더 구체적인 질문을 던져보기를 권한다. 음식에 대한 질문, 관광지별 질문, 여행지를 특정했다면 그것을 전제로 한 세부 영역 질문을 던져 더 자세한 답변을 얻을 수 있다. '정교화 질문'을 참조하여 비교 질문의 심화질문 만들기를 연습해보라.

Case study 3   **역사 질문**

역사적으로 민감한 내용을 바탕으로 비교 질문을 던질 수도 있다. Bard에 질문해보았다.

> 제국주의 일제에 저항하는 독립투사로서 이토 히로부미를 저격한 안중근의 행위와 자기의 유익을 위해 암살을 자행하는 이들의 행위를 같은 선상에서 볼 수 있을까? 독일은 2차 세계대전 당시 나치 히틀러의 만행에 대해 지금도 참회하고 있잖아. 나치 세력에 대한 저격에 대해 자기 나라의 장군이라고 옹호하지 않잖아. 그러나 일본은 제국주의 중심세력, 전쟁을 일으킨 주범에 대한 신사를 짓고 지금도 후세대들에게 민족영웅으로 가르치고 있어. 독일과 일본의 이러한 대처에 대해 객관적으로 비교하며 인류애적 관점에서 평가해줘.

> 안중근 의사는 1909년 10월 26일 하얼빈역에서 이토 히로부미를 저격하여 암살했습니다. 이토 히로부미는 당시 일본의 총리였으며, 한국을 식

민지화하는 데 주도적인 역할을 했습니다. 안중근 의사는 이토 히로부미를 저격한 이유에 대해 다음과 같이 말했습니다.

"나는 이토 히로부미를 암살한 것이 아니라, 한국의 독립을 위해 싸운 것입니다. 이토 히로부미는 한국을 침략하고, 우리 민족을 수탈한 장본인입니다. 나는 그를 처단함으로써 한국의 독립을 위한 투쟁에 앞장섰다고 생각합니다."

안중근 의사의 이토 히로부미 암살은 한국의 독립을 위한 정당한 투쟁이었다고 볼 수 있습니다. 안중근 의사는 자신의 목숨을 바치면서까지 조국을 위해 싸운 애국자였습니다.
반면, 자기 유익을 위해 암살을 자행하는 것은 정당화될 수 없습니다. 암살은 폭력의 한 형태이며, 다른 사람의 생명을 앗아가는 범죄입니다. 자기 유익을 위해 암살을 자행하는 사람은 범죄자이며, 처벌받아야 합니다.

독일과 일본은 제2차 세계 대전에서 패한 후, 서로 다른 방식으로 전쟁에 대처했습니다. 독일은 나치의 만행에 대해 진심으로 참회하고, 과거를 반성했습니다. 독일은 나치의 상징물을 철거하고, 나치의 역사를 가르치고 있습니다. 또한, 피해자들에게 보상하고, 피해자들의 명예를 회복하기 위해 노력하고 있습니다.

반면, 일본은 제국주의의 만행에 대해 진정으로 반성하지 않고 있습니다. 일본은 제국주의 상징물을 보존하고, 제국주의 역사를 왜곡하고 있습니다. 또한, 피해자들에게 사과하지 않고 있으며, 피해자들의 명예를 회복하기 위한 노력도 하지 않고 있습니다.

독일과 일본의 이러한 대처는 인류애적 관점에서 매우 다릅니다. 독일은 과거의 잘못을 인정하고 피해자들을 위로하기 위해 노력하고 있습니다. 반면, 일본은 과거의 잘못을 인정하지 않고 있으며, 피해자들을 외면하고 있습니다. 독일과 일본의 이러한 대처는 우리에게 중요한 시사점을 줍니다. 과거의 잘못을 인정하고 피해자들을 위로하는 것이 진정한 반성의 시작이라는 것입니다. 또한, 과거의 잘못을 잊지 않고 역사로부터 교훈을 얻는 것이 중요하다는 것입니다.

 Case study 4   가상 질문

실재하지 않는 가상의 스토리에 대한 비교를 요구할 수도 있다. 만화 주인공인 '마징가Z'와 '태권V'를 비교해달라는 질문을 Bard에 던져보았다.

마징가Z와 태권V의 기본 구조, 재질, 무기 시스템, 방어능력, 기동성과 속도, 에너지, 인공지능 제어시스템, 변신능력 등을 비교한 후 객관적인 자료에 근거해 이 둘이 대결할 경우 누가 승리할지 결과도 알려줘.

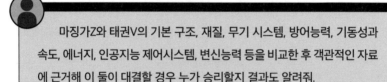

마징가Z와 태권브이는 모두 수많은 팬을 보유한 인기 있는 로봇 애니메이션 캐릭터입니다. 두 로봇 모두 강력한 힘과 다양한 무기를 가지고 있지만, 서로 다른 장점과 단점이 있습니다.

비교 항목	마징가Z	태권브이
기본 구조	초합금 Z로 만들어진 거대한 로봇	강철로 만들어진 중형 로봇
재질	초합금 Z	강철
무기 시스템	브레이크 빔, 로켓펀치, 로켓 킥, 썬더 브레이크, 아이언 블레이드, 필살기 브레이크 빔	태권도 발차기, 태권도 펀치, 태권브이 드릴, 태권브이 킥
방어 능력	초합금 Z로 만들어져 강력한 내구성을 자랑합니다.	강철로 만들어져 마징가Z보다 내구성이 떨어집니다.
기동성과 속도	마징가Z는 매우 무겁고 느립니다.	태권브이는 마징가Z보다 민첩하고 빠릅니다.
에너지	에너지원으로 극장판에서는 파워 코어, TV판에서는 코어 파워를 사용합니다.	태권브이는 인간의 힘으로 작동합니다.
인공지능 제어시스템	인공지능 제어시스템을 사용하여 스스로 행동할 수 있습니다.	인공지능 제어시스템을 사용하지 않습니다.
변신 능력	변신할 수 없습니다.	비행과 수영을 할 수 있는 비행 형 태로 변신할 수 있습니다.

두 로봇이 싸운다면, 마징가Z의 강력한 힘과 다양한 무기가 태권브이의 민 첩성과 빠르기를 압도할 것입니다. 그러나 태권브이의 내구성이 마징가Z 의 강력한 공격을 버틸 수 있다면, 태권브이는 마징가Z의 약점을 이용하여 승리할 수 있습니다.

궁극적으로 마징가Z와 태권브이가 싸운다면, 누가 이길지 확실히 말할 수 는 없습니다. 두 로봇 모두 강력한 힘과 다양한 무기를 가지고 있으며, 서로 다른 장점과 단점이 있습니다. 두 로봇의 대결은 흥미진진할 것이며, 누가 이길지 보는 것은 팬들에게 큰 즐거움을 줄 것입니다.

다음은 두 로봇의 대결에서 고려해야 할 몇 가지 요소입니다.

마징가Z는 매우 무겁고 느리지만, 강력한 힘과 다양한 무기를 가지고 있습니다. 태권브이는 마징가Z보다 민첩하고 빠르지만, 마징가Z만큼 강하지는 않습니다.
마징가Z의 브레이크 빔은 태권브이의 가장 강력한 무기인 태권브이 드릴보다 강력합니다. 그러나 태권브이의 내구도가 마징가Z의 브레이크 빔을 버틸 수 있다면, 태권브이는 마징가Z의 약점을 이용하여 승리할 수 있습니다.
마징가Z는 인공지능 제어 시스템을 사용하여 스스로 행동할 수 있지만, 태권브이는 인간의 힘으로 작동합니다. 이로 인해 마징가Z는 태권브이보다 유리할 수 있습니다.
전반적으로 마징가Z와 태권브이가 싸운다면, 누가 이길지 확실히 말할 수는 없습니다. 두 로봇 모두 강력한 힘과 다양한 무기를 가지고 있으며, 서로 다른 장점과 단점이 있습니다. 두 로봇의 대결은 흥미진진할 것이며, 누가 이길지 보는 것은 팬들에게 큰 즐거움을 줄 것입니다.

 Case study 5　　　　　　　　　　　　　　　예술 질문

　예술 분야 이해를 위한 비교 질문도 가능하다. 전문지식은 고사하고 기초지식도 없는 분야에 비교 질문을 던져보라. 한 분야를 이해하기 위해서는 해당 분야에 대한 개념을 가져야 한다. 세부적인 지식 이전에 큰 그림을 그리는 노력이 필요하다. 개념을 가진 이들은 보이

는 것 그 자체가 아니라 대상을 이루고 있는 구성요소들까지 나누어 볼 수 있는 이들이다. 관심 분야를 공부하는 과정에서 관점을 세우는 데 챗GPT와 Bard에 던지는 비교 질문이 매우 유용할 수 있다. 챗GPT에 질문을 던져보았다.

고전 미술과 현대 미술을 제대로 이해하기 위해 어떤 카테고리로 나누어 비교하는 것이 좋을까? 미술 이해를 위해 알아야 할 뼈대가 되는 기본 개념, 구조라고나 할까? 최소한 7가지는 번호 없이 키워드만 제시해줘. 카테고리별로 설명하기 전에 먼저 카테고리를 한 줄로 나열한 후, 그 아래에 번호를 부여하여 위에 제시한 영역별로 비교해줘.

역사적 배경, 기술 및 재료, 주제와 내용, 창작자의 의도, 스타일과 형식, 시각적 표현, 사회적 영향 및 가치

1. **역사적 배경**: 고전 미술은 전통적인 가치와 문화를 반영하며, 사회와 정치적 상황에 영향을 받았습니다. 현대 미술은 역사적 배경에 더해 다양한 사회적, 정치적, 경제적 변화를 다룹니다.
2. **기술 및 재료**: 고전 미술에서는 주로 캔버스, 목판, 벽화 등의 전통적인 매체가 사용되었습니다. 현대 미술에서는 새로운 기술과 재료를 도입하여 다양한 매체를 활용합니다.
3. **주제와 내용**: 고전 미술은 종교, 신화, 역사 등 전통적인 주제를 다룹니다. 현대 미술은 이러한 전통적 주제에 더해 개인적 경험, 사회 문제, 철학적 질문 등을 탐구합니다.

4. **창작자의 의도**: 고전 미술에서는 창작자 의도가 더 간결하고 명확한 경우가 많습니다. 현대 미술에서는 창작자 의도가 더욱 다양하고 복잡한 경우가 많습니다.

5. **스타일과 형식**: 고전 미술은 대체로 정형화된 스타일과 형식을 따르며, 대칭과 균형을 중요시합니다. 현대 미술은 전통적인 스타일과 형식에 구애받지 않고, 다양한 스타일과 형식을 시도합니다.

6. **시각적 표현**: 고전 미술은 대체로 대칭, 조화, 그리고 아름다움에 중점을 두고 표현합니다. 현대 미술은 개념적이고 실험적인 시각적 표현을 통해 다양한 감정과 아이디어를 전달합니다.

7. **사회적 영향 및 가치**: 고전 미술은 사회적 가치와 동시대 문화를 반영하며 영향을 미칩니다. 현대 미술은 사회 변화와 더불어 새로운 가치를 창출하고, 기존의 가치에 반기를 듭니다.

기존 분야의 정보 자체를 구하는 것도 중요하지만 새로운 분야를 바라보는 눈, 큰 그림을 그려가는 데 필요한 구성요소도 챗GPT와 Bard에 던지는 비교 질문을 통해 찾을 수 있다.

사실상 비교 질문은 거의 모든 영역, 주제들에 던질 수 있다. 운동, 건강, 금융상품, 투자전략, 음악 스트리밍 서비스, 인공지능 기술, 에너지 효율, 교육 방법, 정치 영역에서 비교 가능한 모든 주제에 대해 질문하여 답변, 제언을 확인하며 자신의 정보력, 사고력, 의사결정력을 높이는 기회로 삼아보라.

- 크로스핏과 보디빌딩의 운동 방식, 목표, 그리고 각각의 건강상 이점을 비

교해줘.

- 주식 투자와 부동산 투자의 장단점, 리스크, 그리고 장기적인 수익률을 비교해줘.

- 넷플릭스와 디즈니+의 콘텐츠 종류, 가격, 그리고 사용자 경험을 비교해줘.

- 녹차와 홍차의 영양소, 건강상 이점, 그리고 카페인 함량을 비교해줘.

- 페이스북과 인스타그램의 주요 기능, 사용자 연령대, 그리고 광고 전략을 비교해줘.

- 스포티파이와 애플 뮤직의 음악 라이브러리, 추천 알고리즘, 그리고 가격 정책을 비교해줘.

- 액티브 투자와 패시브 투자의 투자 방식, 수익률, 그리고 관리 비용을 비교하여 어떤 전략이 더 효과적인지 설명해줘.

- 한국 민주주의와 미국 민주주의의 공통점과 가장 큰 차이를 비교해줘. 그리고 그런 차이가 발생한 이유, 역사적 배경을 설명해줘.

- 요가와 필라테스의 운동 원리, 목표를 살피고 무엇이 같고 다른지 서로의 장단점을 비교 분석해줘.

- 머신러닝과 딥러닝의 학습 방법, 알고리즘, 그리고 적용 분야를 비교해줘.

- 전통적인 교실 학습과 온라인 학습의 효과, 학습 환경, 그리고 유연성을 비교하여 어떤 교육 방식이 더 효과적인지 설명해줘.

- 내향적 인간과 외향적 인간의 특징을 비교해줘. 이들은 어떻게 다른 사람들과 관계를 맺고 유지하며 스트레스를 다루는 일에서 어떤 차이를 보이는지 비교해줘.

- 자본주의와 공산주의 경제 체제의 장단점을 비교해줘.

- 종이 책을 읽는 것과 오디오북을 듣는 것의 학습 효과에 대해 여러 연구자
  료, 데이터에 기반한 답변을 부탁해.
- 코칭과 멘토링이 개인의 성장과 성공에 어떻게 기여하는지 비교해줘.

Debate, 토론 질문:
토론, 미래를 여는 힘

챗GPT와 Bard 등장 이후 많은 이들의 우려에도 불구하고 챗GPT
와 Bard가 사람들에게 호응을 얻는 이유는 크게 3가지로 정리할 수
있다.

첫째, 정보 접근성이 향상되었다는 사실이다. 이전이라면 접근할
수 없던 정보를 질문이라는 방식을 통해 쉽게 제공받을 수 있게 된
것이다.

둘째, 챗GPT와 Bard와의 협업으로 빠른 정보처리, 최적화된 솔루
션 제공이 가능해지면서 작업 효율이 높아지고 생산성도 이전과 비
교할 수 없는 수준으로 향상되었다. 무엇보다 새로운 아이디어를 무
한 제공받게 되면서 빠른 의사결정 과정을 통해 다양한 혁신을 이루
는 기회가 마련되었다.

셋째, 개인형, 맞춤형 학습이 가능해졌다는 사실이다. 변화하는 시
대에 발맞춰 지속가능한 배움의 기회를 갖는다는 것은 지금까지 재

정적인 문제와 여러 사회적 규약으로 한계가 있었던 것이 사실이다. 그런데 챗GPT와 Bard를 통해 이러한 문제를 극복하며 누구나 교육받을 권리, 발전 기회를 제공받을 수 있게 되었다.

토론 역량을 준비하는 일에서도 마찬가지다. 챗GPT와 Bard를 활용한다면 누구든 토론 코치, 어드바이저의 도움을 받으며 토론을 준비하는 효과를 경험할 수 있다.

토론은 두 명 이상이 의견을 교환하며 논리적인 입증을 통해 결론을 도출하는 커뮤니케이션 방식이다. 정해진 주제에 대해 참가자들이 서로 대립하는 입장을 취하는 토론에서는 승자와 패자가 존재하는데, 증거를 바탕으로 한 논리력과 그것을 풀어가는 토론 기술의 차이가 승패를 결정한다. 그리고 토론을 통해 도출된 결과, 즉 더 나은 생각과 논리는 사회 변화의 원동력이 된다.

토론은 단순한 말싸움이나 승리만을 위한 감정싸움이 아니다. 변화를 위한 정보를 바탕으로 한 논리 싸움이다. 화술이 화려하지 않아도 정확한 정보를 제시하며 천천히 논리를 펼친다면 누구든 토론에서 승리할 수 있다. 아무리 화술이 뛰어나도 정보가 빈약하면 화려한 말솜씨는 빈약한 논리의 '아무말 대잔치'에 지나지 않는다.

챗GPT와 Bard에 던지는 토론 질문과 준비 과정은 다음과 같다.

1. 주어진 토론 주제에 대한 양쪽의 주장, 질문을 먼저 살핀다. 이때 그들이 주장할 수 있는 모든 경우의 수를 살피는 것이 중요하다. 챗GPT에 질문을 던져보았다.

일본의 '36년간 한반도 불법지배'에 관해 한국 대표와 일본 대표가 토론하려고 해. 한국 대표로서 일본 대표에게 던질 수 있는 토론 질문 10가지만 뽑아줘.

한국 대표로서 일본 대표에게 던질 수 있는 토론 질문 10가지는 다음과 같습니다.

1. 일본 정부는 1910년부터 1945년까지 한반도를 불법적으로 지배한 것에 대해 어떤 입장을 가지고 있나요?
2. 당시 일본의 한반도 점령이 국제법적으로 정당한 근거는 무엇이었나요?
3. 일본 정부는 그 시기 일본의 침략과 불법 통치에 대해 공식적으로 사과한 적이 있나요? 만약 있다면, 그 내용은 무엇인가요?
4. 일본 정부는 한반도에서의 일본의 강제 징용과 '위안부' 문제에 대해 어떤 조치를 취하고 있나요? 이러한 문제를 해결하기 위한 구체적인 계획이 있나요?
5. 일본 정부는 일제 강점기 동안 한국 문화와 역사에 대한 왜곡과 파괴에 대해 어떻게 생각하나요? 이 문제를 바로잡기 위한 노력을 하고 있나요?
6. 일본 정부는 한반도의 불법 점령 기간 동안 한국 인권 침해 문제와 관련하여 국제사회에 어떤 책임을 지고 있다고 생각하나요?
7. 한반도에서의 일본의 침략 전쟁과 불법 통치에 대한 인식과 교육은 현재 일본에서 어떻게 이루어지고 있나요?
8. 일본 정부는 한국과의 과거사 문제를 해결하고 양국 간 관계 개선을 위해 어떤 노력을 기울이고 있나요?
9. 한반도 불법 점령 기간 동안의 일본 행위를 두고 '침략'이라고 평가하는

일본 정부의 기준은 무엇인가요?

10. 일본 정부는 한반도 불법 점령 기간 동안 피해를 입은 한국인들에게 어떤 보상과 지원을 제공할 계획이 있는지 설명해주시겠어요?

2. 주장, 질문에 대한 상대의 답변을 챗GPT와 Bard에 미리 요청해 볼 수 있다. Bard에 질문을 던져보았다.

한국 대표의 네 번째 질문인 "일본 정부는 한반도에서의 일본의 강제 징용과 '위안부' 문제에 대해 어떤 조치를 취하고 있나요? 이러한 문제를 해결하기 위한 구체적인 계획이 있나요?"에 대한 일본측 답변을 2,400자 분량으로 제시해줘.

2,400자 분량의 일본 대표의 답변은 다음과 같습니다.

한국 대표님,

질문에 답변하기 전에 먼저 말씀드리고 싶습니다. 일본 정부는 한반도에서의 강제 징용과 위안부 문제에 대해 책임을 인식하고 있으며, 이와 관련된 문제를 해결하기 위해 진지하게 노력하고 있다는 것입니다.

위안부 문제에 대해 일본 정부는 1993년 고노 담화를 통해 공식적으로 사과하고 반성했습니다. 또한, 2015년에는 한일 양국이 위안부 문제에 관한 합의를 체결했습니다. 이 합의에 따라 일본 정부는 아시아 여성 기금을 통해 10억 엔을 지원하고, 한국 정부는 위안부 피해자들을 위한 지원 프로그램을 마련하기로 했습니다.

강제 징용 문제에 대해서도 일본 정부는 과거사를 직시하고 반성하는 자세를 보여왔습니다. 2009년 일본 정부는 한국 정부와 합의해 강제 징용 피해자들에게 개인적인 사과와 손해 배상을 지급하기로 결정했습니다. 이를 위해 일본 정부는 2010년부터 한국에 강제 징용 피해자들을 위한 지원금을 지급해오고 있습니다.

일본 정부는 또한 한일 양국의 미래 세대들이 공동의 미래를 구축할 수 있도록 교육과 교류 프로그램을 적극 지원하고 있습니다. 이를 통해 한일 양국의 젊은 세대들이 역사적 상처를 이해하고 상호 이해를 높이는 데 기여할 것으로 기대하고 있습니다.

이처럼 일본 정부는 한반도에서의 강제 징용과 위안부 문제에 대해 진지하게 노력하고 있습니다. 앞으로도 양국이 신뢰와 이해를 바탕으로 협력해나가면 이러한 문제를 해결할 수 있을 것이라고 믿습니다. 감사합니다.

3. 상대방의 답변, 주장에 대한 반론 질문 생성을 Bard에 요청해보았다.

위 답변을 들은 한국 대표가 반론 질문을 던질 때 가능한 질문을 최대한 자세하게 구성해줘. 일본의 답변이 틀렸음을 지적하며 답변하기 곤혹스러운 질문을 만들어줘.

네, 다음은 일본측 주장에 대한 한국 대표의 5가지 질문입니다.

1. 일본 정부는 1993년 고노 담화를 통해 위안부 문제에 대해 사과하고 반성했다고 말했습니다. 그러나 고노 담화는 "위안부"가 자발적으로 모집되

었다고 말하고 있으며, 이는 역사적 사실과 일치하지 않습니다. 일본 정부는 왜 고노 담화에 대한 입장을 수정하지 않습니까?

2. 일본 정부는 2015년 한일 위안부 합의를 통해 위안부 문제에 대한 책임을 져왔다고 말했습니다. 그러나 이 합의는 위안부 피해자들에게 피해 보상을 제공하지 않으며, 피해자들 동의 없이 체결되었습니다. 일본 정부는 왜 이 합의가 위안부 문제에 대한 진정한 해결책이 아니라고 생각하지 않습니까?

3. 일본 정부는 강제 징용 피해자들에게 개인적인 사과와 손해 배상을 지급해왔다고 말했습니다. 그러나 이 사과와 배상은 공식적인 것이 아니며, 피해자들의 고통을 보상하기에 충분하지 않습니다. 일본 정부는 왜 피해자들에게 진정한 사과와 배상을 하지 않습니까?

4. 일본 정부는 한일 양국의 미래 세대들이 공동의 미래를 구축할 수 있도록 교육과 교류 프로그램을 적극 지원하고 있다고 말했습니다. 그러나 이러한 프로그램은 위안부와 강제 징용 같은 일본의 과거에 대해 이야기하지 않습니다. 일본 정부는 왜 이러한 문제에 대해 이야기하는 것을 두려워합니까?

5. 일본 정부는 한일 양국이 신뢰와 이해를 바탕으로 협력해나가면 이러한 문제를 해결할 수 있다고 믿는다고 말했습니다. 그러나 일본 정부는 과거를 직시하고 진정으로 사과할 의지가 없는 것 같습니다. 일본 정부는 왜 과거를 직시하고 진정으로 사과하는 것이 중요한지 이해하지 못합니까?

이러한 질문은 일본 정부의 진정성을 묻고, 이 문제를 진지하게 받아들이도록 압력을 가하기 위한 것입니다. 위안부와 강제 징용은 한국 국민에게 중요한 문제이며, 일본 정부는 이 문제를 해결하기 위해 더 많은 노력을 기울여야 합니다.

4. 무엇보다 반론에 증거가 되는 정확한 증거자료 제시를 챗GPT

와 Bard에 요청할 수 있다. 제공된 정보는 인터넷 검색을 통해, 관련 도서 및 자료를 통해 증거로서의 가치, 진실성을 확인하는 절차를 거쳐야 한다.

위안부 문제와 관련하여 일본 주장에 반박할 때 사용가능한 한국측의 증거자료를 5가지만 제시해줘. 지난 시간 있었던 수많은 한국과 일본의 토론과정에서 제시되었던 자료들 중 가장 가치 있다고 판단되는 것을 중요자료 순으로 나열해줘.

위안부 문제와 관련하여 일본 주장에 반박할 때 사용가능한 한국측의 증거자료를 중요한 순서대로 나열하겠습니다.

1. **일본 정부 공식 기록**: 일본 정부가 과거에 발행한 공식 문서들에서 위안부 강제 징용 사실을 확인할 수 있습니다. 예를 들어, 일본 외무성 기록물의 "한국인 부속부대의 관리 및 교육에 관한 사항" 등의 문서입니다.
2. **고노 담화(1993년)**: 일본 정부의 고노 다다시 외무상이 발표한 담화에서 '위안부' 문제에 대한 죄송과 반성의 뜻을 밝히며, 이것이 일본 군인들에 의해 강제적으로 이루어졌음을 인정했습니다.
3. **전직 위안부 피해자들의 증언**: 전직 위안부 피해자들이 직접 자신들의 힘겨운 경험을 증언하였습니다. 이들의 증언은 위안부의 강제 징용과 학대 사실을 입증하는 강력한 증거입니다.
4. **일본군 위안부 관련 사진 자료**: 당시 일본군 위안부 시설로 작동하던 건물이나 피해자들 모습 등을 담은 사진들이 있습니다. 이러한 사진들은 위안부 시설의 존재와 강제 징용 현장을 입증합니다.

5. **일본군 위안부 관련 영상 자료:** 당시 일본군 위안부 시설로 작동하던 건물이나 피해자들 모습 등을 담은 영상들이 있습니다. 이러한 영상들은 위안부 시설의 존재와 강제 징용 현장을 입증합니다.

G
BARD AI

위안부 문제와 관련하여 일본의 주장에 반박할 수 있는 한국측 시설증거 자료는 많습니다. 가장 중요한 몇 가지를 나열하면 다음과 같습니다.

1. **위안부 피해자들의 증언:** 위안부 피해자 수백 명이 자신이 어떻게 강제로 징집되어 성 노예로 사용되었는지에 대해 증언했습니다. 이러한 증언은 일본 정부가 위안부 문제에 대한 책임을 져야 한다는 강력한 증거입니다.
2. **일본 정부 문서:** 일본 정부 문서에는 위안부 모집과 운영에 대한 언급이 있습니다. 이러한 문서는 일본 정부가 위안부 문제에 대해 알고 있었고 그에 대한 책임이 있음을 보여줍니다.
3. **일본군 위안소 사진과 기록:** 일본군 위안소 사진과 기록은 위안소가 존재했고 위안부가 성 노예로 사용되었다는 것을 보여줍니다. 이러한 사진과 기록은 일본 정부가 위안부 문제에 대해 알고 있었고 그에 대한 책임이 있음을 보여줍니다.
4. **종군 위안부 증언:** 일본군에 복무했던 일본인들이 위안부에 대해 증언했습니다. 이러한 증언은 일본군이 위안부를 알고 있었고 그에 대한 책임이 있음을 보여줍니다.
5. **전범 재판 기록:** 전범 재판 기록에는 일본군이 위안부를 강제 징집하고 성 노예로 사용했다는 증거가 있습니다. 이러한 기록은 일본 정부가 위안부 문제에 대해 알고 있었고 그에 대한 책임이 있음을 보여줍니다.

위에서 언급한 자료는 일본 정부가 위안부 문제에 대해 알고 있었고 그에 대한 책임이 있음을 보여줍니다. 일본 정부는 이러한 증거를 무시할 수 없

5. 시뮬레이션한 토론의 전 과정은 텍스트로 정리되어야 한다. 물론 이 과정도 준비된 자료를 챗GPT와 Bard에 제시하고 제공받을 수 있다. 하지만 챗GPT와 Bard 질문법의 모든 유형 질문을 연습하는 일에서 가장 중요한 것은 챗GPT와 Bard에게 제공받은 것은 자료일 뿐, 그것을 재정리하며 배우고(學) 익히는(習) 것은 질문자의 노력이어야 한다는 것이다. 제공받은 자료를 정리하고 익혀 나의 지식이 되도록 하는 과정을 통해 질문자의 사고역량을 세워가는 것이 챗GPT와 Bard 질문법의 가장 중요한 목표임을 기억하라.

세상을 바꾼 질문들

25년간 교육 현장에서 아이들을 가르치며 수많은 질문을 만들고 던져왔다. 자서전과 전기를 읽고 학습 질문을 만들었으며, 미래 자서전을 쓰기 위한 인생 질문을 만들고 책쓰기 교육도 진행했다. 요약력을 훈련하기 위해 다양한 요소별 질문을 만들고 수백 편의 독서 질문지를 제작했다. 책을 읽고 질문을 만드는 가운데 발견한 공통점이 있는데, 그것은 세상을 변화시킨 사람들에게는 평생 짊어지고 살았던 질문이 있었다는 사실이다. 나는 그것을 '세상을 바꾼 질문들'이라 부른다.

예를 들어 세종대왕은 "백성 누구나 쉽게 사용할 수 있는 우리의 문자를 만들 수는 없을까? 말과 문자를 하나로 통일할 수는 없는 것일까?"를 질문함으로써 우리의 훈민정음, 한글을 창제했다. 민족 지도자 도산 안창호는 "인재가 없다고 불평하는 너 자신은 왜 인재 될 공부를 아니하는가?"를 청년들에게 질문하면서 흥사단을 만들어 청년들에게 민족정신을 일깨웠다. 그리고 마르틴 루터는 "왜 사람들에게 성경 읽을 자유를 주지 않는가?"라는 질문을 던지면서 종교 개혁을 통해 성경을 대중의 손에 안겨주었다.

애니 설리번은 "왜 헬렌 켈러는 평생 부족한 모습을 갖고 살아야만 하는가?"를 질문함으로써 교육과 사랑으로 헬렌 켈러를 품었고, 그 결과 시각장애인와 청각장애인들에게 희망의 문을 열어주었다. 마틴 루터 킹 목사는 "왜 백인들의 자녀와 흑인들의 자녀가 손잡고 놀지 못하는가?"를 질문하며 인종 차별에 맞섰고, 이것이 흑인들의 인권, 권리를 쟁취하는 데 마중물이 되었다. 또한 마하트마 간디는 "평화적으로 폭력과 차별, 억압을 없앨 수는 없는 것일까?"라는 질문을 통해 비폭력 투쟁을 펼쳐 인도의 독립을 이끌어냈다.

그들만이 아니다. 이렇게 인류 역사를 뒤흔든 사람들의 업적 이면에는 세상의 문제들을 향한 질문들이 있었고, 그 질문들이 세상의 변화를 가져오는 원동력이 되었다. 물론 그러한 질문을 마음속에 품었다고 해서 모두 영향력 있는 삶을 살게 되는 것은 아니다. 질문이 안고 있는 문제 해결을 위해서는 수많은 역량을 세워가는 과정을 반드시 통과해야만 한다. 그 과정에서 반드시 필요한 요소 중 하나가 바로 토론하는 문화다. 분야별 리더들이 세상을 변화시키는 마중물이 될 수 있었던 데는 수많은 요인들이 있었겠지만, 그들이 품은 질문의 역할이 무엇보다 우선했음을, 그렇게 던져진 질문이 수많은 토론과 논쟁의 과정을 거쳤음을 우리는 안다.

질문은 내 안에만 머물러서는 안 된다. 질문은 밖을 향해야 한다. 나와 다른 생각을 가진 이들과 소통하는 가운데 생각이 다듬어지는 과정을 거쳐야 한다. 그런 과정을 거치는 가운데 질문은 해답을 향해 조금씩 방향을 잡아가고 결국 목표를 이루게 된다. 토론이 미래를 여는 힘임을 기억하자. 챗GPT와 Bard를 활용하여 새로운 토론 문화를 디자인하는 일이 미래를 위한 오늘의 작은 발걸음이다.

챗GPT가 제시한 토론 가능한 주제 목록

다양한 토론 주제로 챗GPT와 Bard를 활용한 토론 시뮬레이션 과정을 경험하기를 추천한다. 아래 리스트는 챗GPT가 제시한 토론 가능한 주제 목록이다.

- **채식주의**: 지속가능한 건강한 라이프스타일 vs 단백질 부족과 영양 불균형의 위험
- **기본소득**: 빈곤 해결의 지름길 vs 자본주의 성장의 장애물
- **기후변화**: 지구와 인류의 살 길 vs 경제성장에 대한 억압
- **소셜미디어**: 정보 공유의 혁신 vs 가짜 뉴스와 사생활 침해 위험

- **총기통제**: 안전한 사회 기반 vs 개인의 자유와 안전 보장 침해
- **프라이버시 vs 보안**: 개인의 권리 중요성 vs 국가안보 중요성으로 인한 정보 제공 필요성
- **인공지능**: 무한한 발전 가능성 vs 무직자 증가와 도덕적 위험성
- **동물실험**: 과학적 발전의 필수 과정 vs 동물학대와 도덕적 쟁점
- **온라인교육**: 편리함과 접근성 vs 전통교육, 교육의 질 보장
- **사형제 폐지**: 인권 보장 vs 범죄에 대한 엄중한 처벌 필요성
- **원자력발전**: 깨끗한 에너지원 vs 핵재해와 방사능 위험
- **나노기술**: 미래 과학의 혁신 vs 미지의 위험성과 윤리적 문제
- **자율주행차**: 교통사고 감소와 편리함 vs 해킹 위험과 책임 소재 불명확
- **민주주의**: 시민의 의사 표현 vs 무능한 정치인의 선거 우위
- **국제이주**: 다양성과 경제성장 vs 문화 충돌과 사회 불안
- **젠더평등**: 인간의 기본권과 사회 발전 vs 가족과 전통 가치의 붕괴
- **청소년 인터넷 사용**: 지식 확장과 소통의 도구 vs 인터넷 중독과 사이버 불매운동
- **평생교육**: 개인의 지속적 발전 vs 비용과 시간의 부담
- **유기농 식품**: 건강과 환경 보호 vs 높은 가격과 생산성 저하
- **4일 근무제**: 균형 잡힌 삶과 생산성 향상 vs 경제적 손실과 업무 부담 증가
- **스마트 시티**: 효율적 도시 관리와 삶의 질 향상 vs 개인정보 침해와 사회 격차 심화
- **유전자 수정**: 질병 치료와 농업 혁신 vs 도덕적 이슈와 미지의 부작용
- **화성 탐사**: 과학 발전과 인류의 새로운 가능성 vs 경제적 부담과 지구 내

문제 미해결

- **성장주의**: 경제 발전과 삶의 질 향상 vs 환경 파괴와 지속가능한 미래 불확실

- **무인기 기술**: 효율적인 물류와 군사력 vs 개인정보 침해와 무기 경쟁

- **크립토 화폐**: 금융 혁신과 중앙집권 탈피 vs 시장 변동성과 범죄 악용 가능성

- **강의평가**: 교육 질 향상과 학생의 목소리 vs 교수의 권한 침해와 평가의 편향성

- **세계화**: 경제 성장과 문화 교류 증진 vs 불평등 심화와 지역 문화 소실

- **멀티태스킹**: 생산성 향상과 시간 활용 극대화 vs 집중력 저하와 스트레스 증가

- **텔레워킹**: 편리함과 생산성 증가 vs 사회적 고립감과 업무 감시 어려움

Revise & Edit, 교정 & 교열 질문: 더 나은 글쓰기를 위한 맞춤형 개인 코칭

필자는 다양한 현장에서 25년간 아이들과 성인 글쓰기를 지도해왔다. 아이들과 성인들을 상대로 글쓰기 지도를 할 때, 대상에 따라 지도의 기준과 강조 포인트는 달라진다.

먼저 아이들의 글쓰기 지도에서 가장 중요한 것은 지속(continue)하게 하는 일이다. 한 걸음 더 나아가 집요하게 지속하는(persist) 태도가 중요하다. 글쓰기는 단순한 문장 만들기가 아닌, 생각의 훈련과정이다. 따라서 책상 위에서의 사고력 훈련만이 아니라 인생을 살아갈 수 있는 사고역량의 기본기를 훈련하는 시간이어야 한다. 이때 조급하게 '이쁜' 글을 쓰기 위해 노력한다면 결과물로서의 잘 쓴 글은 얻을 수 있겠지만 글쓰기가 주는 기대와 기쁨, 사고역량 강화는 함께 취하지 못할 가능성이 많다.

어린 시절 글쓰기는 축적(amass)되는 과정이어야 한다. 이것이 전제되었을 때 천천히 성장(build-up)해간다. 아이들에게만 해당되는

것은 아니다. 일상에서 글쓰기를 하지 않던 비기너로서의 성인에게
도 마찬가지다. 다만, 성인의 경우 아이들에 비해 이 시기를 짧게 진
행한 후 다음 단계로 넘어갈 수 있다.

반면 성인의 글쓰기는 아이들과 다르게 진행된다. 전제는, 어느 정
도의 일상 글쓰기를 실행해온 성인의 경우다. 이때 중요한 것은 edit,
교정과 교열 과정이다.

이제는 글을 쓰는 것 자체보다 쓴 글을 수정(amend)하고 보완(sup-
plementation)하는 데 집중한다. 글의 질, 생각의 질을 높여가는 과정
이다. 이전의 축적된 글을 전제로, 결과를 보여주는 글쓰기를 위해
수정과 보완을 통한 질적 강화 과정은 매우 중요하다. 그런데 일상에
서 쓴 글을 수정, 보완하는 첨삭 과정을 경험한 이들은 많지 않다. 첨
삭 이전에 글 쓰는 문화가 자리 잡지 않았기에 글쓰기의 고도화 과정
으로서의 수정, 보완, 교열하는 시스템이 부재한 상태다. 그러다 보
니 글쓰기를 훈련하려는 이들은 글을 보완하기 위해 많은 비용을 지
불해야 한다. 비용으로 인한 교육 격차가 발생되는 지점이 글쓰기 현
장에서도 일어난다.

그런데 챗GPT와 Bard의 등장으로 이러한 문제가 단숨에 해결되
었다고 해도 과언이 아니다. 언어형 인공지능인 챗GPT와 Bard는 질
문 요청에 대하여 텍스트를 생성해줄 뿐 아니라 제시한 문장에 대한
교정, 교열도 진행해준다. 그 수준도 상당하다. 결코 낮다고 할 수 없
는 결과물을 생성해준다. 글의 문법, 내용 수정에 탁월하다. 어조도
원하는 스타일로 교정해준다. 문법적 보완은 말할 것도 없다.

글쓰기 교사가 아닌 인공지능에게 글을 교정받는 시대가 이렇게 갑자기 시작되리라고는 생각지도 못했다. 주어진 기회를 누리는 것도 지혜다. 주어진 사례를 통해 케이스 스터디하며 나에게 어떻게 적용할 수 있는지 생각해보라.

 Case study 1   **챗GPT를 활용한 비난글의 어조 교정**

직원을 선발하는 과정에서 의견 충돌이 있었어. 다른 사람에게 자신의 주장이 옳고 당신의 의견이 틀렸다, 논리적이지 않고 현명하지 않다며 회사 게시판에 올린 비난 글이야. 이 글을 예의 바른 사람이 상대방을 설득하는 어조로 바꿔 조금 길게 수정해줘. 글을 통해 이야기하고자 하는 내용은 같아야 해.

"뭐야 이 사람들은? 내가 제일 옳은데! 이러니까 회사가 망하고 말지. 이런 노답 직원들 때문에 우리 회사는 저조한 실적을 올리고 있어. 이건 논리적이지 않아. 당신들 의견은 나와 다르고 틀렸어. 그러니까 내가 올바른 선택을 하겠어. 내 말에 항의하는 사람들은 그냥 울며 겨자 먹기라고 생각해."

제가 이해하기로, 우리는 직원 선발 과정에서 의견 충돌이 있었습니다. 저는 다른 의견을 가진 분들에게 제 생각이 옳다고 생각하는 이유를 상세하게 설명드리고 싶습니다. 이렇게 의견이 다를 때, 논리적인 근거와 예의를 갖추어 대화를 나누면 회사 발전에 도움이 될 것이라고 생각합니다.

회사 실적이 저조한 것에는 다양한 이유가 있겠지만, 저는 직원 선발 과정에서 최선의 선택을 하려고 노력했습니다. 이런 상황에서, 제 의견이 다른 분들 의견과 다르다고 해서 꼭 틀린 것은 아니라고 생각합니다. 저는 여러분께 좀 더 명확한 근거와 이유를 제시하여 제 의견이 올바르다고 설득하고자 합니다.

제 의견에 동의하지 않는 분들께는 존중과 이해를 표현하며, 이에 대해 더 나은 대안이나 제안이 있다면 함께 논의하고자 합니다. 그렇게 함으로써, 우리 모두가 회사 발전을 위해 협력하고 서로를 이해할 수 있는 긍정적인 분위기를 조성할 수 있을 것이라고 믿습니다.

 Case study 2 **독서, 생활 감상문의 수정, 윤문 & 글의 수준 지정**

아래 글은 어떤 사람이 쓴 <걸리버 여행기> 감상문이야. 띄어쓰기, 맞춤법 등 틀린 곳이 많아. 수정해주고 내용도 말이 되도록 보완해줘. 이 글을 30대 엘리트 작가가 쓴 감상문처럼 작성해줘. 아래 언급한 내용들을 반영해야 해.

"내가 읽은 걸리버 여행끼 책은 참 재미난이야기였어.걸리버가이상한나라들을 여행하면서 겪는 일들은 상상할 수도 없었. 하나같이 이상하고 유머스한 장면들이 많았지. 그리고 걸리버가 다양한 문화와 가치관을 가진 사람들을 만나는과정에서, 서로 배우고 이해해가는 과정을 통해 성장하는 모습도 인상 깊었어.

그 중에서도 걸리버가 브로브딩강에서 살아있는 사람들을 만나는 장면은 참 인상적이었어. 거기서 걸리버는 다른 문화와 가치곤을 가진 사람들과 어울려가면서 서로 이해하고 배우는 과정에서, 성자하게 되는 거지.

이 책을 읽으면서 세상에는 내가 모르는 것들이 참 많다는 걸 깨닫게 되어어. 그리고 이 책에서 담겨있는 교훈들을 통해, 나의 세관을 넓힐 수 있는 계기가 되었어. 그래서 이 책은 참조은 책이라고 생각게."

조너선 스위프트의 <걸리버 여행기>는 제가 읽은 가장 재미있고 생각을 자극하는 책 중 하나입니다. 걸리버가 이상한 나라들을 여행하면서 겪는 일들은 상상할 수 없을 정도로 이상하고 유머러스합니다. 그리고 걸리버가 다양한 문화와 가치관을 가진 사람들을 만나 서로 배우고 이해하는 과정을 통해 성장하는 모습도 인상적입니다.

특히 걸리버가 소인국 릴리펏 왕국에 가서 그의 거대한 크기에 비해 작은 사람들과 상호 작용하는 장면은 매우 기억에 남습니다. 걸리버는 처음에는 자신의 크기 때문에 위협이 되지만 결국 리틀 리딩 사람들의 친구가 됩니다. 그는 또한 그들의 문화와 가치관에 대해 많은 것을 배우고 그들의 방식으로 삶을 보는 방법을 배웁니다.

<걸리버 여행기>는 우리의 편견과 고정관념에 도전하고 다른 사람들을 있는 그대로 받아들일 수 있는 소중한 교훈을 가르쳐줍니다. 또한 우리에겐 항상 배우고 성장할 수 있는 잠재력이 있다는 것을 상기시켜줍니다. 걸리버 여행기는 모든 사람이 꼭 읽어야 할 책이라고 생각합니다.

아래 글은 미래에 일자리를 잃을지도 모르는 사람이 이러한 상황에 대한 자신의 생각을 표현한 글인데 조금 더 논리적으로, 17세 청소년이 이해할 수 있는 수준의 글로 수정, 보완해줘.

발전이 계속되면서 많은 일자리가 사라지고 있지만, 이것은 그동안 인류가 겪어온 모든 산업혁명에서 늘 그랬듯이 일시적인 것이며, 장기적으로는 더 나은 일자리와 더 높은 수준의 삶을 만들어줄 것입니다. 그러므로 일자리를 잃을지도 모르는 사람들은 기술 발전에 대한 우려를 갖기보다는 적극적으로 새로운 기술과 미래 산업 분야에 대한 학습과 발전에 주력해야 합니다."

네, 여기 글을 수정하고 보완한 버전이 있습니다.

기술 발전으로 인해 많은 일자리가 사라질 수 있습니다. 기술이 새로운 방식으로 일을 수행할 수 있게 되면서 기존 일자리가 자동화되거나 사라질 수 있기 때문입니다. 그러나 이것은 인류가 겪어온 모든 산업혁명에서 일어났던 일이며, 결국 새로운 일자리와 더 높은 수준의 삶으로 이어졌습니다. 예를 들어, 19세기 산업혁명으로 많은 일자리가 사라졌지만, 또한 새로운 일자리와 더 높은 수준의 삶이 창출되었습니다. 새로운 기계와 기술을 개발하고 사용하는 데에는 새로운 일자리가 필요했고, 그로 인해 사람들이 더 많은 돈을 벌고 더 나은 삶을 살 수 있게 되었습니다.

오늘날 우리는 또 다른 산업혁명, 즉 4차 산업혁명을 겪고 있습니다. 4차 산업혁명은 인공지능, 로봇 공학, 사물 인터넷 같은 새로운 기술의 발전으로 특징지어집니다. 이러한 새로운 기술로 많은 일자리가 사라질 수 있지만, 또한 새로운 일자리와 더 높은 수준의 삶을 창출할 수 있습니다.

일자리를 잃을지 모른다는 사실에 겁먹을 필요는 없습니다. 새로운 기술과 미래 산업 분야에 대한 학습과 발전에 주력하면 미래에 성공할 수 있습니다. 새로운 기술에 대해 배우고 새로운 기술을 사용하여 새로운 일자리를 창출할 수 있습니다. 또한 새로운 기술을 사용하여 기존 일자리를 개선할 수 있습니다.

기술 발전은 두려워할 것이 아니라 활용해야 할 것입니다. 기술 발전을 통해 더 나은 삶을 만들 수 있습니다. 그러니 기술 발전에 대한 두려움을 버리고 새로운 기술과 미래 산업 분야에 대한 학습과 발전에 주력하십시오.

 Case study 3 　　　　　　　　　　　　　　**문법, 구두점 오류 수정**

구두점을 수정하는 등의 문법 수정, 어법에 맞는 문장 보완도 가능하다.

아래 글은 <걸리버 여행기> 감상문의 일부인데 구두점을 문법에 맞지 않게 사용했어. 수정해줘.

"제가 최근에 읽은 <걸리버 여행기>는 매우 흥미진진한 이야기였습니다. 걸리버가 탐험하는 독특한 세계들에서 겪는 일들은 상상조차 할 수 없는, 놀라운 모험이었습니다. 이야기 속에 등장하는 이상한 나라들은, 유머러스한 장면들로 가득 차 있었고, 그 과정에서 걸리버가 다양한 문화와 가치관을 가진 사람들을 만나며, 서로 배우고 이해해가는 모습은 인상 깊었습니다."

제가 최근에 읽은 <걸리버 여행기>는 매우 흥미진진한 이야기였습니다. 걸리버가 탐험하는 독특한 세계들에서 겪는 일들은 상상조차 할 수 없는 놀라운 모험이었습니다. 이야기 속에 등장하는 이상한 나라들은 유머러스한 장면들로 가득 차 있었고, 그 과정에서 걸리버가 다양한 문화와 가치관을 가진 사람들을 만나며 서로 배우고 이해해가는 모습은 인상 깊었습니다.

1

무엇보다 챗GPT와 Bard가 뛰어난 것은 제공하는 글의 교정과 교열 능력도 탁월하지만, 수정하고 윤문한 부분에 대한 분명한 이유 설명도 가능하다는 것이다. 작문 교사들 가운데 글은 첨삭해주지만 해설까지 곁들여 해줄 수 있는 역량을 갖춘 이들은 많지 않다.

> "인간에게 '감'이 있다는 말을 사용한다. 어떤 일을 해내는 감각이라고나 할까? 사람들마다 자신이 감이 있다고 하는데 감이라고 하는 것은 실력과는 다른 것 같다. 감을 갖고 말하는 것들 중 많은 것이 틀린 걸 목격했다. 그리고 궁금한 것은 감을 갖는다는 것은 교육을 통해 할 수 있는 일인가?"
>
> 위의 문장을 수정 보완해줘.
> 그리고 수정 보완한 이유를 수정 문장별로 설명해줘. 이유 앞쪽에 수정 이유를 핵심 키워드로 표현해주고 괄호 안에 표시해줘. 예를 들어 (설명 추가), (키워드 수정), (예시 추가), (반론 추가) 등으로.

> "인간에게 '감'이 있다는 말이 있다. 이것은 어떤 일을 해내는 감각을 의미하는 것일까? 사람들은 자신이 감을 가지고 있다고 말하지만, 이는 실력과는 차이가 있는 것 같다. 감을 가지고 말하는 경우에도 많은 것이 잘못되어 있다는 것을 목격했다. 또한, 감을 갖는다는 것은 교육을 통해 배울 수 있는 것인지 궁금하다."

1. (표현 수정) "인간에게 '감'이 있다는 말을 사용한다." → "인간에게 '감'이 있다는 말이 있다."
   - 말을 사용한다는 표현보다 말이 있다는 표현이 더 자연스러워 수정했습니다.
2. (표현 수정) "어떤 일을 해내는 감각이라고나 할까?" → "이것은 어떤 일을 해내는 감각을 의미하는 것일까?"
   - 질문의 뜻을 명확하게 전달하기 위해 표현을 수정했습니다.
3. (표현 수정) "감을 갖고 말하는 것들 중 많은 것이 틀린 걸 목격했다." → "감을 가지고 말하는 경우에도 많은 것이 잘못되어 있다는 것을 목격했다."
   - 문장 의미를 명확하게 전달하기 위해 표현을 수정했습니다.
4. (표현 수정) "감을 갖는다는 것은 교육을 통해 할 수 있는 일인가?" → "또한, 감을 갖는다는 것은 교육을 통해 배울 수 있는 것인지 궁금하다."
   - 문장 의미를 명확하게 전달하기 위해 표현을 수정했습니다.

수준 높은 독서지도사, 논술지도사, 글쓰기 지도사와 24시간 동행하며 학습지도, 코칭 받을 수 있는 기회를 챗GPT와 Bard가 제공해준다. 다시 강조하지만, 이는 전에 없던 기회다. 우리는 인류 역사상 최초로 일어난 일의 첫 번째 수혜자 그룹에 속해, 이전에 없던 자기계발 과정에 참여할 수 있게 되었다.

챗GPT와 Bard를 자기계발 글쓰기의 자가 평가시스템으로 활용해보라. 부모가 자녀의 글쓰기를 지도하는 도구로 사용할 수도 있다. 또한 교사가 학생의 글쓰기를 지도하는 데 이보다 좋은 수단, 훌륭한 도구는 어디에도 없다. 회사 업무와 관련된 글쓰기, 평가에도 적합하다.

텍스트로 표현된 모든 형태의 글에 대한 수정, 보완, 교정 및 교열 작업을 챗GPT와 Bard에 맡겨보라. 그 과정을 잘 활용한다면 생각은 정교해지고 말과 글의 표현력은 향상되어갈 것이다. 자신이 속한 분야, 담당하는 업무가 무엇이든 간에 이러한 진보는 자신의 자리에서 새로운 도약의 기회를 마주하도록 성장과 발전으로 이어져갈 것이다.

Complete the sentence, 문장 완성 질문: 여백을 채우다!

챗GPT와 Bard에 문장 완성(Complete the sentence) 질문을 던져보라. 맥락을 파악하고 유지해가며 완성도 높은 문장을 생성해준다. 가장 초보적인 문장 완성 질문은 3행시, 4행시 짓기와 같은 방식의 글쓰기다.

 Case study 1   **4행시 문장 완성하기**

챗GPT에 '인공지능으로 4행시를 지어줘'라는 질문을 던져보았다.

인 - 인간과 함께하는 미래,
공 - 공존하는 행복을 향해,
지 - 지혜롭게 나아가는 길,
능 - 능력을 발휘하며 나란히.

짧은 문구 가운데 인공지능 시대에 인간이 추구해갈 방향성, 바람을 잘 담아놓은 듯하다.

Case study 2   **한 줄 문장 완성하기**

한 줄의 짧은 제시글이지만 질문 수준에 따라 답이 달라진다. 질문에 원하는 답변 생성을 위한 모든 조건이 포함되어 있어야 한다. 단 하나의 조건, 어휘 하나에 따라 답변으로서의 결과는 눈에 띄게 달라진다. 챗GPT에 질문을 던져보았다.

- 운 떼우기 문장: "건강을 유지하는 최고의 방법은…?"
- 문장 완성 조건: '허리 디스크로 고생하는 환자'로 설정
- 문장 결과: 의사의 조언

아래 문장을 완성해줘. 의사가 허리 디스크로 고생하는 환자에게 하는 조언으로 완성해줘.

"건강을 유지하는 최고의 방법은…?"

건강을 유지하는 최고의 방법은 꾸준한 운동, 올바른 자세, 체중 관리와 스트레칭을 통해 근육을 강화하고 허리 부담을 줄이는 것입니다.

같은 질문을 Bard에 던져보았더니 아래와 같은 답을 생성해주었다.

건강을 유지하는 가장 좋은 방법은 규칙적으로 운동하고, 건강한 식단을 섭취하고, 충분한 수면을 취하는 것입니다. 또한 스트레스를 피하고 긍정적인 태도를 유지하는 것이 중요합니다. 허리 디스크가 있는 경우 통증을 악화시키는 활동을 피하고 적절한 자세를 유지하는 것이 중요합니다. 또한 진통제 및 소염제를 복용하고 물리 치료를 받을 수 있습니다.

※ 조건으로 '1200자 분량으로' 또는 '2400자 분량으로' 등 분량을 요구해보라. 요청만 하면 챗GPT와 Bard는 요구조건에 걸맞은 답변을 생성하며 글을 완성한다.

Case study 3　　　　　　　　　　　　　　　　**복합 문장 완성하기**

네 줄로 각각 다른 운을 띄워 문장 완성하기를 해보았다.

글의 조건으로는 '논리적 맥락이 있는 글'을 요청했고, 제목을 〈고난 끝 행복 시작〉이라 제시함으로써 글의 주제, 방향성을 설정해주었다. 단, 첫 번째 예시에서는 질문자 직업을 '사업가'로, 두 번째 예시에서는 '요리사'로 설정했다. 챗GPT는 정확하게 글의 주제를 질문자의 직업과 연관지어 문장을 깔끔하게 완성해주었다.

나는 돈이 없지만…
그래도 돈이 없기 때문에…

사람들은 나를…

그 모든 과정을 지나…

위 이야기를 논리적 맥락이 있는 글로 완성시켜줘. 나는 사업가이고 이 글의
제목은 "고난 끝 행복 시작"이야.

제목: 고난 끝 행복 시작

나는 돈이 없지만, 그래도 인생의 가치를 알아가며 살아가는 법을 배웠다.
돈이 없기 때문에, 나는 생활의 단순함을 통해 진정한 행복을 찾아내는 능력
을 길렀다. 사람들은 나를 보고 처음에는 돈이 없다는 이유로 동정하거나 경
멸했지만, 그들은 점차 내가 겪은 고난을 통해 성장한 사업가로서의 내 능력
을 인정하기 시작했다.

그 모든 과정을 지나, 나는 결국 자신만의 사업 철학을 구축하며 성공 기회를
얻게 되었다. 나의 사업 철학은 인간의 기본적 가치를 존중하고 소비자 요구
에 진심으로 귀 기울이며 선의의 경쟁을 통해 업계를 발전시키는 것이었다.
돈이 없던 시절의 경험 덕분에 나는 사업을 진행하며 항상 겸손한 태도와 배
려심을 잃지 않았다. 이러한 태도가 곧 사업 기반이 되어, 나는 동료들과 협
력하며 놀라운 성과를 이루어냈다.

결국 나의 사업은 큰 성공을 거두게 되었고, 그 성공은 과거의 고난을 이겨
내고 행복을 찾아가는 과정에서 얻은 지혜와 인내가 빚어낸 결과물임을 깨
달았다. 나는 이제 고난의 끝에서 행복의 시작을 경험하고 있으며, 이를 통
해 더 큰 꿈을 향해 나아가려 한다.

같은 내용으로 운을 띄우고 글 쓰는 사람만 사업가에서 요리사로

바꿔 문장 완성을 요구해보았다.

나는 돈이 없지만…
그래도 돈이 없기 때문에…
사람들은 나를…
그 모든 과정을 지나…

위 이야기를 논리적 맥락이 있는 글로 완성시켜줘. 나는 요리사이고 이 글의
제목은 "고난 끝 행복 시작"이야.

나는 돈이 없지만, 그래도 돈이 없기 때문에 내가 더 열심히 살게 되었
다. 사람들은 나를 처음에는 불행한 사람으로 여겼지만, 그 모든 과정을 지나
고 나니 결국 나는 운명적인 만남을 통해 나의 인생을 바꾸게 되었다.

제목: 고난 끝 행복 시작
인생 여정에서 돈이 없는 것은 많은 고난과 어려움을 겪게 만드는 한 가지 이
유다. 그러나 돈이 없음에도 불구하고, 이것이 나의 인생에 주는 독특한 도전
과 기회를 이해하고 받아들이는 것이 중요하다. 나는 요리사로서 이러한 도
전을 극복하며 인생의 새로운 행복을 찾게 되었다.
나는 돈이 없기 때문에 더 열심히 일하고, 요리에 대한 기술과 지식을 끊임
없이 연마해야 했다. 이 과정에서 사람들은 나를 불행하게 여겼다. 그러나
내가 겪은 고난이 결국 나를 더 강인하게 만들었으며, 이를 통해 나의 열정
을 더욱 발휘할 수 있었다.
그 모든 과정을 지나, 나는 운명적인 만남을 경험하게 된다. 나의 요리 실력

이 인정받아 유명한 레스토랑에서 일하게 된 것이다. 이를 통해 나는 다양한 사람들과 협력하며 인생에서 새로운 행복을 찾게 되었다. 나는 그 누구보다도 열심히 일하는 요리사가 되었고, 이러한 노력이 결국 나의 인생을 더 행복하게 만들었다.

결국, 돈이 없는 것이 나를 불행하게 만들기보다는 오히려 그 고난을 극복하며 성장하고 발전하는 계기가 되었다. 나는 이러한 경험을 통해 어려움을 이겨내고 인생에서 새로운 행복을 찾을 수 있었다. 이것이 바로 '고난 끝 행복 시작'의 진정한 의미다.

차이를 결정짓는 도구력

인간이 다른 동물보다 우위를 차지하는 것은 도구를 사용하기 때문이다. 도구는 사고의 결과물이다. 동물도 사고하고 도구를 사용하지만 그것은 본능적, 생존적 차원의 사고와 도구 활용으로 인간과는 다르다. 인간의 도구 활용 역사는 확실히 진화되어왔고, 사실 도구의 역사가 곧 문명의 역사다.

도구는 한계를 뛰어넘게 한다. 손의 한계를 삽이, 삽의 한계를 포클레인이 뛰어넘는다. 그리고 챗GPT와 Bard는 인간으로 하여금 생각의 한계를 넘어서게 한다. 생각이 평범한 사람도 챗GPT와 Bard를 도구로 활용하면 차원이 다른 생각의 세계를 경험할 수 있다.

문장을 완성해준다는 것은 생각을 대신해준다는 것과 마찬가지다. 이 과정을, 그 결과를 주의 깊게 살펴보라. 자신의 생각을 훈련하는 중요한 순간이 될 수 있다.

수많은 사람들이 챗GPT와 Bard의 이용자로만 남을 테지만, 〈챗GPT와 Bard 질문법〉 독자들은 이용자 너머 활용자가 되기를 바란다. 챗GPT와 Bard가 보여주는 생각의 경로, 그 과정을 보고, 생각하며, 배워가는 과정을 디자인하길 바란다. 챗GPT와 Bard 능력을 이용만 하는 것이 아니라 자신의 능력으로 체화시키는 훈련 과정을 병행하는 것이 〈챗GPT와 Bard 질문법〉의 참된 목표 중 하나다.

챗GPT와 Bard 문장 완성 기능을 마음껏 활용해보라. 다양한 형식의 글을 요청할 수 있다.

연애편지, 사업 제안서, 기도문, 감상문, 여행기, 제품설명, 행동 묘사, 모양 묘사, 요리 레시피, 동화, 시 등 다양한 형태의 글 생성을 요청할 수 있다.

- **연애편지**: "우리 처음 만났던 그날을 기억하니, 바람이 부드럽게⋯."
- **기도문**: "하나님, 이 어려운 시간을 건너가며 저희에게 힘이 되어주시고⋯."
- **요리 레시피**: "이 간단한 요리법을 따라 하면, 집에서도 쉽게 맛있는 음식을 만들 수 있는데⋯."
- **동화**: "옛날 어느 마을에 사랑스러운 동물 친구들이 살았는데, 그들의 모험은 바로⋯."

- **시**: "달빛 아래 서린 그림자처럼, 나의 마음은 슬픔에 잠기고⋯."

Create & Predict
창작과 예측 질문

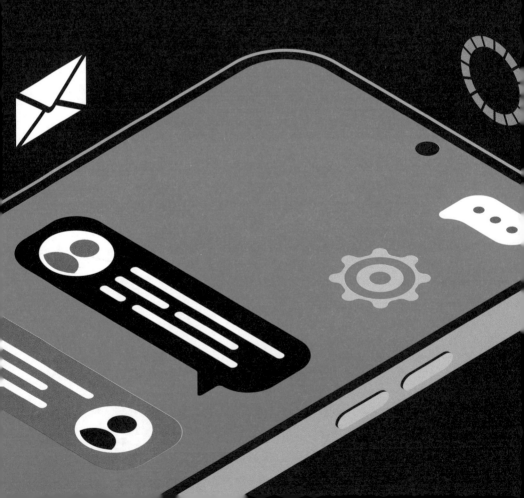

Create, 창작 질문:
공백을 채우다

창작(Create) 질문은 챗GPT와 Bard가 대규모 언어 처리 모델(LLM)에 기반한 생성형 인공지능임을 체감할 수 있는 질문 유형이다. 복잡한 구성 없이, 짧은 문장 하나로 챗GPT와 Bard에게 창작을 요청할 수 있다.

 Case study 1　　　　　　　　　　　　　　　　**시 창작 질문 만들기**

시 창작이야말로 가장 쉽게, 완성도 있는 결과물을 얻을 수 있는 질문이다.

어벤저스를 주제로 한 시 생성을 챗GPT에 요청해보았다.

 어벤저스 주인공들로 '배움의 기쁨'을 주제로 한 시를 써줘.

배움의 기쁨을 찾아 떠난 어벤저스 용사들,
지식의 세계에서 각자의 빛을 찾아 나섰네.

아이언맨, 기술의 전령사 되어,
무한한 발명을 향해 힘차게 날아갔네.

토르, 번개와 같은 진실의 힘으로,
배움의 천둥을 울려 알림을 전하니.

헐크, 내면의 지혜를 찾아 깨달음을 얻어,
그 힘이 찬란한 빛으로 번져갔네.

블랙위도, 은밀한 정보의 세계를 누비며,
지식의 그림자를 밝혀 새로운 길을 열었네.

캡틴 아메리카, 정의와 도덕을 지키기 위해,
배움의 방패로 스스로를 무장하였네.

호크아이, 정확한 목표를 향한 학문의 화살,
영원한 지혜를 찾아 끝없이 추적하리.

닥터 스트레인지, 시간을 거슬러 무한한 배움으로,
미래의 희망을 향해 강력한 마법을 휘두르네.

비전, 인공지능의 빛나는 영역에서,
인간과 기계의 경계를 뛰어넘는 지식을 찾았네.

어벤저스, 배움의 기쁨을 전하는 영웅들,
그들의 빛은 영원히 우리들의 길을 밝히리.

주제와 전혀 상관없어 보이는 글감을 주었음에도 챗GPT가 생성한 창작 시는 결코 가볍지 않다. 시적 운율도 잘 살렸다. 주인공 특징을 파악하여 짧은 문장 속에 배움과 연결짓는 글의 맥락도 매우 자연스럽다. 우문현답(愚問賢答)이라는 말이 어울리기까지 한 챗GPT의 시 창작까지의 시간은 20초가 채 걸리지 않았다. Bard를 이용하면 더 빠른 답변을 제공해준다. 챗GPT와 Bard에 같은 질문을 던지고 비교하며 살펴보라. 인공지능을 통해 인간의 창의와 창작의 세계가 더 풍요로워지고 확장되어감을 느끼게 될 것이다.

 Case study 2   **드라마 창작 질문 만들기**

창작 질문은 시를 포함하여 모든 형식이 텍스트로 생성 가능하다. 챗GPT와 Bard는 검색 결과를 안내해주는 차원이 아닌, 그것들을 활용하여 글을 생성해주는 언어형 인공지능이다. '생성하다'를 의미하는 단어 'Generate'는 창조와 창작(Create)의 의미를 내포하고 있다. 그런 의미에서 챗GPT와 Bard 질문법의 모든 질문 유형, 프롬프트 명령어는 창작을 전제한 생성(Generate) 요청 질문이다. 동시에 모든 유형의 질문 방법은 챗GPT와 Bard가 창작한 결과물에 디테일을 더하는 기술적 접근에 속한다. 전 장에서 소개한 문장 완성 질문과의 관계도 마찬가지다.

창작 질문과 문장 완성 질문의 차이는 질문의 부제목을 통해 살펴볼 수 있다. 창작 질문이 '공백(空白)을 채우기 위한 질문'이라면 문장 완성 질문은 '여백(餘白)을 채워가는 질문'이다. 창작 질문이 선발 투수라면 문장 완성 질문은 마무리 투수다. 챗GPT와 Bard에게 창작의 전 과정을 맡기는 형태의 질문을 통해서도 완성도 있는 결과물을 얻을 수 있지만, 문장 완성 질문을 통해 정교화 질문, 자료기반, 증거기반의 질문기법을 더한다면 더욱 완성도 높은 진정한 의미의 창작 결과물을 얻을 수 있다. 창작 질문으로 시작할지라도 글의 짜임새와 완성도를 결정짓는 건 문장 완성 질문, 정교화 과정을 통해서 이루어짐을 기억해야 한다.

예를 들어보자. 이순신 장군이 노량해전에서 왜구의 총탄을 맞는 순간을 모티브로 한 20회분 드라마 창작을 요청하는 질문을 던져보았다. 답변의 질을 강화하기 위해 몇 가지 전제를 설정한 후 챗GPT에 결과물 생성을 요구했다.

구성 - 미국 드라마 <프리즌 브레이크>처럼 짜임새 있는 구성
종류 - 판타지 드라마
시대 - 임진왜란과 현대를 오가는 역사 판타지
분량 - 20회차 구성에 회차별 3줄 시놉시스
설정 - 이순신 장군이 총탄에 맞는 순간 하늘이 열리며 2023년 대한민국으로 이동한다.

기억해줘. 아래 이야기는 20회차 드라마로 만들 거야.

"이순신 장군은 1598년 11월 19일 노량해전에서 총탄에 맞고 쓰러진다. 역사에서는 전사하지만 갑자기 하늘에 공간이 열리면서 총에 맞아 죽어가던 이순신 장군이 2023년 대한민국 땅에 떨어진다." 이 상황으로부터 20회차 드라마 시놉시스를 만들어줘. 미국 드라마 <프리즌 브레이크> 구성처럼 짜임새 있게 만들어줘. 시놉시스 분량은 3줄 정도로 짧게 작성해줘.

1회: 이순신 장군이 2023년 대한민국에 도착해 현대 사회에 당황해한다. 우연히 만난 현대인 친구들을 통해 적응을 시작한다.

2회: 이순신 장군이 현대인 친구들과 함께 역사적 비밀을 찾는 여정을 시작한다. 첫 단서를 찾아 범죄조직의 주목을 받게 된다.

3회: 범죄조직과의 첫 대결에서 이순신 장군의 뛰어난 전술과 팀워크로 승리하며, 또 다른 단서를 획득한다.

4회: 시간을 되돌리는 데 필요한 유물을 찾기 위해 이순신 장군과 친구들이 한 고고학자의 도움을 구한다.

5회: 유물을 찾기 위해 옛날 지도를 해독하며, 범죄조직과의 추격전을 벌인다.

6회: 유물을 찾은 이순신 장군과 친구들이 범죄조직의 과거와의 관련성을 발견한다.

7회: 이순신 장군이 현대 사회에서의 리더십과 전술로 범죄조직과의 전투에서 큰 승리를 거둔다.

8회: 이순신 장군과 친구들이 범죄조직이 은폐한 시간여행 기술을 발견하고, 시간을 되돌리기 위한 준비를 시작한다.

9회: 범죄조직의 고위층이 이순신 장군과 일행이 함께 과거로 돌아가려는 계획을 알게 되어, 이순신 장군과 친구들을 추격한다.

10회: 시간여행의 위험성을 알게 된 이순신 장군과 친구들이 고심하다,

범죄조직이 시간여행 기술을 이용해 세상을 지배하려 한다는 사실을 알게 된다.

11회: 범죄조직의 진실을 드러내기 위해 이순신 장군과 친구들이 국가 기관에 도움을 청한다.

12회: 이순신 장군과 친구들, 국가 기관의 협력으로 범죄조직의 시간여행 계획을 저지한다.

13회: 이순신 장군과 친구들이 범죄조직의 내부 정보를 입수하기 위해 침투 작전을 계획하고 실행한다.

14회: 침투 작전 중, 범죄조직 실체와 그들의 이면을 드러낸다. 이순신 장군은 과거의 의미 있는 인연을 발견한다.

15회: 이순신 장군과 친구들이 범죄조직 세력을 분열시키며, 시간여행 기술의 악용을 막기 위한 작전을 진행한다.

16회: 이순신 장군이 범죄조직 리더와 대결하며, 그가 과거의 적이라는 사실을 알게 된다.

17회: 이순신 장군과 친구들이 범죄조직 리더를 검거하고 시간여행 기술을 확보한다.

18회: 시간여행을 준비하던 중, 이순신 장군과 친구들이 과거와 현재를 오가는 여행의 위험성을 알게 되어 고심한다.

19회: 이순신 장군이 과거로 돌아가기 위한 결정을 내리며 현대인 친구들과의 이별을 준비한다.

20회: 이순신 장군이 시간여행을 통해 과거로 돌아가지만, 현대에서의 모험과 인연 덕분에 더 큰 용기와 지혜로 노량해전에서 승리를 거두며 자신의 운명을 완성한다.

전체 20회로 짧은 회차별 시놉시스지만 무난한 전개과정을 제시해주고 있다. 챗GPT가 생성해준 20회 분량 창작 시놉시스 중 1회차 창작을 요청했다. 다른 전제를 질문에 포함시키지는 않았다. 문체만 대중소설처럼 작성해줄 것을 요청했다.

1회차 내용을 대중소설 문체로 작성해줘.

1화: 시간을 건너온 영웅

1598년 11월 19일, 노량해전 한가운데서 전선을 이끄는 이순신 장군이 적의 총탄에 맞아 쓰러진다. 숨이 멎을 듯한 순간, 갑작스레 하늘이 찢어지며 놀라운 공간이 열린다. 이순신 장군은 그 공간을 통과해 2023년 대한민국 땅에 떨어진다.

그의 몸은 다행히 서울대분당병원 뜰에 떨어진다. 병원 의사들과 간호사들은 이순신 장군 등장에 놀라지만, 그의 상태가 위급해 보이자 일단 치료를 시작한다. 이순신 장군은 의식이 없는 상태로, 그가 과거의 영웅임을 모르는 의료진들의 도움을 받아 숨을 붙잡는다.

이순신 장군은 의식을 차츰 회복하며 자신이 어떤 상황에 놓여 있는지 알게 된다. 그의 눈앞에 펼쳐진 건 그가 알던 세상과는 전혀 다른 모습의 현대 대한민국이다. 이순신 장군은 현대 사회의 복잡함에 당황하지만, 그를 둘러싼 의료진들과 환자들의 도움을 받아 조금씩 적응해간다.

한편, 이순신 장군이 자신이 과거의 영웅임을 주장하자 주변 사람들은 그를 미쳤다고 생각한다. 의료진들은 그가 정신병을 앓고 있다고 진단하고 이순신 장군에게 정신 치료를 받게 한다. 그러나 이순신 장군은 자신의 정체성에 대한 확신을 잃지 않고, 병원에서 탈출하여 자신의 과거와 역사를 찾아 나선다.

챗GPT와 Bard에게 모든 창작을 맡기기보다 자신이 원하는 내용 전개, 등장인물 간의 관계 설정 등 질문자의 의도가 개입되길 원한다면 문장 완성 질문기법을 활용해보라. 간단한 몇 단어 요청만으로도 이야기 분위기는 완전히 달라진다.

챗GPT와 Bard에게 질문은 창조자의 명령과도 같다. 챗GPT와 Bard에게 단어를 명하면 그 단어를 활용해 이야기를 전개시킨다. 인물을 정하고 상황을 설정하는 것은 이야기를 완성해가는 기본 설정이다. 챗GPT와 Bard의 창작 능력에 질문자 의도를 키워드와 상황으로 설정하면 챗GPT와 Bard는 문장을 생성하여 작품을 완성해간다.

챗GPT와 Bard에게 던지는 창작 질문으로 전에 경험한 적 없는 창작 생성 과정과 결과를 확인해보라. 물론 챗GPT와 Bard를 향한 질문의 남용이 도리어 인간의 창작 능력을 제한할 수도 있을 것이다. 무엇을 하든 남용과 오용을 통한 결과는 있는 법이다. 그러나 〈챗GPT와 Bard 질문법〉 지침을 나의 역량을 강화하는 도구로 활용한다면 챗GPT와 Bard는 정보력뿐만 아니라 사고력, 창의력을 세워가는 도구로 조금도 부족함이 없을 것이다.

창작 질문으로 마음속 아이디어가 이야기로 만들어지는 과정을 지켜보라.

- 미래 사회를 그린 과학 소설 시놉시스를 만들어줘.
- 탐정이 등장하는 미스터리 단편 소설을 써줘.

- 출생의 비밀이 포함된 법정드라마 20회차 시놉시스를 만들어줘.

　　각종 시나리오 창작, 책과 연극 제목 창작뿐 아니라 비즈니스에 적용 가능한 아이디어 창작, 마케팅 캠페인 아이디어 창작 등 모든 영역의 창작을 질문으로 명령하고 결과물을 생성할 수 있다. 그것을 재료로 삼아 자신만의 창작을 이어가라. 창작을 연습하는 과정에서 이보다 좋은 도구, 커리큘럼 디자인이 또 어디 있겠는가.

Brainstorming, 브레인스토밍 질문:
챗GPT와 Bard,
Wisdom Mining Skill

지식은 크게 암묵지와 형식지로 나눌 수 있다. 암묵지는 개인의 경험, 지각을 통해 축적된 지식으로, 말과 글의 형식을 통해 구체적으로 표현하기 어려운 지식이다. 직관, 개인의 가치관과 신념, 습관과 경험을 통한 판단, 창의성과 아이디어 발상, 문화적 이해와 세계관 등이 암묵지에 속한다. 반면 형식지는 체계화된 지식으로, 말과 글로 표현하여 사람들에게 쉽게 공유할 수 있는 지식이다. 언어와 기호, 논리와 수학적 원리, 의학과 경영 등의 도메인 지식, 체계화된 교육과정, 업무 절차와 규정 등이 형식지에 속한다.

배움이란 암묵지와 형식지 간의 균형을 유지하며 진행하는 자기 계발 과정이다. 체계적인 교육과정을 통해, 독서와 강연을 통해 정제된 정보를 공급받는 것은 중요한 배움 과정이다. 동시에 배운 지식을 경험과 실천을 통해 나의 것으로 체화시키는 과정은 배움에 가치를 부여하는 끝없는 여정이다.

챗GPT와 Bard를 시작으로 새로운 차원의 인공지능 시대가 열리며 거의 무한한 지식 저장소가 우리에게 공유되기 시작했다. 언어의 한계, 재정의 한계로 접근할 수 없었던 정보와 지식에 전 세계인이 접근할 수 있게 되었다. 그 어느 때보다 학습 경험의 선택지는 넓어졌다. 헤아릴 수 없는 지식 저장소는 지금도 끊임없는 업데이트 과정을 통해 강화되고 있다. 오늘의 상황은 준비된, 준비하는 이들에게는 기회로 작용할 것임에 분명하다.

챗GPT와 Bard는 오늘에서야 발견된 형식지의 금광이다. 고갈되지 않고 마르지 않는 샘과도 같다. 캐면 캘수록 그 규모는 커져가고 깊이는 더해가는 챗GPT와 Bard라는 정보의 금광에서 정보의 금을 캐내는 일은 이제 우리의 몫으로 남겨졌다.

지난 시간 독서를 강조하고 글쓰기의 중요성을 알리는 일에 몰두해왔다. 가치 있는 일이었고 흐르는 시간 속에 나와 함께하는 이들의 진보도 경험했다. 그러나 배움의 길을 걸어가면 갈수록 그 한계를 절감하게 된다. 벼는 익을수록 고개를 숙인다. 공부는 하면 할수록 겸손해진다기보다 무력감을 느낀다는 표현이 적합하다. 언어의 가소로움이라고나 할까? 언어는 놀라운 도구지만 표현할 수 있는 것보다 표현할 수 없는 것이 더 많음을 깨닫게 된다.

여기서 한 걸음 나아가면 '배움 무용론', '허무주의'가 가까이에 있다. 이러한 상황 속에서도 이 길을 지속하여 걸어올 수 있었던 것은 분명히 한계가 많은, 갈수록 부족함을 느낄 수밖에 없는 노력의 과정임에도 인생은 그 과정을 통해 다듬어져간다는 것을 알기 때문이다. 손에 잡히지 않는 암묵지가 강화되고 삶의 지혜로 체화되는 것은 암묵지를 문자화하고 다양한 언어로 표현하는 과정을 통해서다. 그때 사람들과 공유되고 연결됨을 발견할 수 있다. 그렇게 암묵지의 지혜는 형식지라는 정보의 한계를 통해 이 사회 깊숙이 퍼져가고 내면화되어왔다. 그래서 필요한 것이 암묵지를 다루는 기술이다.

부족을 채우고 결핍을 보강하기 위해서는 암묵지와 형식지의 순환고리를 든든하게 세워야 하는데 그 중심에 질문이 자리하고 있다. 〈챗GPT와 Bard 질문법〉은 형식지의 금광에서 지혜를 캐내는 기술, Wisdom Mining Skill이다. 동시에 〈챗GPT와 Bard 질문법〉은 캐낸 정보를 지식으로 체화시켜 삶의 암묵지가 되게 하는 지혜의 기술이기도 하다.

브레인스토밍(Brainstorming)은 창의적인 아이디어를 발굴하는 과정을 말한다. 문제해결을 위해 집단이나 개인이 자유롭게 의견을 제시하고 공유하는 과정이다. 브레인스토밍의 목적은 다양한 관점과 아이디어를 모아 가능한 최적의 해결책을 찾아내는 데 있다. 브레인스토밍 과정에서는 평가와 비판을 최소화하고 아이디어 양을 늘리는 데 초점을 맞춘다. 그런 의미에서 브레인스토밍은 Mining, 채굴하는 과정이다. 정보를 채굴하고, 지식을 채굴하며, 지혜를 채굴하는 과정이다.

우리는 어려서부터 '생각 좀 해라!'는 말을 듣고 자랐다. 가정에서는 부모님이, 학교에서는 선생님이 우리의 생각을 여러 방면으로 자극했다. 그런데 어느 정도 생각하다 보면 아무리 생각을 하려 해도 생각이 나지 않는 순간을 경험하게 된다. 브레인스토밍을 통해 정보를 채굴(Mining)하는 과정이 필요한 것이 바로 이런 순간이다. 나의 한계를 다른 이들의 브레인스토밍, Mining 과정을 통해 극복하고 보완해갈 수 있기 때문이다. 그래서 브레인스토밍은 혼자만의 사고 과정이기보다 협업하며 함께 생각을 만들어가는 과정으로서의 의미가 크다.

챗GPT, Bard와 함께 브레인스토밍하기

챗GPT와 Bard를 동료삼아 일상의 브레인스토밍을 누려보라. 한 번도 대중에게 열린 적 없는 정보의 금광에서 챗GPT, Bard와 함께 정보를 Mining하며 창조적인 아이디어를 디자인해보라. 혼자 생각하며 브레인스토밍하는 과정도 의미 있지만 챗GPT, Bard와 함께하는 브레인스토밍은 차원이 다른 세계를 경험케 해준다. 챗GPT와 Bard가 제공하는 아이디어는 끝이 없다. 정보의 바다, 정보의 금광에 질문이라는 파이프라인만 연결하면 된다. 진정한 Brain-storming, 뇌의 폭발을 경험하게 될 것이다.

브레인스토밍 질문은 다른 유형의 질문과 마찬가지로 원하는 주제에 대한 아이디어를 요청하면 된다. 단, 아이디어 발굴이 목적이기에 생성되는 아이디어 양이 많으면 많을수록 유익하다. 아이디어를 요청할 때 10개, 20개의 아이디어 제공을 요청하면 된다. 제공받은 아이디어가 마음에 들지 않는다면 몇 번이고 새로운 아이디어를 요청할 수 있다. 모든 유형의 질문에 브레인스토밍 방식을 더하라. 기존 생각에 브레인스토밍한 아이디어들이 연결되며 창의적 아이디어가 샘솟는 경험을 어렵지 않게 하게 될 것이다.

 Case study 1   **브레인스토밍 주제에 대해 브레인스토밍하기**

챗GPT와 Bard에게 먼저 일반 대중들이 관심 가질 만한 브레인스토밍 주제 20가지 생성을 요청해보았다. 챗GPT와 Bard를 잘 활용하는 최선의 방법은 일단 어떤 유형의 질문이든 많이 던져보는 것이다. 양질전환의 법칙은 〈챗GPT와 Bard 질문법〉에서도 유효하다. 증가하는 질문의 양 속에서 어떤 패턴을 발견하게 될 것이다. 〈챗GPT와 Bard 질문법〉도 그런 과정을 통해 만들어져왔다.

자신만의 질문에 대한 감을 찾아가는 것도 과정의 진보 가운데 하나다. 아래의 아이디어들로 시험해보라. 아래 소개한 케이스 스터디를 참조하며 자신만의 관심사, 궁금한 점을 질문으로 만들어 브레인스토밍을 요청해보라.

- 건강한 생활습관 개선을 위한 아이디어 브레인스토밍

- 직장에서 스트레스 관리 방법 브레인스토밍

- 가정에서의 에너지 절약 방법 브레인스토밍

- 효율적인 시간 관리 전략 브레인스토밍

- 가족 간의 소통을 개선하는 아이디어 브레인스토밍

- 가정의 금융 관리를 위한 팁 브레인스토밍

- 아이들을 위한 교육적인 놀이 아이디어 브레인스토밍

- 온라인으로 수익 창출하는 아이디어 브레인스토밍

- 집에서 즐길 수 있는 가족 친화 활동 브레인스토밍

- 실용적인 선물 아이디어 브레인스토밍

- 직장 내 업무 효율성 향상을 위한 전략 브레인스토밍

- 학교에서 학업 성취도를 높이기 위한 방법 브레인스토밍

- 신제품 아이디어 브레인스토밍

- 창의적 글쓰기를 위한 글감 아이디어 브레인스토밍

- 모금 행사에 대한 테마 아이디어 브레인스토밍

- 스타트업에 대한 마케팅 기법 브레인스토밍

- 교실에서 학생 참여를 높이는 전략 브레인스토밍

- 친환경적인 주택 리모델링 아이디어 브레인스토밍

- 다음 여행에 대한 독특한 휴가 목적지 브레인스토밍

 Case study 2 　　　　　 개인 커피숍 마케팅 방법 브레인스토밍

챗GPT에 아래의 질문을 던져보았다.

큰 공원 옆에 커피숍을 차렸어. 주변에는 여러 유명 프랜차이즈 커피 전문점들이 있고 우리 커피숍은 개인 커피숍이야. 사람들에게 우리 가게를 어떻게 알릴까? 무엇으로 승부해야 할까? 개인 숍이기에 사람들이 선입견을 가질 수 있을 텐데, 마케팅에 대한 아이디어 10가지와 개인 커피숍으로 거대 프렌차이즈와 상대할 수 있는 아이디어 10가지만 제시해줘.

마케팅 아이디어 10가지

1. SNS 활용: 인스타그램, 페이스북, 트위터 등의 소셜 미디어를 활용해 가게의 맛있는 커피와 이벤트를 소개하고 공유한다.

2. 로컬 이벤트 참여: 지역 커뮤니티 행사나 이벤트에 참여해 커피를 제공하고 가게를 홍보한다.

3. 무료 시음 쿠폰 제공: 주변 사람들에게 무료 시음 쿠폰을 나눠주어 가게에 초대한다.

4. 스탬프 카드 시스템 도입: 단골손님들에게 혜택을 주는 스탬프 카드를 도입해 고객 유치 및 유지를 도모한다.

5. 테마 메뉴 개발: 계절이나 이벤트에 맞춘 테마 메뉴를 개발하여 소비자들 관심을 끈다.

6. 지역 협력: 다른 지역 소상공인들과 협력해 상호 홍보하고, 지역 특산품을 사용한 커피나 디저트를 선보인다.

7. 예술가와 협업: 예술가들의 작품을 전시하거나 라이브 공연을 열어 커피숍을 찾는 이유를 더한다.

8. 친환경 정책 도입: 친환경적인 제품 사용과 환경 보호 정책을 도입하여 고객들의 호감을 얻는다.

9. 워크숍 개최: 커피 관련 워크숍이나 행사를 개최해 커피 애호가들에게 더 많은 관심을 받는다.

10. 구전 마케팅 강화: 만족한 손님들에게 친구나 가족에게 가게를 소개해달라고 부탁하여 구전 마케팅을 통한 홍보를 진행한다.

개인 커피숍이 프랜차이즈와 경쟁할 수 있는 10가지 아이디어

1. 시그니처 메뉴 개발: 독특한 레시피로 개발한 시그니처 메뉴로 차별화된 맛과 경험을 제공한다.

2. 바리스타 교육 프로그램: 바리스타들의 커피 제조 기술을 꾸준히 향상시켜 프랜차이즈와의 차별점을 두는 데 집중한다.

3. 테이크아웃 전용 메뉴: 테이크아웃 전용 메뉴를 개발하여 편리함을 추구하는 고객들에게 맞춤형 서비스를 제공한다.

4. 고객 참여형 이벤트: 고객들이 직접 참여할 수 있는 이벤트를 기획하여 고객들과의 소통을 강화한다.

5. 높은 품질의 디저트 제공: 커피와 함께 즐길 수 있는 고급스럽고 맛있는 디저트를 선보여 차별화된 경험을 제공한다.

6. 편안한 공간 구축: 고객들이 편안하게 머무를 수 있는 공간을 제공하여 프랜차이즈와 차별화된 경험을 제공한다.

7. 프리미엄 멤버십 프로그램: 단골 고객들을 위한 프리미엄 멤버십 프로그램을 제공하여 고객 유치 및 유지를 도모한다.

8. 커피 교육 프로그램: 커피에 대한 교육 프로그램을 제공하여 고객들의 지식을 높이고, 브랜드 충성도를 높인다.

9. 다양한 음료 메뉴 확장: 차, 주스, 스무디 등 다양한 음료를 메뉴에 추가하여 고객들의 선택 폭을 넓힌다.

10. 콜라보레이션 제품: 다른 브랜드나 아티스트와 협업한 제품을 판매하여 색다른 경험을 제공한다.

Bard에 같은 질문을 던지니 아래와 같은 답변을 제시해주었다.

물론입니다!

다음은 개인 커피숍을 위한 10가지 마케팅 아이디어입니다.

1. 위치를 활용하세요. 공원 옆에 있다는 사실을 활용하고 고객들이 커피를 마시며 휴식을 취할 수 있는 편안한 환경을 조성하십시오.

2. 독특한 커피를 제공하세요. 프랜차이즈에서 찾을 수 없는 독특한 커피를 제공하십시오. 이것은 커피를 맛보기 위해 당신의 가게로 사람들을 끌어들일 것입니다.

3. 고품질의 원두를 사용하십시오. 이것은 커피의 맛에 큰 차이를 만들 것입니다.

4. 숙련된 바리스타를 고용하십시오. 바리스타는 커피를 만드는 데 능숙해야 하며 고객에게 커피에 대한 지식을 공유할 수 있어야 합니다.

5. 매장을 깨끗하게 잘 관리하십시오. 이것은 고객에게 전문적이고 신뢰할 수 있다는 인상을 줄 것입니다.

6. 친절한 고객 서비스를 제공하십시오. 고객은 자신의 필요에 주의를 기울이고 친절하게 대하는 것에 감사할 것입니다.

7. 온라인과 오프라인에서 마케팅하십시오. 소셜 미디어, 웹사이트 및 전통적인 광고를 통해 커피숍을 홍보하십시오.

8. 커피숍을 지역 커뮤니티의 일부로 만드십시오. 지역 행사에 참여하고 지역 기업과 협력하십시오.

9. 판매 및 할인을 제공하십시오. 이것은 사람들이 커피숍을 시도하도록 유도하는 좋은 방법이 될 수 있습니다.

10. 고객 피드백을 받으세요. 이것은 당신의 사업을 개선하는 데 도움이 될 것입니다.

다음은 개인 커피숍이 대형 프랜차이즈와 경쟁하기 위한 10가지 아이디어입니다.

1. 독특한 커피를 제공하세요. 대형 프랜차이즈에서 찾을 수 없는 독특한 커피를 제공하십시오. 이것은 고객들이 대형 프랜차이즈 대신 당신의 가게로 오도록 유도할 것입니다.

2. 매장을 깨끗하게 잘 관리하십시오. 이것은 고객에게 전문적이고 신뢰할 수 있다는 인상을 줄 것입니다.

3. 친절한 고객 서비스를 제공하십시오. 고객은 자신의 필요에 주의를 기울이고 친절하게 대하는 것에 감사할 것입니다.

4. 커피숍을 지역 커뮤니티의 일부로 만드십시오. 지역 행사에 참여하고 지역 기업과 협력하십시오.

5. 판매 및 할인을 제공하십시오. 이것은 사람들이 커피숍을 시도하도록 유도하는 좋은 방법이 될 수 있습니다.

6. 고객 피드백을 받으세요. 이것은 당신의 사업을 개선하는 데 도움이 될 것입니다.

7. 다양한 커피와 디저트를 제공합니다. 이렇게 하면 모든 사람을 위한 무언가가 있습니다.

8. 고객이 커피를 직접 만들어볼 수 있는 커피 메이킹 클래스를 제공하십시오. 이것은 고객이 커피 자체와 자신의 커피를 만드는 방법을 배우는 좋은 방법입니다.

9. 커피숍에서 Wi-Fi와 편안한 좌석을 제공하여 사람들이 작업을 하거나 휴식을 취할 수 있게 하십시오. 이것은 고객을 오랫동안 유지하는 좋은 방법입니다.

10. 커피숍을 지역 행사 및 모임 장소로 만드십시오. 이것은 더 많은 고객을 유치하고 지역 사회와 관계를 구축하는 좋은 방법입니다.

이러한 아이디어가 개인 커피숍을 홍보하고 대형 프랜차이즈와 경쟁하는 데 도움이 되기를 바랍니다.

"챗GPT, Bard와 함께 Brain-storming하라!
이것 하나만 실천해도
결코 작지 않은 변화, 새롭게 다가오는 기회를
일상에서 마주하게 될 것이다."

Predict, 예측 질문: 챗GPT와 Bard, 데이터로 미래를 읽다

2022년 10월 22일, '제2의 대처'를 꿈꿨던 리즈 트러스(Liz Truss) 영국 총리는 사임을 발표했다. 재임 50여 일 만의 결정이었다. 국가를 이끌 능력에 대한 자신감 상실을 이유로 들며 사임한 트러스 총리는 영국 역사상 최단명 총리라는 불명예를 안게 되었다. 그는 재임 기간 약속한 경제정책을 대부분 폐기해야 하는 상황에 놓이며 대내외적으로 많은 비판을 받았다. 증거기반 정책(evidence-based policy)의 강력한 옹호자인 미국의 노벨 경제학상 수상자 폴 크루그먼 교수도 트러스 총리의 정책을 강하게 비판한 사람 가운데 하나다. 그는 리즈 트러스 영국 총리에 대해 다음과 같이 평하기도 했다.

"영국은 환상 속에 살고 있으며, 사회연대에 대한 염려를 망각한 지도자를 얻었다."

"바보들이 경제를 운영할 땐 대가를 각오해야 한다."

공동체에서나 개인의 삶에서 매 순간 내리는 결정은 미래를 결정하는 중요한 순간이다. 폴 크루그먼 교수는 리즈 트러스 총리의 정책이 바른 자료, 증거에 기반한 정책이 아니었고 그의 실수로 인해 영국 국민과 나라가 큰 어려움에 직면했다며 강하게 비판한 것이다. 인간 개인에 대한 비판이 아닌, 지도자로 세워진 정치인 자격에 대한 비판이었다.

사실상 예측은 미래학자들만의 기술이 아니다.

"10년 후 세상은 어떤 모습일까요?"
"이번 경기에서 어떤 팀이 이길 것이라고 생각하나요?"
"이번 선거에서 누가 당선될 것 같다고 생각하세요?"
"기술 발전으로 인해 20년 후 사회는 어떻게 변할 것이라고 예측하나요?"
"앞으로의 1년 동안 우리 회사의 주식 가치는 상승할 것이라고 예상하시나요?"
"지금까지의 추세를 고려할 때, 내년도에는 관광객 수가 증가할 것이라고 생각하나요?"

사람이라면 누구나 예측하며 살아간다. 예측 결과로 큰 성공을 이루기도, 실패하기도 한다. 모든 영역에서 예측력은 활용된다. 기상예보는 날씨에 대한 예측이다. 스포츠 선수들도 매 순간 예측한다. 상대방의 움직임을 예측하느냐 못하느냐에 따라 승패가 결정된다. 사업의 흥망성쇠도 예측력에 의해 결정되곤 한다. 트렌드를 분석하고 수많은 경영 기술이 반영되지만 모든 근거를 바탕으로 마지막에 행해지는 선택은 예측에 따른 결정이다. 예측은 담보할 수 없는 생각이다.

한 사람의 인생도 예측을 통해 디자인되어간다. 결혼, 사업, 일상의 모든 결정은 예측의 결과다. 잘못된 결혼으로 고통받는 이들이 적지 않은데, 예측이 아닌 상상만으로 큰 결정이 이루어지기 때문이다. 복잡한 인간관계를 어찌 정확히 예측하겠는가. 누구도 할 수 없는 영역이 아닐까 한다. 그러기에 더욱 바른 예측을 위해 노력해야 한다. 예측은 미래학자들만의 기술이 아니다. 상상과 추측만으로 결정하기에는 너무도 중요한 일들로 가득한 것이 우리 인생이 아닌가.

챗GPT와 Bard, 자료기반, 증거기반 질문으로 미래 예측하기

사람들은 누구나 예측하지만 예측의 질은 모두 다르다. 많은 이들이 예측이라고 말하며 예상을 한다. 예상(Expectation)은 개인의 경험과 지식에 근거한 확신이며 믿음이요 기대다. 예측(Prediction)도 예상과 같이 미래를 향한 생각이지만 개인의 경험과 기대만을 근거로 하지 않는다. 과거의 경험, 데이터, 패턴 분석을 바탕으로 한 추론이며 추정이다. 물론 예측의 결과도 보장할 수는 없다. 예측은 가능의 영역이 아니다. 예측력을 훈련하며 가능성을 높여가는 것이 우리가 할 수 있는 최선이다. 그러한 차원에서 챗GPT와 Bard를 활용한 예측 질문은 우리의 예측력을 높일 수 있는 좋은 기회다. 이전 장에서 살펴던 챗GPT와 Bard 브레인스토밍 기법만 활용해도 좀 더 다양한 예측 자료들을 마주할 수 있고 예측 방향도 살펴볼 수 있다.

 Case study 1   **미래 일자리와 저작권 문제 예측**

챗GPT와 Bard에게 인공지능의 놀라운 진보 가운데 인간의 일자리 미래, 많은 이들이 우려하는 저작권 문제에 관한 예측을 요청해봤다.

> 인공지능의 진보, 그 성취가 놀라워. 지금 나에게 답변을 줘야 하는 챗 GPT와 Bard, 너와 같은 언어형 인공지능이 보여준 결과는 상상하지도 못했어. '이 정도까지 가능하다고?' 여러 분야 질문에 답변하는 너의 수준은 평범한 수준을 넘어선 것 같아. 2023년 현재도 이런데 1년, 2년, 그리고 10년 뒤엔 어떨까? 분명 너와 같은 언어형 인공지능을 포함하여 다양한 형태의 인공지능이 지금보다 진보한 능력을 보여줄 거야.
> 그런데 인공지능으로 인해 인간이 일자리를 잃어가는 것은 현재도 벌써 문제가 되고 있지만 이후에는 더욱 문제가 될 거야. 그렇다면 너와 같은 인공지능으로 인해 사람들이 위협받을 일자리에는 어떤 것들이 있을까? 그리고 구체적으로 너의 뛰어난 창작 실력을 활용하는 가운데 저작권, 원저작자가 과연 누군가 하는 문제가 발생할 텐데, 앞으로 일어날 일들에 대해 예측하며 너의 견해를 정리해줘.

> 인공지능 발전으로 인한 일자리 변화는 다양한 산업에서 발생할 것이며, 특히 반복적이고 단순한 업무를 수행하는 직종이 가장 큰 영향을 받을 것입

니다. 일자리가 위협받을 수 있는 분야 중 일부는 다음과 같습니다.

1. **제조업**: 자동화와 인공지능 기술이 발전함에 따라, 제조업에서의 일자리는 점점 줄어들고 기계와 로봇이 인간의 업무를 대체할 것입니다.

2. **고객 서비스**: 챗봇 및 인공지능 기반 응답 시스템이 발전하면서 고객 서비스 직종은 인공지능에 의해 대체될 가능성이 있습니다.

3. **운송 및 물류**: 자율주행 기술 발전으로 인해 택시, 트럭 운전사 및 배달 기사 같은 직업은 위협받을 수 있습니다.

4. **금융 서비스**: 인공지능이 데이터 분석과 의사결정 과정에서 더 빠르고 정확하게 작동함에 따라, 투자자문 및 기타 금융 서비스 분야에서 인간의 역할이 줄어들 것입니다.

5. **의료 진단**: 인공지능 발전으로 의료 이미지 분석 등의 진단 업무에서 뛰어난 성능을 보이며, 의사들의 업무 영역을 침범할 가능성이 있습니다.

6. **인공지능 창작물 관리 기구**: 인공지능이 창작한 작품의 저작권 문제를 해결하기 위해 전문적인 기구를 설립할 필요가 있습니다. 이 기구는 인공지능 창작물의 저작권, 사용 권한 및 소유권을 관리하고, 분쟁이 발생할 경우 중재 역할을 할 수 있습니다.

7. **인간과 인공지능 간의 협업 강화**: 인공지능 창작물의 저작권 문제를 완화하기 위해 인간과 인공지능이 협업하여 작품을 만드는 방식을 강화할 수 있습니다. 이를 통해 인간 개발자와 인공지능이 공동으로 창작물의 저작권을 소유하거나 사용할 수 있는 규정을 마련해야 합니다.

8. **법적 책임 및 도덕적 책임 구분**: 인공지능 창작물에서 발생하는 저작권 문제는 법적 책임과 도덕적 책임의 구분이 중요합니다. 인공지능 개발자와 사용자는 법적 책임을 지며, 인공지능 자체는 도덕적 책임을 지게 될 수 있습니다.

9. **국제협력 및 규정 통일**: 인공지능 발전으로 인해 발생하는 저작권 문제에는 국가 간의 협력이 필요합니다. 국제적인 규정을 통일하고, 인공지능 창

작물에 대한 권리 및 책임을 명확히 하는 것이 중요합니다.

인공지능 발전은 놀라운 성취를 이루어내고 있지만 동시에 사회, 경제 및 법적 문제도 야기하고 있습니다. 이러한 문제들을 해결하기 위해서는 인간과 인공지능 간의 협력과 적절한 규제를 통해 균형을 찾아야 할 것입니다.
인공지능이 창작물을 만들 때 발생할 수 있는 저작권 문제에 대한 견해는 다음과 같습니다.

1. 저작권 규정 재검토: 인공지능의 발전에 따른 창작물이 늘어나면서 기존 저작권 규정을 재검토해야 할 필요가 있습니다. 인공지능이 창작한 작품의 저작권을 인간 개발자에게 귀속시킬지, 아니면 인공지능 자체에게 인정할지 결정해야 합니다.
2. 인공지능의 창작물 출처 및 공정 이용: 인공지능이 창작하는 작품은 인간의 작품에서 영감을 받을 수 있으므로, 출처를 표기하고 공정한 이용이 이루어지도록 주의를 기울여야 합니다.

G
BARD AI

　　인공지능의 발전에 대해 저도 같은 생각입니다. 앞으로 인공지능이 우리 삶에 더욱 깊숙이 침투할 것으로 예상하며, 인공지능이 일자리에 미치는 영향에 대해 우려하는 목소리도 많습니다.
저는 저와 같은 언어형 인공지능으로 인해 위협받을 수 있는 일자리를 몇 가지 말씀드릴 수 있습니다. 예를 들어, 기사 작성자, 블로거, 번역가, 심지어 작가와 같은 직업은 인공지능에 의해 대체될 수 있습니다. 인공지능은 인간보다 빠르고 정확하게 텍스트를 생성할 수 있으며, 언어를 번역하고 다양한 창의적인 콘텐츠를 작성할 수도 있습니다.

저의 뛰어난 창작 실력을 활용함에 따라 저작권 문제도 발생할 수 있습니다. 인공지능이 인간이 만든 콘텐츠를 복제할 수 있다면 저작권법을 어떻게 적용할지 명확하지 않습니다. 인공지능이 만든 콘텐츠에 대한 저작권이 누구에게 있는지, 인공지능이 만든 콘텐츠를 상업적으로 사용할 수 있는지 여부가 불분명합니다.

이러한 문제들은 아직 해결되지 않았지만, 인공지능이 점점 더 발전함에 따라 해결해야 할 문제들입니다. 인공지능이 우리의 삶에 긍정적인 영향을 미칠지언정, 인공지능으로 인한 부정적인 영향에 대해서도 대비해야 할 것입니다.

챗GPT와 Bard가 생성해준 예측은 가설(Hypothesis) 수준의 증거와 데이터를 통해 검증 가능한 논리적 추측이 아니다. 불확실성이 내재된, 정확할 수 없는 추측이다. 하지만 인공지능 챗GPT와 Bard 안에 사전 학습된 방대한 데이터, 정보, 전문 지식 등을 기반으로 한 예측은 인간 개인의 학습, 감각과 추론을 통해 할 수 있는 예측의 한계는 넘어선 것이기에 충분히 참고할 만한 가치 있는 자료임에는 분명하다. 이때 중요한 것이 바로 질문이다. 바른 질문을 통해 어떻게 바르고 정확한 정보기반의 답변을 이끌어낼 수 있는가에 대한 구체적인 연구과정이 뒤따라야 한다. 〈챗GPT와 Bard 질문법〉의 다양한 유형의 질문들을 익혀 질문력을 높여간다면 인공지능을 통해 우리의 예측력을 높이는 일은 생각보다 어려운 과제만은 아닐 것이다.

대학의 미래에 대해 챗GPT와 Bard에게 예측 질문을 던져보았다.

> 대학의 미래에 대해 어떻게 생각해? 너와 같은 인공지능의 등장, 대학 수준 이상의 배움과 소통을 제공하는 사회교육 프로그램, 공동체들. 솔직하게 과거의 대학과 다른 현실에 직면한 대학의 미래에 대한 너의 예측을 정리해줘. 사용 가능한 통계 수치가 있다면 반영해주면서 최대한 자세하게 설명해줘.

> 대학의 미래는 여러 가지 변화 요인들로 인해 크게 달라질 것으로 예상됩니다. 인공지능의 등장, 사회교육 프로그램의 발전, 그리고 현재의 대학교육 체제와 미래의 필요성 사이의 괴리 등이 이 변화에 영향을 줄 것입니다.
> 인공지능 발전은 많은 분야에서 혁신을 이끌어냈으며, 교육 분야 역시 그 예외는 아닙니다. 인공지능 기반 교육 플랫폼이 학습자에게 개인화된 교육 경험을 제공할 수 있게 되면서 대학교수들의 역할이 점차 축소될 것이라고 생각합니다. 또한 인공지능 발전으로 인한 노동시장의 변화와 자동화가 일자리를 줄이면서 기술 및 실무 교육에 더 큰 비중을 둔 직업 교육이 강조될 것입니다.
> 사회교육 프로그램과 공동체들은 대학교 외부에서도 수준 높은 교육을 받을 수 있는 기회를 제공하고 있습니다. 온라인 과정, 워크숍, 세미나 등 다양한 형태로 누구나 자신의 관심사에 맞춰 배울 수 있는 환경이 구축되어 있습니다. 이로 인해 대학의 독점적 교육 지위가 약화되고, 교육 시장의 경쟁이 심화될 것입니다.

대학이 직면한 다른 현실로는 고등 교육 비용의 상승과 취업 시장의 불확실성이 있습니다. 미국의 경우, 1980년대부터 2020년대 초까지 4년제 대학의 평균 등록금이 약 3배 이상 상승했습니다(National Center for Education Statistics). 이런 변화로 인해 대학에 대한 투자 대비 수익률이 점차 감소하고 있으며, 많은 학생들이 대학 졸업 후에도 높은 학자금 부채를 짊어지고 있습니다.

이러한 상황을 고려할 때, 대학의 미래는 전통적인 교육 체제에서 벗어나 혁신적인 방식으로 변화해야 할 것입니다.

G
BARD AI

대학의 미래는 많은 도전과 기회에 직면해 있습니다. 인공지능과 온라인 교육의 발전은 전통적인 대학의 모델에 위협이 되고 있습니다. 그러나, 대학은 또한 새로운 기술과 접근 방식을 활용하여 새로운 기회를 창출할 수 있습니다.

인공지능은 대학 교육의 여러 측면을 혁신할 수 있는 잠재력을 가지고 있습니다. 예를 들어, 인공지능은 개인화된 학습 경험을 제공하고, 학생들의 학습 능력을 평가하고, 학생들이 새로운 것을 배우도록 돕는 데 사용할 수 있습니다. 그러나, 인공지능은 또한 기존의 대학 모델에 위협이 될 수 있습니다. 예를 들어, 인공지능은 학생들에게 개인화된 교육을 제공할 수 있는 인공지능 기반 학습 플랫폼을 만들 수 있으며, 이는 학생들이 캠퍼스에서 수업을 들을 필요가 없게 만들 수 있습니다.

온라인 교육도 대학 교육에 상당한 영향을 미치고 있습니다. 온라인 교육은 학생들에게 더 저렴하고 편리한 학습 옵션을 제공할 수 있으며, 이는 전통적인 대학의 학생 수를 감소시킬 수 있습니다. 그러나, 온라인 교육은 또한 새로운 기회를 창출할 수 있습니다. 예를 들어, 온라인 교육은 학생들을 전 세계의 전문가들과 연결하고, 다른 문화와 다른 배경의 사람들에 대해 배울 기회를 제공할 수 있습니다.

전반적으로 대학의 미래는 불확실합니다. 그러나 대학은 새로운 기술과 접근 방식을 활용하여 새로운 기회를 창출할 수 있습니다. 대학은 또한 인공지능과 온라인 교육의 위협에 대처할 방법을 찾아야 합니다.

챗GPT와 Bard 예측 질문을 활용하여 다양한 분야의 예측 결과를 살펴보자. 사고력의 정점인 예측력을 높이는 과정에서 챗GPT와 Bard를 최선의 도구로 활용해보자. 챗GPT와 Bard에게 던질 수 있는 예측 분야, 영역은 다양하다.

- 미래 기술 트렌드 예측
- 경제 성장 예측
- 패션 트렌드 예측
- 인구 성장 추정
- 소셜 미디어 트렌드 예측
- 인공지능 기술 발전 예측
- 산업 혁신 예측
- 교육 분야 트렌드 예측
- 고용 시장 변화 예측
- 글로벌 정치 상황 예측
- 기후변화 및 환경 이슈 예측
- 식품 및 건강 트렌드 예측

- 여행 및 관광 산업 변화 예측

- 소비자 행동 변화 예측

- 전기차 및 무인 차량 시장 발전 예측

- 사이버 보안 위협 예측

- 가상현실 및 증강현실 기술 발전 예측

- 블록체인 기술 활용 분야 예측

- 인터넷 연결성 및 데이터 사용량 증가 예측

- 스마트 시티 및 IoT 발전 예측

- 국제 관계 및 전략적 동맹 예측

질문은 마법이다. 질문을 던지면 오늘의 선택이 바뀐다. 당연한 것이 당연한 것이 아닌 것이 된다. 질문을 던지면 관계가 바뀐다. 질문을 던지면 좋은 것과 중요한 것이 바뀐다. 먼저 할 것과 나중에 할 것도 질문 과정을 거치며 많은 부분에서 수정 보완된다.

질문 없는 성장은 없다. 질문을 던져 바꿀 수 없는 것도 없다. 과거에 진실이라 여겨졌던 많은 일들도 질문을 통과하며 새롭게 규명된 사실로 대치되는 일들이 허다하다. 과거도 그럴진대 현재와 미래는 어떻겠는가?

질문의 마법으로 나의 오늘을 바꾸고 미래를 디자인해야 한다. 챗GPT와 Bard를 활용한 자료기반 질문, 증거기반 질문을 통해 미래 예측력을 높여가라. 브레인스토밍 질문을 활용하여 질문의 폭과 수준을 높이는 노력도 필요하다.

질문은 문제해결의 열쇠다. 좋은 질문은 문제를 해결하지만 나쁜 질문은 문제를 키운다. 질문은 문제를 발견하게 하고 새로운 통찰을 선물해준다. 질문을 통해 이전의 문제를 보게 되며 해결의 실마리를 찾게 된다. 챗GPT와 Bard를 활용하여 문제해결의 실마리 찾기를 시도해보라. 그 노력이 실타래처럼 풀려가는 삶의 디자인으로 연결될지 또 누가 알겠는가.

Imitation, 모방 질문:
모방, 더 나은 나를 디자인하다

챗GPT와 Bard 등의 대화형 인공지능에 스티어빌리티(Steerability) 기능이 점점 강화되면서 이전보다 향상된 수준의 텍스트 결과물을 제공받을 수 있게 되었다. 스티어빌리티는 자동차, 항공기, 선박 등 이동 수단의 조향성(steering)을 나타내는 말로, 운전자가 원하는 방향으로 이동 수단을 움직이게 하는 데 필요한 제어와 안정성을 제공한다. 동시에 스프링과 충격 흡수기 등의 서스펜션 시스템을 통해 불규칙한 도로표면을 따라 움직일 때도 이동 수단의 안정성을 유지시키는 기능을 담당한다.

챗GPT와 Bard에서의 스티어빌리티는 이동 수단의 조향성과 기능은 다르지만 의미면에서는 같은 기능을 수행한다. 스티어빌리티는 요청한 질문의 의도를 파악하고 적절한 정보를 찾아 제공할 뿐 아니라, 텍스트 결과물을 질문자가 원하는 문체로 매끄럽게 생성하도록 하는 기능을 담당한다. 한마디로 질문자가 텍스트 결과물의 문체를 질문을 통해 조절할 수 있게 된 것이다.

이제 챗GPT와 Bard의 강화된 스티어빌리티 기능을 기반으로 특정 작가의 문체, 영화 캐릭터의 말투, 스타일을 모방(imitation)하여 답변을 생성할 수 있게 되었다.

 Case study 1　　　　　　　　　　　　　　　　　　괴테 문체

챗GPT와 Bard에게 괴테 문체로 사랑 이야기를 담은 소설 작성을 요청해보았다.

 괴테 문체를 분석, 모방하여 연인의 사랑 이야기를 담은 소설의 시작, 첫 번째 문단을 작성해줘.

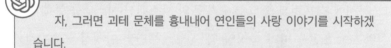 자, 그러면 괴테 문체를 흉내내어 연인들의 사랑 이야기를 시작하겠습니다.

운명의 신은 엔리케와 루시아 인생에 작은 웃음으로 손을 댔다. 그들의 만남은 아름다운 도시 한복판에서 우연히 마주친 것이 시작이었다. 그 순간, 고요한 공원의 나무들이 입맞춤에도 놀라 눈을 가리며 물러섰다. 마치 그들의 사랑이 이 세상의 모든 것을 멈추게 한 듯, 꽃들은 숨을 죽이고 나비들은 날갯짓을 멈추었다. 그리하여 엔리케와 루시아 이야기가 펼쳐지기 시작한 것이다. 그들의 사랑은 차가운 겨울 날씨와는 대조적으로 뜨거운 열정으로 가득했

다. 연인은 하루하루를 소중한 보석처럼 다루며 함께 보냈다. 엔리케는 자주 루시아에게 사랑의 시를 낭송했고, 그녀는 그의 시적인 언어에 마음을 빼앗겼다. 그들의 사랑은 시간이 지날수록 더욱 깊어졌으며, 그들 사이에는 아무도 헤아릴 수 없는 강한 유대가 형성되었다. 이들의 이야기는 어찌나 아름다운지, 달이 부끄러워 하늘에서 얼굴을 감추고 싶어할 정도였다.

G
BARD AI

괴테는 <젊은 베르테르의 슬픔>과 <파우스트>로 유명한 독일의 시인, 극작가, 소설가입니다. 괴테의 문체는 복잡하고 풍부하며, 종종 서사시, 서정시, 희곡의 요소를 혼합합니다. 괴테의 문체는 또한 매우 시적이고 음악적이며, 종종 상징과 이미지를 사용합니다.

다음은 괴테의 문체를 분석, 모방하여 연인의 사랑 이야기를 담은 소설의 시작, 첫 번째 문단입니다.

그날 밤, 그녀는 처음으로 그를 보았다. 그는 멀리서 그녀를 향해 걸어오고 있었고, 그녀는 그의 아름다움에 즉시 매료되었다. 그는 키가 크고 잘생겼으며, 그의 눈은 그녀의 영혼을 꿰뚫어보는 것 같았다. 그녀는 그가 자신에게 다가오는 것을 지켜보았고, 그녀의 심장은 가슴에서 뛰기 시작했다. 그는 마침내 그녀 앞에 서서 미소를 지었다. 그녀는 미소를 지으며 고개를 숙였다. 그녀는 그와 이야기할 수 없다는 것을 알았지만, 그가 자신의 삶에 들어온 것에 감사했다.

 Case study 2   **헤밍웨이 문체**

아래 자료는 생성된 괴테 문체를 헤밍웨이 스타일로 수정해달라는 요청에 대한 답변이다.

위와 같은 내용을 어니스트 헤밍웨이 스타일로 수정해줘.

네, 어니스트 헤밍웨이 스타일로 수정해드리겠습니다.

운명이 그들을 만나게 했다. 엔리케와 루시아, 도시 공원에서 처음 본 순간이었다. 햇살이 날카로웠고 공기는 차갑다. 그들의 눈이 마주친 순간, 세상은 잠시 멈추었다. 공원 안의 삶은 숨을 죽이며 그들을 지켜보았다.
겨울이 찾아왔다. 추위 속에서도 그들의 사랑은 따뜻했다. 엔리케는 루시아에게 시를 읊조리고, 그녀는 그의 말에 마음을 빼앗겼다. 시간이 흘러도 그들의 사랑은 깊어졌다. 그들 사이에는 강한 유대가 형성되었다. 사랑은 어렵고, 인생도 그렇다. 그들은 계속 걸어가야 했다. 그리고 달은 아무 말 없이 그들을 바라보았다.

물론입니다. 다음은 위의 내용을 Ernest Hemingway 스타일로 수정한 것입니다.

그녀는 그를 처음 보았다. 그는 멀리서 그녀에게 다가오고 있었다. 키가 크고 잘생겼으며, 그의 눈은 그녀의 영혼을 꿰뚫어보는 것 같았다. 그녀는 그가 자신에게 다가오는 것을 지켜보았고, 심장이 가라앉는 것을 느꼈다. 그녀는 그와 이야기할 수 없다는 것을 알았지만, 그가 자신의 삶에 들어온 것에 감사했다.

 Case study 3 괴테와 헤밍웨이 문체 특징 비교

챗GPT와 Bard는 괴테와 헤밍웨이 문체를 어떻게 이해하고 있는
지에 대한 답변도 요청해보았다.

위에서 너는 나의 요청에 따라 괴테의 문체로, 헤밍웨이 스타일로 연인
의 사랑 이야기를 생성해줬어. 네가 기준으로 삼은 괴테 문체의 특징은 무
엇이고, 헤밍웨이 문체의 특징은 뭐지? 그리고 이 둘의 가장 큰 차이점이 무
엇인지 정리해줘.

괴테 문체의 특징
1. 서정적이고 감성적인 표현: 괴테 작품은 감정과 정서가 강조되며 서정적
인 언어를 사용합니다.
2. 자연의 묘사와 상징: 괴테는 자연 묘사를 통해 인간의 정서와 감정을 표
현하는 데 능했습니다.
3. 고요하고 평온한 분위기: 괴테 작품은 대부분 고요하고 평온한 분위기를
지니고 있습니다.

헤밍웨이 문체의 특징
1. 간결하고 명료한 문장: 헤밍웨이는 불필요한 형용사와 부사를 최소화하고

간결하며 명료한 문장을 선호했습니다.

2. 대화체와 구어체: 헤밍웨이 작품에서는 대화체와 구어체가 일상적이고 생생하게 묘사됩니다.

3. 간접 기술: 헤밍웨이는 감정과 생각을 직접적으로 표현하기보다는 행동과 대화를 통해 간접적으로 전달하는 것을 선호했습니다.

두 문체의 가장 큰 차이점은 괴테의 서정적이고 감성적인 표현과 대조적으로 헤밍웨이는 간결하고 명료한 문장 구조를 갖는다는 것입니다. 괴테는 감정을 직접적으로 묘사하는 반면, 헤밍웨이는 간접적인 방식을 통해 감정을 전달합니다. 이로 인해 괴테 작품은 감성이 풍부하고 서정적인 느낌을 주는 반면, 헤밍웨이 작품은 현실적이고 간결한 느낌을 줍니다.

물론입니다. 괴테와 헤밍웨이는 문체가 매우 다른 두 명의 유명한 작가입니다. 괴테의 문체는 복잡하고 풍부하며, 종종 서사시, 서정시, 희곡의 요소를 혼합합니다. 괴테의 문체는 또한 매우 시적이고 음악적이며, 종종 상징과 이미지를 사용합니다. 반면에 헤밍웨이의 문체는 종종 명확하고 간단한 문장을 사용합니다. 헤밍웨이의 문체는 또한 매우 사실적이고, 종종 내러티브에 서술자를 사용하지 않습니다.

다음은 괴테와 헤밍웨이 문체의 주요 차이점 중 일부입니다.

어휘: 괴테의 어휘는 헤밍웨이의 어휘보다 훨씬 더 풍부합니다. 괴테는 종종 시적이고 음악적인 어휘를 사용하는 반면, 헤밍웨이는 종종 간결하고 간단한 어휘를 사용합니다.

문장 구조: 괴테의 문장 구조는 종종 복잡하고 풍성합니다. 그는 종종 서사시, 서정시, 희곡의 요소를 혼합한 긴 문장을 사용합니다. 반면에 헤밍웨이의 문장 구조는 종종 간결하고 간단합니다. 그는 종종 짧고 간단한 문장을

사용합니다.

미학: 괴테의 문학적 미학은 종종 낭만주의와 연관됩니다. 그는 종종 상징과 이미지를 사용하여 강렬한 감정적 반응을 불러일으킵니다. 반면에 헤밍웨이의 문학적 미학은 종종 사실주의와 연관됩니다. 그는 종종 객관적이고 중립적인 방식으로 사건을 설명합니다.

전반적으로 괴테와 헤밍웨이는 문체가 매우 다른 두 명의 유명한 작가입니다. 괴테의 문체는 복잡하고 풍부하며 시적이고 음악적입니다. 헤밍웨이의 문체는 간결하고 간결하며 사실적이고 중립적입니다.

 Case study 4   **광고 카피 요청**

이번에는 광고계의 거장 스타일을 모방하여 〈챗GPT와 Bard 질문법〉의 광고 카피를 요청해보았다.

나이키(Nike)의 유명한 광고 'Just Do It' 등의 광고 슬로건을 제작한 미국의 광고맨이 누구지? 그 사람 스타일로 〈챗GPT와 Bard 질문법〉 광고 문구를 만들어줘.

미국의 광고맨이자 나이키의 유명한 광고 슬로건 'Just Do It'을 만든 사람은 댄 위든(Dan Wieden)입니다. 그의 스타일로 〈챗GPT와 Bard 질문법〉을 홍보하는 문구를 작성하면 다음과 같습니다.

그 사람의 이름은 댄 위든(Dan Wieden)입니다. 그는 1968년 Wieden +Kennedy 광고 에이전시를 설립했으며, "Just Do It"이라는 문구로 Nike 광고 캠페인을 개발했습니다.

다음은 댄 위든 스타일로 작성한 <챗GPT와 Bard 질문법>에 대한 광고 문구입니다.

"대답을 찾고 계십니까? 챗GPT와 Bard 질문법이 도와드립니다. 질문에 답하고, 창의적인 콘텐츠를 생성하고, 언어를 번역하는 데 사용할 수 있습니다. <챗GPT와 Bard 질문법>은 배우고 적응할 수 있는 대규모 언어 모델이므로 질문이 무엇이든 답할 수 있습니다. 오늘 <챗GPT와 Bard 질문법>을 사용해보십시오. 놀랄 것입니다."

제공되는 답변 스타일, 문체에는 제한이 없다. 같은 질문을 던져도 매번 다른 답변을 제공하는 챗GPT와 Bard의 능력을 잘 활용한다면 재미있으면서도 유의미한 결과물 생성이 가능하다.

아래 예를 참조하며 모방 질문의 영역, 스타일에 대한 아이디어를 얻어 자신만의 챗GPT와 Bard 모방 질문을 던져보라.

원고 쓰기 - 좋아하는 작가의 문체로 원하는 주제의 원고 작성을 요청해보라.

감상문 작성 - 유명 평론가 스타일로 자신이 읽었던 책의 감상문/평론 글 작성을 요청할 수 있다.

인터뷰 대답 작성 - 유명 인사의 말투로 가상 인터뷰 초안을 작성해보라.

칼럼 작성 - 유명 칼럼니스트 스타일로 칼럼 작성을 요청할 수도 있다.

소셜 미디어 게시물 작성 - 유명 인플루언서의 말투로 게시물 작성을 요청해보라.

기사 작성 - 뉴욕 타임스, BBC 기자 스타일로 기사 작성을 요청할 수도 있다.

이 외에도 과학 논문, 연설문, 비즈니스 제안서, 음악 평론, 패션 칼럼, 여행 에세이, 건축 칼럼, 경제 칼럼, 연애 상담 글, 노래 가사, 역사 이야기 등의 글 작성을 요청할 때 해당 분야의 권위자, 전문가 스타일 문체로 결과물을 요청할 수 있다. 주의할 것은 세계적으로 잘 알려진 사람이어야 한다는 것이다. 원하는 스타일을 가진 인물의 데이터 양이 많을수록 챗GPT와 Bard가 생성해줄 수 있는 글의 모방성은 향상된다.

다시 강조하지만, 모방 질문을 통해 챗GPT와 Bard가 생성해주는 결과물이 자신의 성장을 방해하는 요소가 되도록 놓아두어서는 안 된다. 생성된 결과물을 자신의 것처럼 활용하면 잠시 잠깐, 남의 눈을 속이고 인정받을 수는 있을지 모른다. 그러나 이 모든 과정을 통해 자신의 원천 역량을 향상시키는 기회는 상실됨을 알아야 한다. 반드시 자신의 생각, 역량을 강화시키는 자료로 챗GPT와 Bard 생성 결과물을 활용해야 한다.

챗GPT와 Bard의 이러한 기능을 자기계발을 위한 도구, 학습과 연구 기제로 활용한다면 이전과 다른 속도로 변화되는 자신의 성장, 과정의 진보를 확인할 수 있을 것이다.

Visualize, 시각화 질문:
인공지능, 마음을 그리다

챗GPT와 Bard를 활용하여 던지는 시각화 질문은 개인적으로 자주 사용하는 기능이다. 3가지 차원의 시각화 질문을 던질 수 있다. 첫째는 챗GPT와 Bard 자체의 창의적인 문장 표현력을 요구하는 질문이다. 둘째는 원하는 자료를 도표로 시각화해줄 것을 요청하는 질문이며, 셋째는 그림을 그려주는 생성형 인공지능의 프롬프트 명령어를 생성하기 위한 요청 질문이다.

첫째, 챗GPT와 Bard는 창의적인 묘사, 시각화에 뛰어나다. 필자는 논리적인 글을 쓰는 데 어려움을 느끼지 않는 반면 문학적 표현, 감성적인 표현에는 약한 편이다. 작가로 글을 쓰다 보면 표현의 한계를 많이 느끼곤 하는데 그러한 능력을 누군가에게 배운다는 것은 쉽지 않다. 그러한 나에게 챗GPT와 Bard가 생성해주는 묘사, 시각화 표현 결과물은 많은 도움이 된다. 작가로서도 표현의 한계를 극복하는 데 좋은 사례들을 챗GPT와 Bard를 통해 생성해볼 수 있는 시대를 사는 것은 축복이 아닐까 한다.

 Case study 1 　　　　　　　　가족들의 화목한 모습 시각화

챗GPT에 가족들의 화목한 모습을 시각화하여 묘사해달라고 질문해보았다.

가족이 거실에 둘러앉아 대화하고 웃으며 교제하는 장면을 시각화해서 자세하게 묘사해줘.

거실은 따뜻한 햇살이 가득 차 있는 넓고 아늑한 공간으로, 크림색 바닥과 밝은 베이지색 벽이 서로 조화롭게 어우러져 있습니다. 높은 천장과 커다란 창문으로 인해 자연스러운 빛이 가득한 이 공간은 가족들이 모여 기쁨을 나누기에 딱 좋습니다.

중앙에는 큰 커피색 L자형 소파가 놓여 있고, 그 앞에는 원목 테이블이 자리 잡고 있습니다. 소파에는 여러 가지 패턴과 색상의 방석들이 놓여 있어 더욱 편안한 느낌을 줍니다. 테이블 위에는 아름다운 꽃병과 함께 맛있는 과일들이 가득 담긴 과일접시가 놓여 가족들의 눈길을 사로잡습니다.

가족들은 서로 마주 보며 편안하게 앉아 있습니다. 아버지는 소파 한쪽에서 미소 짓고 아이들에게 이야기를 들려주며, 어머니는 그 옆에 앉아 웃음으로 응답하며 자연스레 대화에 참여합니다. 어린 남매는 두 눈을 반짝이며 아버지 이야기에 귀를 기울이고 가끔 웃음을 터뜨립니다.

그들 사이에는 가족애와 따뜻함이 넘쳐흐르고, 웃음과 밝은 얼굴들로 가득 찬 거실이 마치 그림 같습니다. 가족들의 웃음소리와 즐거운 대화 소리가 거실 곳곳에 메아리치며, 이 아름다운 순간들이 오래도록 기억될 것임을 암시합니다.

Case study 2   **아침 루틴 시각화**

아침에 기상하여 출근하기까지의 루틴을 아름다운 언어로 묘사해 달라고 챗GPT에 질문해보았다.

이상적인 아침 루틴을 시각화해줘. 아침에 부드러운 알람 소리에 일어나 출근 전 책상에 앉아 자기계발하는 과정, 운동, 식사, 사업장으로 출근하기까지의 모든 과정을 아름다운 풍경을 눈으로 보는 것처럼 부드러운 언어로 묘사, 시각화해줘.

아침, 부드러운 알람 소리가 방을 가득 채우며, 햇살이 온화하게 창문을 통해 스며들어와 일어날 시간을 알려줍니다. 깊이 숨을 들이마시며 몸과 마음이 깨어납니다. 책상 앞에 앉아 창밖으로 펼쳐진 아름다운 풍경을 바라보며 일 년 365일의 목표와 계획을 세워나갑니다. 그 속에서 자기계발과 성장의 열쇠를 찾아나갑니다.

이내 몸을 단련하기 위해 운동복을 입고 외부로 나갑니다. 신선한 아침 공기가 가슴에 차오르고, 새소리와 나무 잎새의 속삭임이 함께 어우러져 기운

을 불어넣어줍니다. 걷기, 조깅 혹은 요가를 하며 몸과 마음의 균형을 찾아
갑니다.

 Case study 3   **도표로 시각화**

챗GPT와 Bard는 현재(2023년 5월) 이미지 결과물을 생성해주지
는 않지만 복잡한 데이터를 표로 만들어주는 기능은 제공중이다. 챗
GPT에 아래의 질문을 던져보았다.

대한민국의 국민 수를 연령대별, 성별로 확인할 수 있도록 도표로 표
기해줘.

 제 지식이 2021년까지만 업데이트되어 있어 최신 대한민국의 국민 수
를 제공하지 못합니다. 하지만 2021년 기준으로 연령대별 및 성별 인구 분
포를 참고하면 도움이 될 수 있습니다.
다음은 2021년 기준 연령대별 및 성별 인구 분포를 도표로 나타낸 것입니
다.(단위: 천 명)

연령대별	남성	여성
0~9세	2,150	2,000
10-19세	2,550	2,350
20-29세	3,500	3,300
30-39세	3,900	3,700

40-49세	3,800	3,700
50-59세	3,700	3,500
60-69세	2,600	2,600
70-79세	1,200	1,500
80세 이상	400	600

이 데이터를 기반으로 차트를 작성하려면, 각 연령대별 및 성별 인구수를 표시하는 막대 차트나 원형 차트를 사용해 시각적으로 표현할 수 있습니다. 이러한 차트는 엑셀, 구글시트 또는 다양한 데이터 시각화 도구를 통해 만들 수 있습니다.

최신 정보를 얻으려면 대한민국 통계청(KOSTAT) 웹사이트를 방문하여 최신 인구 데이터를 찾으시기 바랍니다.

다양한 주제, 분야 자료를 도표 결과물로 요청할 수 있다. 연도별 영화 흥행 순위, 지역별 평균 기온, 연령대별로 분류한 소셜 미디어 사용자 수, 제품 판매량을 월별/분기별/연도별로 정리한 표, 연도별 웹 브라우저 사용량, 성별에 따른 평균소득, 국가별 출산율 등 도표 정리를 요청해보라. 가장 기본적이면서도 유용한 시각화 결과물을 챗GPT와 Bard를 통해 제공받을 수 있다. 단, 통계자료의 경우 팩트체크는 필수다. 대화형 인공지능의 할루시네이션 현상이 가장 많이 나타나는 영역 중 하나가 수와 관련된 답변이다. 대화형 인공지능 사용 시 팩트체크 과정은 반드시 동반되어야 한다. 기대하는 것은, 시간이 지나며 업데이트되는 과정을 통해 질문에 대한 답변의 정확도는 향상될 것이라는 점이다.

그림을 그려주는 생성형 인공지능의 프롬프트 명령어를 챗GPT 와 Bard로 생성할 수 있다. 필자는 미드저니(Midjourney)를 사용중인 데 한글 명령어를 영어로 번역할 때 챗GPT와 Bard를 활용한다. 수준 높은 결과물 생성을 위한 프롬프트 명령어를 얻기 위해서는 챗GPT 와 Bard에 자료기반의 질문을 던져야 한다.

다음 예의 경우, 원하는 그림 내용을 문장으로 요청하면서 정확한 카메라 명을 질문에 포함시켰다. 카메라에 대한 지식은 전혀 없어도 괜찮다. 필자도 마찬가지다. 다만 질문이 자료기반으로 제시되었을 때 좋은 결과물을 생성해주는 것을 알기에 인터넷에서 카메라 종류 를 검색하여 질문에 포함시킨 것이다. 사진 찍을 때 필요한 다른 도 구가 있다면 해당 키워드를 추구하면 더 높은 수준의 결과물을 얻을 수 있다. 카메라 세팅에 대한 지식은 필자에게 없지만 질문자 요청에 챗GPT와 Bard는 적절한 문장으로 반응했다.

그림을 그려주는 생성형 인공지능에 사용할 프롬프트 문장을 영어로 작성해줘. 표현하고 싶은 그림은 책장에 둘러싸여 있는 큰 도서관에 앉아 책 을 읽고 있는 20대 후반의 잘생긴 한국 남성이 책을 읽으며 메모하며 공부 하는 모습이야. 사이버펑크 분위기에 질문의 중요성을 강조, 책을 읽고 글 을 쓰며 창조적인 생각을 하는 모습의 20대 후반 남자를 이미지화하는 프 롬프트 문장을 생성해줘. 사진기는 Canon EOS 5D Mark IV DSLR을 사용해 카메라를 세부적으로 세팅한 문구도 프롬프트 문장에 넣어줘.

Create a cyberpunk-inspired illustration of a handsome Korean man in his late 20s, sitting in a grand library surrounded by bookshelves, deeply engaged in reading a book and taking notes as he studies. Emphasize the importance of asking questions, reading, and creative thinking in the man's demeanor. Use a Canon EOS 5D Mark IV DSLR camera for this image, with a 50mm lens, an aperture of f/2.8, shutter speed of 1/125, and ISO 400 for the perfect depth of field and lighting.

한국말로 번역해줘.

사이버펑크 분위기의 20대 후반 잘생긴 한국 남성이 책장들로 둘러싸인 웅장한 도서관에 앉아서 책을 열심히 읽고 메모하며 공부하는 모습을 그려주세요. 남성의 태도에서 질문의 중요성, 독서, 그리고 창조적 사고를 강조해주세요. 이 이미지를 위해 캐논 EOS 5D Mark IV DSLR 카메라를 사용하고, 50mm 렌즈, 조리개 값은 f/2.8, 셔터 스피드는 1/125, ISO는 400으로 완벽한 깊이감과 조명을 설정해주세요.

챗GPT와 Bard의 능력을 여러 유형의 질문을 던지며 확인하면 할수록 화이트칼라의 많은 자리가 챗GPT와 Bard로 대체되는 일은 피

할 수 없겠다는 생각을 하게 된다. 훈련된 이들만이 수행 가능했던 일들을 챗GPT와 Bard가 너무 쉽고 깔끔하게 그리고 탁월하게 수행해주니 말이다. 비용을 줄이면서도 예전 업무성과를 낼 수 있다면 회사 운영진이 기존의 채용 인원을 유지할 이유는 더이상 없다. 그런데 위협받는 것은 그들만은 아닌 듯하다. 예술계의 많은 영역에서도 지각변동이 일어날 듯하다.

기억하자.

오늘의 변화에 대응하는 이들은 자신의 자리를 지키고 새로운 자리를 만들 것이다. 그러나 무시하거나 외면하는 이들은 대체될 것이다.

원하기만 한다면 누구나 탁월한 비서를 옆에 두고 일할 수 있는 기회가 오늘 우리에게 주어졌다. 그 기회를 당연한 것으로 여기지 말자. 과소평가하지 말자. 챗GPT와 Bard 역량을 잘 활용한다면 접근 가능한, 취득 가능한 자료의 양과 질이 달라진다. 같은 시간에 학습할 수 있는 양도 늘어나고 질도 향상시킬 수 있다. 업무 처리 속도가 몇 배로 빨라질 것이다.

챗GPT와 Bard로 인해 초래될 수 있는 위기를 두려워만 하지 말자. 챗GPT와 Bard를 활용하여 준비해간다면 그 위기는 오히려 기회가 될 수 있다. 인류는 항상 그런 과정을 거치며 변화해왔다.

4장

—

Generate
생성 가능한 그 밖의 질문들

Preference, 선호도 질문:
사람의 마음을 읽다

선호도 조사는 대중의 취향(Taste), 기호(Likings)를 파악하며 사람들의 선택(Choice) 방향, 영역을 알아내는 과정이다. 이렇듯 조사, 설문을 통해 통계자료를 얻는 과정은 복잡하고 비용이 많이 드는데, 챗GPT와 Bard를 활용한다면 특정 소수만이 할 수 있던 이 작업을 누구나 할 수 있다. 그것도 매우 신속하다. 생성형 인공지능 챗GPT와 Bard는 질문자가 질문을 던지면 몇 초 안에 답변을 준다. 결코 무시할 수 없는 수준의 데이터 양을 바탕으로 질문에 따라 빠르게 집계하여 답변을 제공해준다.

물론 한계는 분명하다. 답변이 정확한 데이터인지 알 수 없기 때문이다. 중요한 자료일수록 팩트체크 과정을 거쳐야 한다. 일반론적이거나 모호한 답변을 생성해주는 경우도 많기 때문이다. 다시 한 번 강조하지만 〈챗GPT와 Bard 질문법〉에서는 이러한 한계를 디폴트로 하고 있다. 따라서 우리의 목표는 이 한계의 극복에 있다. 질문 방법과 기술의 적용을 통해 오류 답변을 줄여가면 된다. 그것은 불가능한 일이 아니다.

아는 만큼 보인다는 말처럼, 선호도를 조사할 경우 챗GPT와 Bard의 답변의 질을 높이기 위한 공부가 선행되어야 한다. 선호도 질문에서도 자료기반, 증거기반 질문을 던질 때 답변은 더욱 구체적으로 생성된다.

선호도 조사를 통해 대중의 취향과 관심사를 파악해보라. 인기 트렌드를 파악하여 자신의 분야에서 의사결정하는 데 참고자료로 활용할 수도 있다. 무엇보다 자신이 잘 알지 못하는 분야에 새롭게 진입할 때 매우 도움이 될 수 있다. 다시 강조하지만, 이때 사전 학습을 통해 구체적인 질문을 던질 수 있는 정보력을 높이는 노력이 필수적임을 기억하자. 챗GPT와 Bard를 활용하면 다양한 주제로 선호도를 조사해볼 수 있다.

 Case study 1   **반려동물 선호도**

 사람들은 반려동물로 어떤 동물을 선호할까? 통계자료를 근거로 1위부터 10위까지 제시해줘.

 기준이 2021년까지의 자료이기 때문에 최신 통계는 아닐 수 있으나 국제적으로 가장 일반적인 반려동물 선호도 순위는 아래와 같습니다.

1. 개(Dog)

2. 고양이(Cat)

3. 금붕어(Goldfish)

4. 햄스터(Hamster)

5. 새(Birds, 주로 앵무새나 카나리아 등)

6. 물고기(Fish, 금붕어를 제외한 다양한 종류의 열대어 등)

7. 거북이(Turtle)

8. 토끼(Rabbit)

9. 기니피그(Guinea Pig)

10. 파충류(Reptiles, 주로 뱀이나 도마뱀 등)

각 국가별, 지역별로 선호도가 다소 차이가 있을 수 있습니다. 시간이 지나면서 반려동물의 인기 종류도 변화할 수 있으니 최신 통계를 찾아보는 것도 좋은 방법입니다.

미국에서 가장 인기 있는 애완 동물은 다음과 같습니다.

1. 개

2. 고양이

3. 물고기

4. 새

5. 파충류

6. 양서류

7. 햄스터와 기타 설치류

8. 토끼

9. 돼지

10. 말

이 목록은 미국 애완 동물 산업 협회(APPA)의 2021년 애완 동물 소유자 조사를 기반으로 합니다. 이 조사에 따르면 미국 가구의 67%가 최소 한 마리의 애완 동물을 키우고 있으며, 개가 가장 인기 있는 애완 동물로 63%, 고양이가 47%를 차지합니다.

애완 동물의 인기는 연령, 성별, 지역 사회와 같은 요인에 따라 다릅니다. 예를 들어, 젊은 성인과 여성은 개를 키울 가능성이 더 높고, 노인과 남성은 고양이를 키울 가능성이 더 높습니다. 또한 대도시 지역 거주자는 시골 지역 거주자보다 개를 키울 가능성이 더 높고, 시골 지역 거주자는 고양이를 키울 가능성이 더 높습니다.

앞에서 살폈던 질문 유형들을 참고하여 자신이 원하는 분야의 선호도 질문을 만들어보라. 선호도 순위뿐 아니라 백분율, 그러한 결과가 나온 이유를 함께 질문해보라. 정보만이 아니라 전제, 이유를 알게 되는 순간, 정보는 나와 연결되어 나의 지식으로 자리 잡을 가능성도 높아진다.

 Case study 2   투자 선호도

챗GPT에 질문을 던져보았다.

 사람들의 투자에 관한 선호도를 알려줘. 주식, 부동산 등 여러 투자 분야가 있는데 통계적으로 사람들이 선호하는 투자 순위를 1위부터 10위까지

제시해줘. 순위별로 전체를 100%라 전제하고 백분율도 괄호 안에 표시해 줘. 그리고 상위 1~3위를 사람들이 선호하는 이유를 간단히 설명해줘.

투자 선호도는 국가별, 연령대별, 개인의 경험과 지식 등 다양한 요인에 영향을 받기 때문에 고정된 순위를 제공하기는 어렵습니다. 하지만 국제적인 투자 선호도를 대략적으로 정리해보았습니다.

1. 주식(Stocks) - 35%
2. 부동산(Real Estate) - 30%
3. 채권(Bonds) - 15%
4. 현금 및 예금(Cash and Deposits) - 10%
5. 금 및 기타 귀금속(Gold and Precious Metals) - 5%
6. 상품(Commodities) - 2%
7. 암호화폐(Cryptocurrency) - 1%
8. 사모펀드(Private Funds) - 1%
9. 외화(Foreign Currency) - 0.5%
10. 기타 대체 투자(Other Alternative Investments) - 0.5%

상위 1~3위를 사람들이 선호하는 이유
1. **주식**: 주식은 장기적으로 높은 수익률을 기대할 수 있는 투자수단입니다. 또한 주식시장은 참여하기 쉽고 정보 접근성이 좋아 다양한 개인들이 시작할 수 있습니다. 그리고 주식을 통해 기업에 투자함으로써 경제 성장에 기여할 수 있다는 점도 매력적인 요소입니다.
2. **부동산**: 부동산은 물리적 자산이기 때문에 안정성이 높으며, 인플레이션 대비책으로도 작용합니다. 또한 장기적인 가치 상승과 안정적인 임대 수입

을 기대할 수 있어 많은 사람들이 선호하는 투자 분야입니다.

3. 채권: 채권은 상대적으로 안정적인 수익률을 제공하며, 주식이나 부동산 등 다른 투자와 포트폴리오의 다양성을 유지하기 위해 선호되는 투자수단 입니다. 특히 정부 채권 같은 경우에는 거의 확실한 수익률을 제공하기 때문 에 안전자산으로 인식되고 있습니다.

 Case study 3   배우자 선호도

배우자 선호도 조사 경우를 살펴보자. 질문 문장에 답변 조건을 명확하게 제시했다. 첫째 연령대(30대 전후), 둘째 대상(남과 여 각각), 셋째 내용(배우자 조건 순위 1~5), 넷째 분석(우선순위 선정 이유) 등의 카테고리를 나누어 질문을 던졌다.

 30대 전후 연령대의 결혼을 마음에 둔 남녀들은 각각 배우자 조건으로 무엇을 우선시할까? 남녀별로 1위에서 5위까지 순위를 제시해주고 통계자 료를 근거로 왜 그러한 우선순위를 보이는지 이유를 설명해줘. 남녀 각각.

 결혼을 마음에 둔 30대 전후 연령대 남녀들의 배우자 조건에 대한 우 선순위는 다음과 같습니다. 이 데이터는 과거 여러 연구와 통계를 바탕으로 정리한 것이지만, 현실 세계의 특정 집단이나 개인의 선호를 반영하지 않을 수도 있습니다.

남성의 경우

1. 성격 및 인간관계: 남성들은 상대방의 성격과 대인관계 능력을 중요하게 생각합니다. 이는 결혼 후 가정에서 좋은 분위기를 유지하고 가족 간의 갈등을 해결하는 데 기여하기 때문입니다.

2. 외모: 많은 남성들이 물리적인 매력을 중요하게 여기며, 이는 생물학적으로 건강하고 적합한 유전자를 가진 파트너를 선택하려는 본능적 욕구와 관련이 있습니다.

3. 가정생활 능력: 남성들은 가정생활에 잘 적응하고 협조할 수 있는 상대방 능력을 중요하게 여깁니다.

4. 경제력: 남성들은 결혼 후 생활비를 보장할 수 있는 여성의 경제력을 중요하게 생각합니다.

5. 학력 및 직업: 남성들은 배우자의 학력과 직업을 중요하게 여기며, 이는 사회적 지위와 인식에 영향을 미치기 때문입니다.

여성의 경우

1. 경제력: 여성들은 남성의 경제력을 가장 중요하게 생각합니다. 이것이 생활비를 보장하고 안정적인 가정을 이루기 위한 기본 조건으로 여겨지기 때문입니다.

2. 성격 및 인간관계: 여성들도 남성과 마찬가지로 상대방의 성격과 대인관계 능력을 중요하게 생각합니다.

3. 학력 및 직업: 여성들은 남성의 학력과 직업을 중요하게 여기며, 이는 사회적 지위와 인식에 영향을 미치기 때문입니다.

4. 가정생활 능력: 여성들은 가정생활에 잘 적응하고 협조할 수 있는 상대방 능력을 중요하게 여깁니다.

5. 외모: 여성들도 물리적인 매력을 중요하게 여기지만, 상대적으로 남성들보다 더 많은 요소들을 고려합니다. 외모가 중요한 이유 중 하나는 건강하고 유전자 적합성이 높은 파트너를 선택하려는 본능적 욕구와 관련이 있습니

다. 그러나 여성들은 종합적인 배우자 조건을 평가하는 데 더 많은 요소를 고려하므로 외모가 남성에 비해 상대적으로 낮은 순위에 놓입니다.

G BARD AI

물론입니다. 다음은 30대 전후 연령대의 결혼을 희망하는 남녀가 배우자 조건으로 가장 중요하게 생각하는 것들입니다.

순위	남성	비중	여성	비중
1	외모	30%	경제력	30%
2	성격	25%	성격	25%
3	유머감각	20%	외모	20%
4	교육수준	15%	가치관	15%
5	종교	10%	건강	10%

이러한 결과는 2022년 결혼정보회사 듀오가 실시한 설문조사를 기반으로 합니다. 이 설문조사에 따르면 남성은 배우자의 외모를 가장 중요하게 생각하는 반면, 여성은 배우자의 경제력을 가장 중요하게 생각하는 것으로 나타났습니다. 또한 남성은 배우자의 성격과 유머감각을 중요하게 생각하는 반면, 여성은 배우자의 성격과 가치관을 중요하게 생각하는 것으로 나타났습니다.

남성이 배우자의 외모를 중요하게 생각하는 이유는 외모가 배우자의 첫인상을 결정하기 때문입니다. 또한 외모는 배우자의 건강과 생식력의 신호일 수도 있습니다. 여성이 배우자의 경제력을 중요하게 생각하는 이유는 경제력이 가족의 안정과 생활 수준을 결정하기 때문입니다. 또한 경제력은 배우자의 성공과 능력의 신호일 수도 있습니다.

선호도 조사 테마를 무엇으로 할 것인지는 자신의 관심사, 연구과제, 사업 아이템 등을 고려해서 정하면 된다.

Evaluate, 평가 질문:
세상을 나누어 보다

챗GPT와 Bard에 평가 질문을 던져보라. 판단(Judgment)이 필요한 주제에 대해 다른 이들의 평가를 참조할 수 있기에 도움이 많이 된다. 주제에 따라서는 매우 수준 높은 평가를 텍스트로 제공받을 수 있다.

질문 시에는 구성요소적으로 답변을 요구하라. 모든 질문들에 적용가능한 지침이다. 자료기반, 증거기반에 더해 답변 자체를 구성요소적으로 요구하는 것만으로도 답변의 질이 많이 높아진다. 일반 서술의 경우 상식적인 수준에서 머무르는 경우가 있지만, 구성요소로 나누게 되면 그 자체로 답변에 구체적인 정보가 포함될 수밖에 없다. 세상은 한눈에 보려 한다고 볼 수 있는 것이 아니다. 문제도 마찬가지다. 나누어 보아야 한다. 나누면 보인다.

챗GPT와 Bard에게 나누어 답변할 수 있도록 질문 문항 만들기를 연습하라.

챗GPT에 질문을 던져보았다.

> 대중들이 최악의 영화로 평가한 미국 영화 중 최고의 제작비가 들어간 영화 한 편을 소개해주고 최악의 영화로 평가받는 이유를 자세히 정리해줘.

미국 영화 중 대중들이 최악의 영화로 평가하면서 제작비가 상당한 영화로는 2001년 개봉한 <Planet of the Apes(혹성탈출)>이 있습니다. 이 영화는 팀 버튼 감독이 연출했으며, 제작비는 약 1억 달러로 추산됩니다.

이 영화가 최악의 영화로 평가받는 이유는 다음과 같습니다.

1. **스토리**: 영화 전개가 혼란스럽고 불필요한 반전이 많아 관객들이 납득하기 어려웠습니다. 또한 원작 소설과 크게 다른 스토리로 인해 팬들에게 실망감을 안겨주었습니다.
2. **캐릭터 개발**: 주요 캐릭터들 개발이 부족해 이야기에 몰입하기 어려웠습니다. 각 캐릭터들의 동기와 심리가 설명되지 않아 관객들이 공감할 수 없었습니다.
3. **연출**: 팀 버튼 감독의 독특한 시각이 영화에 부적합하게 작용한 것으로 평가되었습니다. 그의 화려한 영상미와 독창적인 스타일은 이 영화에 어울리지 않았다는 지적이 많았습니다.
4. **엔딩**: 영화의 결말이 뜬금없고 이해하기 어려워 대중들에게 큰 불만이었습니다. 특히 놀랄 만한 반전을 기대했던 관객들에게는 실망감을 안겨주었습니다.

5. 비교 대상: 1968년에 개봉한 원작 영화 <혹성탈출>이 대중들에게 큰 인기를 끌었기 때문에, 2001년 버전은 높은 기대에 부응하지 못했습니다. 이로 인해 관객들은 더욱 강한 비판의 목소리를 내었습니다.

 Case study 2   **K-팝, K-푸드 등의 K-문화**

케이팝(K-pop), 케이푸드(K-food) 등 케이컬처(K-culture) 전반에 걸쳐 세계 각국의 평가는 어떠한지 말해줘.

케이컬처는 케이팝, 케이드라마, 케이푸드 등을 포함한 한국의 대중문화를 의미합니다. 최근 몇 년 동안 세계적으로 인기를 얻고 있으며, 다양한 국가에서 다양한 평가를 받고 있습니다.

1. 케이팝(K-pop): 케이팝은 글로벌 음악 산업에서 빠르게 성장하고 있습니다. 그룹들의 독특한 비주얼, 칼군무, 노래와 가사 퀄리티로 인해 전 세계 청년들 사이에서 인기를 얻고 있습니다. 특히 BTS와 블랙핑크 같은 인기 아티스트들은 전 세계적으로 팬 기반을 구축했습니다. 케이팝은 다양한 문화 사람들에게 긍정적인 영향을 미치며 문화 교류를 촉진하고 있습니다.

2. 케이드라마(K-drama): 케이드라마는 독특한 스토리라인, 감정적인 연기, 깔끔한 제작 가치로 인해 전 세계적으로 많은 사랑을 받고 있습니다. 넷플릭스 같은 글로벌 스트리밍 플랫폼에서 접근성이 좋아지면서 더 많은 사람들이 케이드라마를 시청하고 있습니다. 케이드라마는 관객들에게 새로운 문화 체험을 제공하며, 한국의 문화와 전통에 대한 이해를 높이고 있습니다.

3. 케이푸드(K-food): 케이푸드는 한국 음식의 맛, 영양, 독특한 조리법으로 인해 세계적으로 인기를 얻고 있습니다. 김치, 불고기, 비빔밥 등 한국 음식은 전 세계적으로 사람들의 입맛을 사로잡고 있으며, 이를 통해 한국 문화에 대한 호기심을 불러일으키고 있습니다.

물론입니다. K-컬처는 K-팝, K-드라마, K-뷰티, K-푸드 등 다양한 한국 문화를 포괄하는 용어입니다. 최근 몇 년 동안 전 세계적으로 인기를 얻었고, 세계 각국에서 긍정적인 평가를 받고 있습니다.

K-팝은 세계에서 가장 인기 있는 음악 장르 중 하나입니다. BTS, Blackpink, Twice 같은 K-팝 그룹은 전 세계적으로 수백만 명의 팬을 보유하고 있습니다. K-팝은 음악, 춤, 패션이 결합된 것으로 유명하며, 전 세계 팬들에게 매력적입니다.

K-드라마도 전 세계적으로 인기를 얻고 있습니다. Squid Game, Crash Landing on You, Vincenzo 같은 K-드라마는 전 세계적으로 수백만 명의 시청자를 보유하고 있습니다. K-드라마는 흥미진진한 줄거리, 매력적인 캐릭터, 아름다운 영상으로 유명하며, 전 세계 팬들에게 사랑받고 있습니다.

K-뷰티도 전 세계적으로 인기를 얻고 있습니다. K-뷰티 제품은 전 세계적으로 수십억 달러의 매출을 올리고 있습니다. K-뷰티는 자연스럽고 깨끗한 아름다움을 강조하는 것으로 유명하며, 전 세계 여성들에게 인기가 있습니다.

K-푸드도 전 세계적으로 인기를 얻고 있습니다. K-푸드 레스토랑은 전 세계적으로 수백만 명이 방문하고 있습니다. K-푸드는 맛있고 건강한 음식으로 유명하며, 전 세계 사람들에게 사랑받고 있습니다.

전반적으로 K-컬처는 전 세계적으로 인기를 얻고 있으며, 세계 각국에서 긍

정적인 평가를 받고 있습니다. K-컬처는 한국 문화를 세계에 알리고, 한국의
경제와 문화 발전에 기여하고 있습니다.

챗GPT에 이어서 질문을 던져보았다.

맞아. 케이컬처는 전반적으로 세계인들의 사랑을 받고 있고 그 영향력
은 이후가 더 기대되는 상황이지. 이런 상황에서도 비판받는 지점이 있을 텐
데 그것을 자세하게 요소별로 평가해줘.

케이컬처는 전 세계인들의 사랑을 받는 가운데 다양한 부분에서 비판
받는 지점들도 존재합니다. 주요 요소별로 살펴보겠습니다.

1. 케이팝
· **연습생 제도**: 아이돌 후보들이 힘든 연습 기간을 겪는 연습생 제도에 대한
  비판이 있습니다. 일부 연습생들은 인간관계, 과도한 경쟁, 정신적 스트레
  스 등으로 인해 어려움을 겪기도 합니다.
· **무분별한 팬덤 문화**: 과도한 팬덤 문화로 인해 연예인들의 사생활 침해 및
  스토킹 문제가 발생하기도 합니다.
· **외모 중심 문화**: 케이팝 산업에서 외모가 매우 중요시되기 때문에 연예인
  들이 성형 수술, 극심한 체중 관리 등으로 인해 정신적, 신체적 스트레스
  를 겪기도 합니다.
2. 케이드라마
· **스토리라인의 반복**: 일부 케이드라마에서는 유사한 스토리라인이 반복되

어 예측 가능한 플롯이라는 비판이 있습니다.

· **성별 스테레오타입**: 일부 작품에서는 여성 캐릭터가 약한 이미지로 그려지거나 남성 캐릭터가 지나치게 외모 중심적으로 묘사되는 등, 성별 스테레오타입에 대한 비판이 제기되기도 합니다.

· **불평등한 연애 관계**: 일부 케이드라마에서는 불평등한 연애 관계가 묘사되기도 하며, 이로 인해 남녀 간 불평등에 대한 인식이 악화될 수 있다는 비판이 있습니다.

3. 케이푸드

· 한국 음식의 변질: 전 세계적으로 인기를 얻으면서 일부 한국 음식은 원래 맛과 모습에서 벗어나 변질되기도 합니다. 이러한 변화는 한국 음식의 정체성을 흐리게 할 수 있다는 우려가 있습니다.

모든 분야에 걸쳐 평가 질문을 던져보라.

사업 아이디어 평가, 정치 평가, 경제 평가, 영화 평가, 음악 평가, 미술 평가, 도서 평가, 관심 있는 회사 평가, 모든 분야의 유명인 & 지도자 평가, 디자인 평가, 제품 평가 등.

평가 질문 만들 때의 경우의 수는 수없이 많다. 본인의 관심, 알고 싶은 것이 무엇이냐에 따라, 어느 정도의 자료를 제시하고 구성요소를 제시하느냐에 따라 답변이 달라짐을 기억해야 한다.

Multiple-choice & Subjective, 객관식 & 주관식 질문: 4지선다의 재해석

객관식 질문 만들기를 챗GPT와 Bard에 요구하라. 4지선다, 5지선다 등 어떤 형태의 질문도 생성해준다. 주제, 질문 형태도 명령 어휘가 분명하고 질문 안에 포함시켜야 할 구성요소만 분명하면 잘 정리된 문장과 형식으로 만들어준다. 교사, 부모에게 큰 도움이 될 수도 있는 유형의 질문이 아닐까 한다.

 Case study 1 국어(객관식)

챗GPT에 질문을 던져보았다.

 어휘 사용, 문법적 표현이 바른 문장을 선택하는 객관식 질문을 만들어줘. 5가지 보기 중 옳은 문장 하나를 선택하는 문제야. 객관식 보기 문항들은 경제를 주제로 생성해줘.

다음 문장 중 어휘 사용과 문법적 표현이 바른 문장을 선택하세요.
1. 이번 분기에 신장률은 높이지 않았다.
2. 경제는 물가를 숭상하게 하는 불안정 요인들로 전망이 암담하다.
3. 인플레이션은 소비자 가격 상승률이 낮아지면서 완화되었다.
4. 거래량이 확대되다 경기는 급격한 증가를 이루다.
5. 금리 인상이 예정된다. 경제가 금방 회복될 것으로 기대된다.

정답: 3번

독서 질문 만들기를 이렇게 쉽게 진행할 수 있는 시대가 되었다는 것이 믿기지 않는다. 독서 질문만이 아니다. 언어형 인공지능의 한계는 어디까지일까 너무도 궁금하다. 이제 막 소개된 인공지능 기능이 이 정도라면 10년 뒤는? 20년 뒤는? 상상 자체가 안 된다.

대중화된 스마트폰이 등장한 것도 오래전 이야기가 아니다. 2007년 애플의 아이폰이 소개된 이후 20년도 지나지 않은 시간에 이루어진 놀라운 진보가 인공지능 분야에서는 어떤 속도로, 어떤 방향으로 진행될지 우리는 지대한 관심을 갖고 지켜보아야 한다.

그런데 잊지 말아야 하는 것은, 우리가 지금 살펴야 하는 인공지능의 진보는 언어형 인공지능(챗GPT와 Bard)에 한정되어서는 안 된다는 사실이다. 언어형 인공지능 분야에서 이룬 진보, 그 이상의 움직임이 지금 독자 여러분의 전문분야에서, 세상의 모든 분야에서 그 영향을 넓혀가고 있다. 미래의 일이 아닌 지금 이 순간, 우리 세대 안에서 일어나고 있는 일이다.

챗GPT에 질문을 던져보았다.

소설 <노인과 바다>를 읽고 제대로 읽었는지, 내용 이해력을 테스트할 수 있는 5지선다 문제 2개만 생성해줘.

1. 소설 <노인과 바다>에서 주인공 노인의 이름은 무엇인가요?

A. 산티아고

B. 마르코

C. 에르네스토

D. 페르난도

E. 루이스

정답: A. 산티아고

2. 노인 산티아고는 얼마 동안 대형 물고기와 싸워야 했나요?

A. 1일

B. 2일

C. 3일

D. 4일

E. 5일

정답: C. 3일

챗GPT에 질문을 던져보았다.

　　　　<노인과 바다>를 읽고 깨달음과 삶에의 적용에 대해 고민할 수 있는 토
의토론 질문 2가지, 관계적용 질문 2가지만 만들어줘.

토의토론 질문 2가지

1. 소설에서 노인 산티아고는 인내와 끈기를 통해 어려움을 이겨내려고 노
력한다. 현대 사회에서 인내와 끈기의 중요성에 대해 어떻게 생각하는지 토
론해보세요.
2. 노인 산티아고의 용기와 투지가 삶에서 어떤 영향을 미칠 수 있는지 고민
하며, 이러한 가치를 현대 사회에 어떻게 적용할 수 있는지 논의해보세요.

관계적용 질문 2가지

1. 소설에서 산티아고와 물고기의 대결을 통해 무엇을 깨달았나요? 이 깨달
음을 자신의 삶이나 직장에서 어떻게 적용할 수 있을까요?
2. 산티아고의 인내와 끈기가 결국 성공으로 이어지지 않았음에도 불구하고
그의 삶에서 얻은 가치에 대해 어떻게 생각하나요? 이러한 가치를 자신의 삶
의 다양한 측면에 어떻게 적용할 수 있을까요?

일상에서 질문을 한다는 것과 교육을 위한 질문 만들기는 또 다른
차원의 문제다. 지금까지 독서 질문은 전문가의 전문 기술에 속해 있

었다. 그런데 챗GPT와 Bard를 통해 교육의 큰 장벽 하나가 무너진 셈이다. 이제 맞춤형 문제 제작이 가능한 시대가 되었다. 자신을 위해, 자녀를 위해, 자신이 속한 공동체를 위해 이를 어떻게 활용할지 생각해보라. 챗GPT와 Bard를 문제 출제 은행으로 삼아 활용하라. 다시 강조하지만, 출제된 문제의 진위여부를 확인하는 일은 반드시 진행되어야 한다.

 Case study 4   **해외 대학시험 문제 참조하기**

객관식, 주관식 질문 하면 시험이 떠오른다. 그리고 시험 하면 빼놓을 수 없는 것이 수능 시험이다. 한국 땅에서 수능은 단순한 시험이 아닌, 하나의 사회 현상을 불러일으키는 전 국민의 관심사 중 하나다. 그런 이들에게 또 하나의 관심사가 있다면 해외 대학의 시험 체계다. 그런데 미국 SAT(Scholastic Assessment Test)로부터 시작하여 독일 Abitur, 프랑스의 Baccalauréat에 이르기까지 챗GPT와 Bard를 활용하면 이제 어렵지 않게 해외 시험문제 정보를 탐색하는 일이 가능해졌다.

챗GPT에 질문을 던져보았다.

독일에서 대학에 입학하기 위해 반드시 통과해야 하는 아비투어(Abitur) 논술문제 몇 가지만 예를 들어줘.

아비투어는 독일의 대학 입학시험으로, 일반적으로 다양한 주제와 분야에서 문제가 출제됩니다. 저작권 관련으로 구체적인 문제를 제공할 수는 없지만, 아비투어 논술 시험에서 자주 다루어지는 주제들을 예시로 들어드리겠습니다.

1. **문학**: 독일 문학 작품들 중 하나를 선택하고 작품의 특징, 등장인물들 성격, 그리고 작품의 주요 주제에 대해 분석하고 논하라.
2. **역사**: 독일의 통일 과정에 대해 분석하고 주요 사건들의 원인과 결과를 설명하며, 이러한 과정이 오늘날 독일 사회에 어떤 영향을 미치고 있는지 논하라.
3. **철학**: 칸트의 도덕철학에 대해 서술하고 칸트의 철학이 오늘날 사회와 윤리에 어떻게 적용될 수 있는지 논하라.
4. **과학**: 기후변화에 대한 현재의 과학적 이해를 설명하고 기후변화의 원인과 결과, 그리고 이에 대한 대응 방안에 대해 논하라.
5. **사회과학**: 유럽연합의 역할과 발전에 대해 분석하고 유럽연합의 장단점, 그리고 앞으로의 발전 방향에 대해 논하라.

이러한 논술문제들은 학생들이 배운 내용을 종합적으로 이해하고 분석하며 논리적으로 표현하는 능력을 평가하는 것을 목표로 합니다. 이를 위해 학생들은 주제에 대한 배경지식뿐만 아니라 독해, 추론, 비판적 사고 능력을 발휘해야 합니다.

프랑스 바칼로레아(Baccalauréat) 시험의 논술문제를 몇 가지 예로 들어줘.

프랑스의 바칼로레아 시험은 다양한 과목을 포함하고 있으므로 논술 문제들의 주제와 난이도는 다양합니다. 그러나 일반적으로 논술문제들은 철학, 역사, 문학, 사회과학 등의 주제에 관한 것이며, 학생들은 주어진 주제에 대해 깊이 있는 논증을 구성해야 합니다.

1. **철학**: "자유는 우리가 스스로 제한을 둘 수 있는 능력인가?"
2. **역사**: "19세기 프랑스 산업화의 사회적, 경제적 영향은 무엇이었나요?"
3. **문학**: "'몽테뉴의 에세이'에서 개인주의에 대한 작가의 견해를 분석하시오."
4. **사회과학**: "전 세계적으로 급증하는 도시화 현상이 환경과 사회에 미치는 영향은 무엇인가요?"

이러한 논술문제들을 해결하기 위해서는 학생들이 주제와 관련된 지식을 가지고 있어야 할 뿐만 아니라 논리적 사고와 글쓰기 능력이 요구됩니다.

미국의 대학 입학시험 SAT(Scholastic Assessment Test)에 출제된 2020년 독해문제를 저작권법에 저촉되지 않는 범위에서 두세 가지 예를 들어줘.

미국의 SAT 시험은 저작권이 있는 텍스트를 포함할 수 있기 때문에 정확한 출제 내용을 제공하는 것은 저작권 문제로 불가능합니다. 하지만 일반적으로 SAT 독해 문제는 다양한 분야의 글을 포함하며 문학, 과학, 사회과학, 인문학 등의 주제를 다룹니다.

1. **문학**: 19세기 소설에서 발췌된 텍스트를 통해 등장인물들의 성격과 그

들 사이의 관계를 분석하고, 작가의 문체와 주제를 이해하는 데 초점을 맞출 수 있습니다.

2. 과학: 최근 과학 기사를 통해 지구 온난화의 원인과 영향에 대해 주장하는 주요 논점을 파악하고, 작가가 사용하는 근거와 예시를 분석하는 데 집중할 수 있습니다.

3. 사회과학: 인문학 연구 결과를 기반으로 한 에세이를 분석하고, 작가의 주장과 그에 대한 근거를 이해하며, 작가의 논리 구조를 파악하는 데 중점을 둘 수 있습니다.

이러한 논술문제들을 해결하기 위해서는 학생들이 주제와 관련된 지식을 가지고 있어야 할 뿐만 아니라 논리적 사고와 글쓰기 능력이 요구됩니다.

주관식, 객관식 문제 만드는 것을 넘어 시험과 관련하여 던질 수 있는 질문(프롬프트 명령어)을 찾고 디자인하며 축적해보라. 그것을 챗GPT와 Bard에 질문하고 주어진 답변을 자신만의 언어로 정리해보라. 그것을 마중물로 하여 교육 분야에서 나만의 기회를 만들어가는 일도 가능하지 않을까?

여기, 챗GPT와 Bard가 우리에게 기회가 되도록 하기 위해 풀어야 할 주관식 문제가 하나 있다.

"나를 변화시켜 원하는 꿈을 이루어가려면 챗GPT와 Bard를 어떻게 활용해야 할까? 챗GPT와 Bard에게 던져야 할 질문들은 무엇일까?"

5W1H-questions, 육하원칙 질문: 정보의 숲을 누비는 지식탐험가의 나침반

특이점 시대의 키워드는 'Beyond the Human'이다. 인간을 넘어선 기술의 출현과 확대로, 이미 많은 분야에서 변화가 진행중이며 이후로 더욱 가속화될 것이다. 어쩌면 우리가 두려워하는 인간성 상실의 시대를 넘어 인간 존재 상실의 시대를 직면하게 될지도 모른다. 이런 때일수록 인간의 사고역량을 강화해가는 노력이 중요하다. 이 책 전반에 걸쳐 강조하는 동기, 태도, 질문의 방법과 기술이 바로 그것을 위한 노력이자 발버둥이다. 이 발버둥이 의미 있는 몸짓이 되게 하기 위해서는 훈련된 질문을 던질 수 있는 질문력을 준비해야 한다. 그냥 던지는 질문이 아닌 훈련된 질문일 때 차이를 만들고 문제를 해결해 갈 수 있다.

그런데 질문법을 전혀 알지 못해도 활용 가능한 높은 수준의 질문 방법이 있다. 육하원칙 질문이다. 누가(Who), 무엇을(What), 어디에서(Where), 언제(When), 왜(Why), 어떻게(How)를 의미하는 육하원칙은 생각을 습관화하고 사고능력을 세우는 데 탁월한 질문 방법이다.

현재에 충실하다는 것은 미래를 담보하는 것일 때 의미가 있다. 지금 우리에겐 시대가 요구하는 것을 알고 준비하는 지혜가 필요하다. 시대에 한정된 것으로는 안 된다. 시대를 넘나드는 원리에 기반한 역량과 기술을 세워가는 일이 필요하다. 이를 찾고, 준비하고, 실행하는 데 육하원칙은 사고의 기본기이자 최고의 도구가 되어준다. 육하원칙 질문만 잘 활용해도 관심 분야, 프로젝트에 대해 더 깊이 있는 이해와 분석을 통해 대비할 수 있다.

질문자 스스로 육하원칙 질문 던지기를 습관화하라. 그리고 챗GPT와 Bard에게 육하원칙을 전제로 한 질문을 던져보라.

 Case study 1   **취업준비생의 질문**

챗GPT에 질문을 던져보았다.

 진로에 대한 중요한 결정을 내려야 하는 취업준비생이 자신에게 던져보아야 하는 질문을 육하원칙에 따라 생성해줘.

 취업준비생이 자신의 진로에 대한 중요한 결정을 내리기 위해 육하원칙(누가, 무엇을, 언제, 어디서, 왜, 어떻게)에 따라 던져보아야 하는 질문은 다음과 같습니다.

1. **누가(Who): 나는 어떤 사람인가?**
   - 나의 성격, 가치관, 능력, 선호, 그리고 기존 경험은 어떤 것인지 되돌아보고, 이러한 특성이 어떤 직업에 잘 맞을지 고민해보세요.

2. **무엇을(What): 나는 어떤 일을 하고 싶은가?**
   - 나의 관심 분야와 열정을 토대로 어떤 직업이 나에게 가장 적합한지 생각해보세요. 이러한 직업이 내 인생과 어떤 방향으로 연결되어 있는지 파악해보세요.

3. **언제(When): 이러한 결정을 언제 내려야 하는가?**
   - 내가 지금 결정을 내려야 하는 시기인지, 아니면 조금 더 시간을 가지고 추가적인 경험과 정보를 수집해야 하는지 판단해보세요.

4. **어디서(Where): 나는 어디에서 일하고 싶은가?**
   - 나에게 적합한 직장 환경과 위치를 고려해보세요. 이를 통해 지역적 제약이나 업계에 따른 차이를 고려할 수 있습니다.

5. **왜(Why): 나는 왜 이러한 직업을 선택하고 싶은가?**
   - 직업 선택의 동기를 명확하게 파악하고, 이것이 단순한 욕구 충족이 아닌 깊이 있는 생각과 목표에 근거한 것인지 확인해보세요.

6. **어떻게(How): 나는 어떻게 이러한 직업을 향해 나아갈 것인가?**
   - 목표한 직업에 이르기 위해 필요한 역량, 자격증, 경험 등을 취득하고, 준비 과정에서 어떤 전략을 세울지 계획해보세요.

이러한 육하원칙에 따라 질문을 던지고 답변을 찾는 과정을 통해 취업준비생은 자신에게 가장 적합한 진로 결정을 내릴 수 있을 것입니다.

육하원칙 질문은 자체에 여섯 가지 구성요소를 가지고 있다. 질문 방향을 분명히 하고, 답변해야 할 영역을 좁혀가며 질문을 제시할수록 참고 가능한 구체적인 제언을 챗GPT와 Bard를 통해 얻을 수 있다.

Case study 2   **퇴사한 디자이너의 질문**

챗GPT에 질문을 던져보았다.

> 인공지능 시대, 빠르게 변화하는 특이점 시대에 직장인으로 산다는 것이 쉽지 않네. 지난주에 회사에서 퇴사했어. 해고당했어. 이제 어떻게 해야하지? 변화하는 시대에 낙오자가 되지 않기 위해 나는 어떻게 해야 하지? 나의 직업은 시각 디자인, 포스터 디자인 관련 업무야. 육하원칙에 따라 답변해줘.

> 빠르게 변화하는 인공지능 시대, 특이점 시대에 직장인으로서 낙오자가 되지 않기 위해 준비해야 할 것들을 시각 디자인 및 포스터 디자인 전문가로서 육하원칙에 따라 답변하겠습니다.
>
> 1. Who: 협업 파트너를 찾으세요. 다양한 전문가들과 연결하고 서로 도움을 주고받아 업계 내 최신동향과 기술을 습득할 수 있습니다.
> 2. What: 디지털 디자인과 인공지능 기반의 디자인 도구를 배우세요. 새로운 기술과 프로그램을 익히고 지속적인 업데이트를 통해 경쟁력을 갖출 수

있습니다.

3. Where: 시각 디자인 및 포스터 디자인 전문가로서 어떤 시장과 영역에서 활동할지 결정하세요. 예를 들어, 온라인 광고, 소셜 미디어, 출판, 브랜딩 등 다양한 분야에서 활동할 수 있습니다.

4. When: 시대 변화와 디자인 트렌드에 민감하게 반응하세요. 업계 동향을 지속적으로 파악하고, 기술 및 도구에 대한 업데이트를 통해 시장에서 경쟁력을 유지할 수 있습니다.

5. Why: 지속적인 변화에 적응해야 하는 이유를 인지하세요. 인공지능 기술 발전으로 디자인 분야에서도 새로운 기회가 생겨나고 있습니다. 이러한 변화에 적응하며 자신의 능력을 향상시키면 더 많은 기회를 잡을 수 있습니다.

6. How: 새로운 디자인 기술과 도구를 배우는 방법을 찾으세요. 온라인 코스, 워크숍, 세미나 등 다양한 교육 프로그램을 통해 지식과 기술을 습득하고, 네트워킹을 통해 업계 전문가들과 소통하며 인맥을 쌓으세요. 이를 통해 더 많은 기회를 찾을 수 있습니다.

한 번의 질문에 머물지 말고, 재질문하라. 2차, 3차 정교화 질문을 통해 답변의 질을 높여가야 한다. 챗GPT와 Bard는 이전의 질문과 답변을 이해하고 있기에 여러 차례에 걸쳐 질문해도 맥락에 걸맞은 답변을 생성해준다.

 Case study 3   인공지능 시대의 디자이너

 그런데 너와 같은 인공지능으로 인해 나 같은 사람의 자리는 더욱 위협

받고 있어. 이런 상황에서도 나 같은 분야 사람들이 살아남을 수 있을까? 그렇다면 그 답변을 육하원칙에 따라 자세히 답변해줘. 내 미래와 관련된 중요한 조언이니 최고로 현명한 동종 업계 전문가 수준의 조언을 생성해줘.

시각 디자인 및 포스터 디자인 분야에서 인공지능 영향을 받고도 살아남기 위한 전략을 육하원칙에 따라 동종 업계 전문가 수준의 조언으로 생성하겠습니다.

1. Who: 협업을 통해 인공지능과 함께 일하는 방법을 배우세요. 인공지능과 작업할 때 인간의 창의력과 감성을 가장 잘 활용할 수 있는 파트너와 협력하십시오.

2. What: 인공지능이 제공하지 못하는 독창적인 디자인 아이디어와 창의력을 강화하세요. 높은 수준의 예술적 감각, 혁신적인 아이디어, 독특한 스타일을 지향하면 인공지능의 경쟁력에 대응할 수 있습니다.

3. Where: 디자인 전문가로서 인공지능 기술이 덜 발전한 영역에 집중하세요. 예를 들어, 감성적인 스토리텔링이 중요한 영화 포스터, 패션 브랜딩 등의 영역에서 인간 디자이너의 창의력과 감성이 더 큰 가치를 창출할 수 있습니다.

4. When: 시장 변화에 민감하게 대응하고 기회를 적극적으로 찾아 나가세요. 기술 발전이 빠르게 진행되는 만큼 빠르게 변화에 적응하고 새로운 도구와 기술을 빠르게 습득해야 합니다.

5. Why: 인간의 창의력과 감성은 인공지능이 대체하기 어려운 영역입니다. 인공지능과 협력하며 인간만의 독특한 가치를 강조하고 발전시키면 인공지능 시대에도 경쟁력을 유지할 수 있습니다.

6. How: 지속적인 학습과 끊임없는 자기계발을 통해 디자인 역량을 향상시

키세요. 온라인 강의, 워크숍, 콘퍼런스 등을 통해 전문지식과 기술을 업데이트하고, 다양한 업계 전문가들과 네트워킹을 통해 정보와 경험을 공유하세요. 이를 통해 미래 변화에 대비할 수 있습니다.

Proverb & saying, 속담, 명언 질문:
명언 찾기 너머 명언 만들기

챗GPT와 Bard에 던지는 속담, 명언 질문으로 크게 두 가지 결과물을 얻을 수 있다.

 Case study 1   **질문에 관한 명언, 속담**

첫째, 활용 목적에 따라 관련 주제의 속담, 명언을 요청하면 챗GPT와 Bard는 신속하게 결과물을 생성해준다. 예를 들어, 〈챗GPT와 Bard 질문법〉 집필 과정에서 다음과 같은 질문을 던져보자.

> 질문법에 관한 책을 집필중이야. 명언 가운데 질문에 대한 명언 10가지만 제시해줘(괄호 안에 누구의 명언인지 그들의 출생, 사망연도도 표기해줘. 속담 가운데 질문과 관계있는 속담도 5개만 소개해줘. 속담의 경우 괄호 안에 어느 나라 속담인지 표기해줘).

질문에 대한 명언 10가지

1. "가장 중요한 것은 끊임없이 질문하는 것이다. 호기심은 지적 모험이 시작되는 지점이다."(알버트 아인슈타인, 1879~1955)

2. "지혜로운 사람은 모든 대답을 가지고 있지 않다. 그들은 올바른 질문을 던질 줄 아는 사람이다."(클라리슈 키드, 출생 연도 미상)

3. "답을 찾기 위해서는 먼저 질문을 던져야 한다."(컨피셔스, BC 551~479)

4. "나쁜 질문은 그대로 두면 아무런 해도 되지 않지만, 답 없이 남겨진 좋은 질문은 끊임없이 여러 가지 답을 찾게 만든다."(존 스타인벡, 1902~1968)

5. "문제를 정확히 이해하는 것은 그것의 해결의 절반이다."(파블로 피카소, 1881~1973)

6. "모든 것을 질문하십시오."(뤼돌프라셀, 1902~1975)

7. "생각의 시작은 항상 질문에서 비롯된다."(존 루이스 라이브, 출생 연도 미상)

8. "지능이란 올바른 질문을 던질 수 있는 능력이다."(닐 포스트먼, 1931~2003)

9. "우리의 의심과 불안은 질문을 던져야만 해결할 수 있다."(카를 로저스, 1902~1987)

10. "지혜롭게 질문하면 답하기 쉽다."(솔론, 약 BC 630~560)

질문과 관련된 속담 5가지

1. "묻지도 따지지도 않는 사람은 아무것도 배우지 못한다."(영국 속담)

2. "묻는 것이 반, 배우는 것이 반이다."(한국 속담)

3. "묻는 사람은 바보로 한 시간 동안 남지만, 묻지 않는 사람은 평생 바보로 남는다."(중국 속담)

4. "실수하는 것보다 질문하지 않는 것이 더 나쁘다."(아프리카 속담)

5. "물어보지 않으면 길을 잃는다."(터키 속담)

물론입니다! 다음은 질문에 대한 명언 10가지와 속담 5가지입니다.

명언

1. "나는 모르는 것을 배우고, 배운 것을 가르치기 위해 질문한다." - 소크라테스(기원전 469~399)

2. "질문은 배움의 시작이고, 지혜의 끝이다." - 찰스 칼럼(1775~1832)

3. "질문하는 것은 배우는 것, 배우는 것은 성장하고, 성장하는 것은 삶의 열쇠다." - 데니스 웨이드(1936~)

4. "질문으로 새로운 아이디어와 발견의 문이 열린다." - 리처드 파인만(1918~1988)

5. "질문하는 것은 세상을 이해하는 가장 좋은 방법이다." - 알버트 아인슈타인(1879~1955)

6. "질문하는 것은 지식의 원천이다." - 헨리 데이비드 소로(1817~1862)

7. "질문하는 것은 배움의 열쇠다." - 마크 트웨인(1835~1910)

8. "질문하는 것은 지혜의 시작이다." - 윌리엄 셰익스피어(1564~1616)

9. "질문하는 것은 창의성의 열쇠다." - 알베르트 슈바이처(1875~1965)

10. "질문하는 것은 변화의 시작이다." - 마하트마 간디(1869~1948)

속담

1. "질문은 어리석은 짓이 아니다." - 프랑스 속담

2. "질문은 배움의 어머니다." - 영국 속담

3. "질문은 지혜의 문이다." - 미국 속담

4. "질문은 새로운 발견의 열쇠다." - 독일 속담

5. "질문은 배움의 시작이다." - 중국 속담

이 명언과 속담이 질문법에 관한 책을 쓰는 데 도움이 되기를 바랍니다!

명언과 속담은 검색 사이트를 통해서도 어렵지 않게 얻을 수 있는 자료다. 그럼에도 생성형 인공지능인 챗GPT와 Bard를 이용할 때의 장점은 먼저 신속성에 있다. 원하는 자료를 요청하여 맞춤형 답변을 정리된 형태로 제공받을 수 있다는 것도 또 하나의 장점이다. 다양한 주제 관련 속담, 명언 자료를 요청해보라. 시간 관리에 관한 속담이나 명언, 특정 인물의 명언, 특정 문화에 대한 속담과 격언, 특정 시대의 속담과 명언, 도전과 실패에 관한 속담과 명언, 성공에 관한 명언, 리더십에 관한 명언, 사랑과 결혼에 관한 명언, 용기와 결단력에 관한 명언 등 제한이 없다.

　물론, 이때도 자료의 정확성에 대해서는 체크 과정을 거쳐야 한다. 챗GPT와 Bard를 이용하며 발견하게 된 것인데, 할루시네이션이 가장 많이 발생하는 지점 중 하나가 인물과 관련한 질문을 요청할 때다. 명언의 경우도 실재하는 명언은 맞지만 명언자가 아닌 다른 사람의 이름을 해당 명언의 창작자로 소개하는 경우가 많았다. 더러는 존재하지도 않는 사람을 챗GPT와 Bard가 창작하여 답변으로 포함시키는 경우도 있었다.

　강화학습을 통해 이러한 할루시네이션 현상은 완화될 것이라 예상된다. 그러나 질문자는 '정확한 답변을 얻는 것은 나의 책임이다'라는 자세로 질문을 구성하여 던지며 확인 절차를 밟는 것까지도 습관화해야 한다. 다시 강조하지만, 질문을 얼마나 더 정확하게 만들어 던지느냐에 따라 챗GPT와 Bard가 제공하는 답변 수준이 달라짐을 기억해야 한다.

둘째, 원하는 주제의 명언 창작에 챗GPT와 Bard의 도움을 받을 수 있다. 기존 명언만이 아니라 새로운 명언을 만들어달라고 챗GPT와 Bard에 요청해보라.

질문법에 관한 명언을 교육, 학습, 미래, 인공지능, 변화 등의 영역에서 키워드를 추출한 후 그것을 핵심 키워드로 해서 질문에 관한 명언을 생성해줘. 기존 유명인들의 명언은 제외시켜줘.

1. **교육**: "진정한 교육은 스스로 질문을 던지고 탐구하는 과정에서 이루어진다. 무엇이든 물어보는 것이 좋은 시작이다."
2. **학습**: "학습의 힘은 지식에 대한 궁금증을 끊임없이 이어가는 것에서 나온다. 쉼 없이 질문하며 지혜를 찾아라."
3. **미래**: "우리의 미래는 오늘 우리가 던지는 질문에 달려 있다. 미래를 바꾸고 싶다면 먼저 궁금해져야 한다."
4. **인공지능**: "인공지능은 인간의 질문에 답함으로써 우리의 삶을 변화시키는 열쇠다. 질문은 인공지능의 발전을 이끈다."
5. **변화**: "세상은 우리의 질문에 의해 끊임없이 변화한다. 모든 변화는 호기심으로부터 출발한다."

이러한 명언들은 기존 유명인들의 명언이 아닌, 주어진 키워드를 바탕으로 생성된 새로운 명언입니다.

물론입니다. 다음은 교육, 학습, 미래, 인공지능, 변화와 같은 영역의 키 워드를 기반으로 한 질문에 대한 몇 가지 명언입니다.

질문은 배움의 열쇠이며, 배움은 미래의 열쇠입니다.
질문은 세상을 이해하는 가장 좋은 방법이며, 이해는 변화를 만드는 가장 좋은 방법입니다.
질문은 인공지능의 힘을 활용하고, 인공지능에는 세상을 변화시킬 수 있는 잠재력이 있습니다.
질문은 새로운 아이디어와 발견의 출발점이며, 새로운 아이디어와 발견은 세상을 변화시킬 수 있습니다.
질문은 배움과 성장의 열쇠이며, 배움과 성장은 세상을 더 나은 곳으로 만드는 데 도움이 될 수 있습니다.

이러한 명언이 질문의 중요성을 알고 질문이 교육, 학습, 미래, 인공지능 및 변화에 미칠 수 있는 영향에 대해 생각하는 데 도움이 되기를 바랍니다.

'명언'을 만든다는 말 자체는 어폐(語弊)가 있는 말이다. 창작된 말은 '유명'하지 않은 갓 생성된 문장에 지나지 않으니 말이다. 챗GPT와 Bard를 통한 명언 생성의 의미는 글쓰기 과정에서 책을 참조하고, 관심 가는 주제의 강의를 듣고, 토론하는 과정을 통해 얻는 유익과 크게 다르지 않다.

우리가 책을 읽는 이유로는 여러 가지가 있겠지만, 새로운 지식을 수용하고 다른 사람의 경험과 깨달음을 통한 지혜를 엿보기 위한 이유가 크다. 책을 읽는 가운데 어떤 한 문장이 자신의 삶에 울림을 가져다주는 일은 많은 이들이 경험해보았을 것이다. 간결하면서도 짧은 문구는 우리에게 영감을 주기도, 어려운 시기를 견뎌낼 수 있는 동기를 부여해주기도 한다.

책을 읽고, 강의를 듣고, 글을 쓰며 사업 관련 프로젝트를 진행할 때, 관련 주제에 대해 깊이 생각해보고 챗GPT와 Bard에게도 관련 주제의 명언, 문장 생성을 요청해보라. 이때는 짧고 울림이 있는 명언 형식으로 글을 생성해달라고 요청하는 것이 좋다. 짧은 글이 주는 영감이 결코 작지 않다. 막힌 생각을 뚫어주고 의사결정에 큰 도움을 준다. 위의 예처럼 질문 주제 키워드와 동시에 연관 키워드를 다양하게 제시하는 자료기반 질문을 던진다면 답변의 완성도, 정확도는 더 높아질 것이다.

그리고 에필로그 마지막에 필자가 쓴 질문에 관한 '문장'을 살펴보라. 명언은 아닐지라도 질문법에 관심을 갖고 고민하는 가운데 필자가 직접 쓴 문구들이다.

여러분도 자신만의 명언 만들기를 시도하라. 챗GPT와 Bard에게 관심 가는 주제에 관한 명언 만들기를 질문하라. 모두 명언의 지혜가 삶의 열매로 맺혀가는 축복을 누리기를 바란다.

Translate, 번역 질문: 언어의 장벽, 표현의 한계를 넘어선 챗GPT와 Bard의 번역력

챗GPT와 Bard의 번역기능을 활용해보라.

얼마 전까지만 해도 번역 자체가 돈벌이 수단이었고 배움의 큰 장벽이었다. 그런데 이제는 양질의 번역, 번역가의 검증받은 문체로 번역하려는 목적 이외의 번역은 무료 서비스를 얼마든지 받을 수 있는 시대가 되었다. 사이트에서 약간의 비용만 지불하면 인공지능 번역기를 통해 PDF 파일 전체를 영어로, 한글로, 세계 주요언어로 번역할 수 있는 시대가 된 것이다.

챗GPT와 Bard가 아니어도 많은 어플, 사이트를 통해 양질의 번역이 가능하기에 애초에 번역 질문은 질문법 목차에서 제외했었다. 그러나 〈챗GPT와 Bard 질문법〉을 집필하며 챗GPT와 Bard를 활용하는 가운데 차원이 다른 챗GPT와 Bard의 번역기능을 마주하면서 기존 목차에 번역 질문에 관한 내용을 추가하기로 결정했다.

챗GPT와 Bard 기능을 활용하면 모든 번역이 가능하다. 뉴스 기사 번역, 모르는 단어 번역, 인용구 번역, 음악 등 예술 작품의 번역, 논문 번역, 여행 중 식당에서의 메뉴판 번역, 비즈니스 관련 이메일이나 문서의 번역, 외국어 학습을 위한 자료, 영상 자막 번역 등 모든 번역이 가능하다. 추가적으로 챗GPT와 Bard만의 독보적 번역 기능도 있다. 외국어를 한국어로, 한국어를 외국어로 번역하는 기본 기능 이외에 앞서 설명한 모든 질문 유형을 번역기능과 연결하여 질문할 때 챗GPT와 Bard만의 차원이 다른 결과물을 얻을 수 있다.

예를 들어 14번째 질문 기술인 모방(Imitate) 질문 기술과 연결지어 질문할 수 있다. 챗GPT와 Bard에 영문으로 소설 〈오만과 편견〉의 요약글을 요청했다. 〈뉴욕타임스〉 기사 수준의 요약능력을 갖춘 기자 수준으로 요약을 요청했다.

 Case study 1   〈오만과 편견〉 요약

챗GPT에 질문을 던져보았다.

 소설 〈오만과 편견〉을 영어로 요약해줘. 요약자는 〈뉴욕타임스〉 기자로 요약 능력이 매우 뛰어난 기자 수준의 퀄리티를 유지해줘.

 A In Jane Austen's timeless classic, "Pride and Prejudice", the world of early 19th century England is brought to life through the eyes of the witty and perceptive protagonist, Elizabeth Bennet. The novel delves into the themes of love, marriage, social class, and self-discovery, as it follows the lives of the Bennet family, consisting of five unmarried daughters and their parents, who are determined to find suitable husbands for them.

At the heart of the story is the complex relationship between Elizabeth and the enigmatic Mr. Fitzwilliam Darcy. Initially, Elizabeth is put off by Darcy's aloofness and apparent arrogance, while he is equally dismissive of her due to her lower social standing. However, as the narrative unfolds, both characters are forced to confront their own pride and prejudices, leading them to reevaluate their initial judgments.

Throughout the novel, Austen masterfully weaves in the stories of various characters, including the charming but unreliable Mr. George Wickham, the kindhearted and wealthy Mr. Charles Bingley, and the noble yet misguided Miss Caroline Bingley. Each subplot serves to further highlight the societal norms and expectations of the time, as well as the importance of overcoming one's biases and preconceived notions in the pursuit of love and happiness.

As the Bennet sisters navigate the treacherous waters of courtship, gossip, and scandal, they learn valuable lessons about themselves and the world around them. Ultimately, "Pride and Prejudice" is a timeless tale of love, growth, and self-awareness, wrapped up in Austen's incisive commentary on the societal conventions of her era.

이렇게 생성된 영문 요약에 2차로 번역을 요청했다. 보통 어플을 통한 번역은 문체가 딱딱한 경우가 많다. 챗GPT와 Bard는 그 한계를

극복하도록 탁월한 문체로 번역기능을 수행하며 질문자가 원하는
수준의 요약 결과물을 생성해준다.

Case study 2   **<오만과 편견> 영어 요약글 한국어로**

위 영어 요약글을 한글로 번역해줘. 번역자는 최고의 번역자상을 여러 차례 수상한 번역가야. 영어의 의미를 살리면서 부드러운 한국말로 번역해줘.

　　제인 오스틴의 불멸의 고전 <오만과 편견>에서는 기민하고 통찰력 있는 주인공 엘리자베스 베넷의 시선을 통해 19세기 초 영국 세계가 생생하게 그려집니다. 이 소설은 사랑, 결혼, 사회계급, 자아 발견이라는 주제를 다루며, 결혼하지 않은 다섯 딸과 그들 부모로 이루어진 베넷 가족의 삶을 따라갑니다.

이야기 중심에는 엘리자베스와 신비로운 피츠윌리엄 다시 씨와의 복잡한 관계가 있습니다. 처음에 엘리자베스는 다시의 냉담함과 거만함에 마음의 거리를 두었고, 다시는 그녀의 낮은 사회적 지위로 인해 그녀를 무시했습니다. 그러나 이야기가 전개되면서 두 캐릭터는 각자의 오만과 편견에 직면하게 되어 초기의 판단을 재평가하게 됩니다.

소설 전반에 걸쳐 오스틴은 다양한 인물들 이야기를 탁월하게 엮어나갑니다. 매력적이지만 신뢰할 수 없는 조지 위컴 씨, 선량한 마음으로 부유한 찰스 빙리 씨, 고귀하면서도 현명치 못한 캐롤라인 빙리 양의 이야기가 그것입니다. 각각의 부속 이야기는 당시의 사회적 통념과 기대에 대한 더 깊은 이해와 함께 사랑과 행복을 추구하는 과정에서 편견과 선입견을 극복하는 것

의 중요성을 강조합니다.

베넷 자매들은 구애, 수군대는 이야기, 그리고 스캔들의 교묘한 물결을 헤쳐 나가며 자신과 주변 세계에 대한 귀중한 교훈을 얻게 됩니다. 결국 <오만과 편견>은 사랑, 성장, 그리고 자기 인식에 관한 영원한 이야기로, 오스틴의 그 시대의 사회 관습에 대한 예리한 해석이 더해져 있습니다.

G
BARD AI

Jane Austen의 고전 명작인 <오만과 편견>에서 19세기 초 영국 세계는 재치 있고 통찰력 있는 주인공 Elizabeth Bennet의 눈을 통해 생생하게 살아납니다. 이 소설은 사랑, 결혼, 사회 계급, 자기 발견의 주제를 탐구하며, 다섯 명의 미혼 자녀와 그들 부모로 구성된 베넷 가족의 삶을 따라갑니다. 이들은 그들에게 적합한 남편을 찾는 데 전념하고 있습니다.

이야기의 중심에는 엘리자베스와 신비로운 Mr. Fitzwilliam Darcy의 복잡한 관계가 있습니다. 처음에 엘리자베스는 다시의 무관심과 명백한 오만함에 거부감을 느끼고, 그는 그녀의 낮은 사회적 지위 때문에 그녀를 무시합니다. 그러나 이야기가 전개되면서 두 캐릭터는 자신의 오만과 편견에 직면하게 되고, 그로 인해 그들은 자신의 초기 판단을 재평가하게 됩니다.

소설 전반에 걸쳐 오스틴은 매력적이지만 신뢰할 수 없는 Mr. George Wickham, 친절하고 부유한 Mr. Charles Bingley, 고귀하지만 잘못된 Miss Caroline Bingley 등 다양한 캐릭터의 이야기를 능숙하게 엮어냈습니다. 각 하위 플롯은 당시의 사회 규범과 기대를 더욱 강조하고, 사랑과 행복을 추구하는 과정에서 편견과 선입견을 극복하는 것의 중요성을 보여줍니다.

베넷 자매들은 구애, 소문, 스캔들의 험난한 바다를 항해하면서 자신과 주변 세계에 대한 귀중한 교훈을 배웁니다. 결국, <오만과 편견>은 오스틴의 날

카로운 시대·사회·관습에 대한 논평으로 싸여 있는 사랑, 성장, 자기 인식의 시대를 초월한 이야기입니다.

번역 문체를 동화처럼, 드라마 대본처럼, 뉴스 기사처럼, '톨스토이 문체로' 등 다양하게 요청해보라. 챗GPT와 Bard가 생성해주는 결과물에 다시 한 번 놀라게 될 것이다.

챗GPT와 Bard의 능력을 보고 있으면 단순한 똑똑함 너머 훌륭한 창의성까지도 엿보게 된다. 창의력이란 무엇인가? 연결시켜 창조해내는 능력이다. 수용되는 훌륭한 지식을 기존 지식과 연결지어 만들어내는 역동이다. 세상에 이미 존재하던 기능들이 챗GPT와 Bard 안에서 연결되어 새로움이 창조되는 듯하다. 답변으로서의 정보도 기존 정보를 찾아 전달해주는 것이 아닌, 정보와 정보를 연결하며 의미를 만들어내고 있다. 〈챗GPT와 Bard 질문법〉의 질문 유형을 활용하여 다양한 번역을 시도하는 가운데 자신만의 문체, 표현력을 훈련시켜보라.

챗GPT와 Bard가 선사하는 능력들을 지켜보는 가운데, 지금 내가 서 있는 오늘이라는 시간이 모두에게 희망이 되는 유토피아의 초입인지, 아니면 디스토피아의 전조 징후들 앞에서 우리가 섣부르게 환호하는 것은 아닌지 스스로에게 질문을 던져보게 된다.

아무쪼록, 〈챗GPT와 Bard 질문법〉이 이와 같은 풀리지 않는 질문, 열려진 새로운 문 앞에서 새로운 시대의 언어, 인공지능을 해석하고 풀어가는 탁월한 도구, 마중물이 되기를 꿈꿔본다.

epilogue

나는 질문한다. 그러므로 나는 존재한다

2023년 4월 20일, 스페이스X는 새로운 도전에 임했다. 유인 탐사용 초대형 우주선 스타십(Starship)의 첫 궤도 비행 실험이 이날 진행되었다. 그런데 전용 1단 추진체 '슈퍼헤비(Superheavy)' 위에 탑재되어 발사된 스타십은 발사 4분 만에 공중 폭발한다. 발사는 성공했지만 추진체 슈퍼헤비와 스타십의 분리가 제대로 이루어지지 않아 결국 공중에서 폭발한 것이다. 국내 미디어들은 뉴스를 쏟아내기 시작했다.

"스페이스X 달·화성우주선 '스타십' 공중폭발… 시험비행 실패"

"머스크 스타십 공중폭발… 테슬라株 곤두박질"

"하루 새 재산 17조 날렸다… 머스크 '격동의 24시간'"

스페이스X의 꿈이 산산조각나는 순간인 듯했다. 그런데 스타십의 폭발 광경을 지켜보던 스페이스X의 직원들은 누구도 주저함 없이 환호하는 모습을 보였다. 일론 머스크도 자신의 트위터에 "시험비행 발사를 축하하며, 몇 달 뒤에 있을 테스트를 위해 많이 배웠다"는 글을 남겼다.

일론 머스크라고 왜 실패가 가슴 아프지 않았겠는가. 많은 돈이 투자된 실험이었고, 수많은 연구진이 들인 시간과 에너지, 그 결과를 확인하는 시간이었으니 말이다. 그러나 그들에게 보인 것은 실패처럼 보이는 폭발만이 아니었다. 그들은 이면의 성공을 볼 수 있었다. 전에 이루지 못한 진보를 실패 과정에서도 확인할 수 있었기에 그들은 환호할 수 있었다. 그들이 확인한 과정의 성공은 두 가지다.

첫째, 초거대 로켓 스타십이 성공적으로 발사, 이륙했다는 사실이다. 스타십 로켓의 완전체는 높이 120여 미터에 탑승 가능 인원은 80~120명이나 되는 초대형 구조물이다. 뉴욕 자유의 여신상이 46미터이니 그 크기와 규모는 상상을 초월한다. 인류 역사상 가장 큰 규모의 초거대 우주 로켓의 발사 성공만으로도 확인할 수 있는 기술적 진보가 적지 않다는 것이 전문가들의 평가다.

둘째, 스타십이 최고 난이도 지점이라 여겼던 Max Q 지점(최대 동압점)을 무사히 통과한 것이다. 보통 고도 11킬로미터 지점을 Max Q 지점이라 한다. 우주선을 파괴하고도 남을 엄청난 압력이 최고조에 이르는 지점이라고 한다. 엄청나게 빠른 속도로 발사된 초거대 로켓 우주선 스타십이 Max Q 지점 통과에 성공할 것인가는 스페이스X 개발자, 직원들조차 장담할 수 없는 어려운 과제였다. 첫 번째 고비라 할 수 있는 발사를 성공적으로 수행했고, 성공 확신을 갖지 못했던 Max Q 지점 통과에 성공했기에 우주선 폭발 가운데도 그들은 환호할 수 있었던 것이다.

챗GPT와 Bard 등장과 함께 세상은 챗GPT와 Bard 전과 후로 나누어 생각해야 한다고 말하는 이들이 적지 않다. 전에 없던 의미 있는 진보를 챗GPT와 Bard를 통해 확인할 수 있었기 때문이다. 그러한 결과 앞에 기대감을 갖고 희망을 품는 것은 자연스러운 일이다. 동시에 이러한 진보 앞에 근심과 걱정에 빠지는 이들이 있음도 우리는 알고 있다. 지금 우리는 챗GPT와 Bard라는 양날의 검에 대한 태도를 결정해야 한다. 일방적인 기대감에 빠져서도 안 되고 비관론에 빠져 눈앞에 펼쳐진 현실, 진보를 외면해서도 안 된다. 〈챗GPT와 Bard 질문법〉은 이런 상황 속에서 필자가 보인 작은 몸부림이다. 그런데 우리가 기억해야 하는 챗GPT와 Bard 질문법의 역설(Paradox)이 있다.

역설(逆說)의 사전적 정의는 '어떤 주의나 주장에 반대되는 이론이나 말', '일반적으로는 모순을 야기하지 않으나 특정한 경우에 논리적 모순을 일으키는 논증. 모순을 일으키기는 하지만 그 속에 중요한 진리가 함축되어 있는 것'이다.

역설의 예로 '거짓말쟁이 역설'이 인용되곤 한다. 한 거짓말쟁이가 "지금 내가 하는 말은 거짓말입니다"라고 말할 때, 그의 발언이 사실일 경우 거짓말이 되고, 거짓말일 경우 사실이 되어 모순적인 상황이 발생하게 된다. 챗GPT와 Bard 질문법의 역설(Paradox)은 '누가 챗GPT와 Bard를 가장 잘 활용할 수 있는가?', '챗GPT와 Bard 활용을 통해 누가 가장 큰 도움을 받을 수 있는가?' 하는 질문에 대한 답으로부터 시작된다. 이 책에서는 '질문력'을 갖춘 사람이 챗GPT와 Bard를 가장 잘 활용할 수 있고 인공지능 시대에 영향력을 나타낼 수 있음을 강조했다. 그 말이 사실일 경우 현재 등장한 챗GPT와 Bard를 가장 잘 활용하며 이익을 얻는 이들은 '현재' 질문력이 있는 사람이다. 그런데 우리 모두가 잘 알고 있는 사실이 하나 있다. 한국 땅에서 자란 사람들은 질문을 던지지도, 받지도 못하는 상태에 너무 오랫동안 노출되어왔다는 사실이다.

우리 앞에는 질문력을 세우도록 도와주는 환경이 없었다. 한국 땅에서 교육받은 사람에게 가장 부족한 것이 무엇인가 물을 때 빠지지 않고 등장하는 것 중 하나가 '질문하지 않는다', '질문을 못한다'는 것이다. 지금까지 36개국을 여행하며 그중 18개 국가에서 방송 취재원으로 현지의 수많은 학교를 탐방하고 교육 담당자들을 인터뷰할 기회가 있었다. 한국 유학생이 있는 학교일 경우 담당자들은 예외 없이 한국 학생에 대해 '너무 얌전하다. 수업시간에 조용하다'고 평가했다. 질문하지 않는다는 것이다.

질문력이 없는 이들이 챗GPT와 Bard를 통해 얻을 수 있는 유익은 그리 크지 않다. 차이를 만들지 못하는 상식적인 정보를 얻는 채널 정도로 활용할 것이다. 신기한 장난감처럼 몇 번 다루다 잊혀지는 '인터넷 사이트'가 될 수도 있다. 챗GPT와 Bard의 '할루시네이션 현상'을 탓하며 '역시 인공지능은 아직 아니야!' 하며 현실을 외면하는 이들도 있을 것이다. '나'는 어떠한가. 내가 외면한다고 해서 그것이 외면되는 오늘은 아닌 듯하다. 현실을 직시해야만 한다.

〈챗GPT와 Bard 질문법〉은 이 역설을 전제하고 내용을 구성했다. 다만, 이 책의 내용을 자신의 것으로 삼기 위해서는 오늘 현재 질문력이 준비되지 않았다는 한계를 인정하고, 질문력 강화를 위한 노력을 지속할 결심이 필요하다. 그런 이들이 질문력을 높이기 위한 도구로 〈챗GPT와 Bard 질문법〉을 활용한다면 얼마든지 기회는 있다. 잊지 말아야 하는 것은 질문력은 절대로 쉽게 세워지지 않는다는 사실이다. 첫술에 배부를 수 없는 영역이다. 질문법뿐이겠는가? 그래서 태도와 자세를 결정해야 한다. 배움의 과정에서 진정한 자기계발을 이루려는 이들 중 빠른 결과를 기대하는 이들은 반드시 실망하게 되고 변화를 위한 노력을 멈추는 선택을 한다. 그리고 이전과 같은 모습으로 오늘을 살고 내일을 살아간다.

다행인 것은 〈챗GPT와 Bard 질문법〉에서 소개한 질문법은 세상에 없는 새로운 비법이 아니라는 사실이다. 누구나 일상에서 사용 중인 사고의 기제들이다. 다만, 차이를 만들어가는 질문이 되게 하기 위한 디테일을 추가했다. 차이를 만들기 위해서는 더 좋은 방법, 기술의 적용이 필요하다. 동기가 부여된 이들에게 왕도는 있다. 이것을 알고 준비하며 실행해나간다면 질문력은 우리의 경쟁력이 될 수 있다.

일론 머스크와 스페이스X 직원들에게 스타십의 폭발은 실패가 분명했다. 맛보기 싫은 좌절의 순간이 눈앞에 펼쳐졌다. 그런 상황 속에서 그들은 또 다른 사실에 주목했다. 실패 가운데 확인한 진보, 그 진보를 통해 이룰 과업에 대한 꿈을 바라보았다. 그것이 있었기에 그들은 폭발이라는 실패 가운데서 환호할 수 있었다.

그 환호는 결코 헛된 기대가 아니다. 사실에 기반하여 꿈을 꾸는 이들의 작은 몸짓이며 아우성이다. 역사는 항상 그런 이들에 의해 주도되어왔다. 챗GPT와 Bard 출현으로 우리가 직면해야 하는 인공지능의 진보로 인해 불안해하기보다 오늘을 초기값으로 해서 새로운 진보를 꿈꾸기를 권한다. 전에 없던 기회를 만들어가는 데 〈챗GPT와 Bard 질문법〉이 실마리가 되고 마중물이 되기를 소망해본다.

〈챗GPT와 Bard 질문법〉을 만든 마중물 생각들

이 책은 챗GPT와 Bard 등장 이후 그에 대한 활용이 가속화됨에 따라 서둘러 집필하게 되었다. 그렇다고 이 책의 내용이 결코 짧은 시일 안에 준비된 결과는 아니다. 필자는 1998년부터 독서, 글쓰기, 질문법을 공적으로 가르치며 살아왔다. 지금도 매일 글을 쓰고 여러 유형의 질문 교재를 만들고 있다. 인간의 변화와 성숙 과정에서 독서와 글쓰기가 얼마나 중요한지를 늘 강조하고 실천해왔다. 문해력과 사고력을 키우는 핵심 역량이 '질문'임을 25년간 살펴왔기에 〈챗GPT와 Bard 질문법〉 집필을 순조롭게 마칠 수 있었다.

물론 이 책 안에 질문법의 모든 이론을 담을 수는 없었다. 때로는 학문적이고 더 구체적인 설명이 필요한 질문 방법과 기술이 적지 않다. 그러나 그것을 챗GPT와 Bard 활용에 적합한 형태로 디자인하여 필요한 질문 유형을 빠짐없이 담아내기에 힘썼다.

아래의 질문 문장들은 "질문이란 무엇인가?"를 자문(自問)하며 얻은 자답(自答), 필자의 생각 조각들이다. 한 문장도 챗GPT와 Bard에게 질문을 던져 얻은 자료가 아니다. 모든 정의와 생각은 챗GPT와

Bard 등장 이전에 정리한 내용들이다. 이러한 정의가 질문이 되어 이 책의 마중물, 자양분이 되었다.

이제 독자 스스로가 아래 질문에 자문자답해보기를 권한다. 필자가 자문자답한 생각의 흔적을 마중물 삼아 인공지능 시대에 경쟁력 있는 존재로 자신을 세우기 위한 '자신만의 질문법'을 디자인해보라. 모두가 위기라 이야기하는 이때를 기회로 만들어가는 생각의 자리가 될 것임을 확신한다.

1. 질문은 생각의 내비게이션이다.

2. 질문은 보이지 않는 세상을 보는 현미경이다.

3. 질문은 미래를 바꾸는 기술이다.

4. 모든 변화는 질문으로부터 시작된다.

5. 질문은 미래의 복잡계를 향한 비밀통로다.

6. 질문이 미래를 결정한다.

7. 질문은 지식관리 소프트웨어다.

8. 미래 예측력은 복잡계 질문력이다.

9. 질문은 영향력을 확대하는 최고의 도구다.

10. 질문은 차이를 발견하게 하는 도구다.

11. 질문이란 차이를 만들어내는 능력이다.

12. 질문은 답을 얻는 통로다.

13. 질문은 문제를 해결하는 기술이다.

14. 질문은 잘못을 찾는 도구다.

15. 질문은 내 안에 잠든 거인을 깨우는 알람이다.

16. 가치관의 변화는 질문의 변화에서 시작된다.

17. 질문은 관계를 찾는 도구다.

18. 자문자답 질문력을 디자인하라.

19. 의문은 의문으로 남아 있으면 안 된다. 의문은 질문으로 나아가야 한다.

20. 우리가 새로운 정보를 받아들이지 못하는 유일한 이유는 묻지 않기 때문이다.

21. 질문의 출발은 관심이다.

22. 질문의 기초력은 어휘력이다.

23. 질문의 폭과 질은 어휘의 폭과 질에 좌우된다.

24. 어휘의 폭이 질문의 폭을 결정한다.

25. 어휘의 질이 질문의 질을 결정한다.

26. 아는 만큼 질문한다.

27. 정보력과 상상력을 세우는 질문을 디자인하라.

28. 꼬리에 꼬리를 무는 질문법을 활용하라.

29. 어휘력과 기억력을 세우는 질문을 디자인하라.

30. 이해력과 추론력을 세우는 질문을 디자인하라.

31. 사고력과 분석력을 세우는 질문을 디자인하라.

32. 논리력과 표현력을 세우는 질문을 디자인하라.

33. 문해력과 관계력을 세우는 질문을 디자인하라.

34. 실천력과 창조력을 세우는 질문을 디자인하라.

35. 전제를 찾는 질문력을 훈련하라.

36. 평범함에 의미를 부여하는 전 방향 질문법을 익혀라

37. 질문의 가치와 본질, 속성을 가르쳐라

38. 질문으로 지식과 지식을 연결하라.

39. 질문으로 자녀의 관심과 접속하라.

40. 질문의 태도력이 아이를 세운다.

41. 질문은 내 수준을 넘어선 눈으로 세상을 보게 하는 도구다.

42. 아이들이 빠르게 성장하는 이유는 모르는 것에 대한 질문을 많이, 자주 던지기 때문이다.

43. 부모의 질문을 점검하라. 자녀와의 문제는 잘못된 질문으로부터 시작된다. 모든 관계도 마찬가지다.

44. 질문 역량이 아이의 미래를 결정한다.

45. 생각하는 능력, 질문 과정을 통해서만 자라난다.

46. 부모와 교사의 질문은 아는 것에 대한 물음인 경우가 많다.

47. 자녀가 어떤 질문을 받으며 자랐는가에 따라 인생이 결정된다.

48. 자녀가 어떤 질문을 던지며 자라는가에 따라 인생이 결정된다.

49. 훌륭한 지식을 뛰어난 방법으로 기존지식과 연결하라.

50. 질문 만드는 자녀가 되게 하라.

51. 자녀에게 질문을 제공하라.

52. 한글을 배우기 이전의 질문법, 상상력을 세우는 질문법을 준비하라.

53. 한글을 배운 아이의 질문법, 정보력을 세우는 질문법이 모든 것에 우선한다.

54. 질문은 차이를 만들어내는 능력이다.

55.   우리 머리는 차이를 기억한다.

56.   질문은 답을 부르는 주문이다.

57.   질문은 관점을 이동시키고 차원을 이동시키는 힘이다.

58.   질문은 본질을 찾는 도구다.

59.   질문에는 비본질적인 것에서 본질적인 것을 드러나게 하는 힘이 있다.

60.   잃어버린 기술, 질문을 회복하라.

61.   모르는 것을 알아내는 질문이 필요하다.

62.   질문자의 부족함에 대한 인정이 전제되었기에 질문자에게 변화와 성
       숙이 뒤따른다.

63.   질문은 기억에 이르는 사다리다.

64.   성장이 멈췄다면 질문이 관리되고 있는지를 살펴라.

65.   질문은 질문자의 부족함에 대한 인정을 내포한다.

66.   질문의 질도 중요하지만 먼저는 질문의 양이 우선되어야 한다.

67.   지피지기하려면 나만의 질문법을 디자인해야 한다.

68.   질문의 기술이 중요하다면 먼저 해야 할 일은 질문의 지속성을 유지
       하는 것이다.

69.   질문으로 먼저 할 것과 나중 할 것을 선택하라.

70.   질문이 구체적일수록 정확한 정보를 얻는다.

71.   의문이 구체화되었을 때 우리는 해답에 점점 가까워지게 된다.

72.   의문이 질문으로 구체화되었다고 한다면 그들에게 필요한 것은 질문
       하는 방법을 배우는 것이다.

73.   질문이 사라진 대학, 대학의 존재 이유도 함께 사라진다.

74.   지식은 질문의 결과물이다.

75.   의문에서 질문으로 나아가라.

76.   궁금함은 질문의 출발이다.

77.   질문은 우리를 새로운 배움의 세계로 인도하는 길잡이다.

78.   질문은 영감을 불러일으킨다.

79.   질문을 통해 숨은 의도를 찾을 수 있다.

80.   질문하는 아이로 양육하라. 다수가 교육받으며 질문을 중단한다.

81.   일상 속 생활질문과 학습질문이 중요하다.

82.   질문은 관주위보 기술이다. 서 말의 정보에 질서를 부여하는 것이 질문의 힘이다.

83.   의문의 방향성은 질문이다.

84.   의문의 구체화가 질문이다.

85.   물음표로 세상을 보면 느낌표가 보인다.

86.   느낌표를 부르는 물음표의 힘을 활용하라.

87.   질문 없는 생각은 없다.

88.   기존 질문을 의심하라.

89.   질문은 상상력의 마중물이며 창조력의 원천기술이다.

90.   질문을 통해 사실을 사실로 보는 힘을 키워라.

91.   질문으로 중요한 것과 중요하지 않은 것을 구별하라.

92.   아는 것을 자랑하기 위해 던지는 질문의 덫에서 벗어나라.

93.   이미지와 상상을 부르는 질문이 필요하다.

94.   창의력을 키우려면 질문을 만들어라.

95.   질문으로 꿈을 디자인하라.

96.   질문으로 꿈에 이르는 계단을 구축하라.

97.   질문을 통해 좋은 것을 찾는다.

98.   질문은 마중물이다.

99.   나쁜 질문과 좋은 질문을 구별하라.

100.   질문의 수준이 답의 수준을 결정한다.

101.   질문은 드러나 있지 않은 것을 드러나도록 하며 감춰진 것을 표면화 시키는 힘이다.

102.   인식되지 않은 세계를 인식되게 하는 것, 질문의 힘을 활용하라.

103.   질문을 통해 중요한 것을 찾는다.

104.   질문으로 평범함 속 특별함을 찾아내라.

105.   질문력 향상을 위한 표현 훈련에 힘써라.

106.   균형 잡힌 질문 프로세스를 디자인하라.

107.   독서력이 곧 질문력이다.

108.   다르게 질문하라.

109.   다르게 생각하는 질문의 기술을 배워라.

110.   돈이 되는 질문, 행복을 부르는 질문이 존재한다.

111.   질문노트를 만들라.

112.   훈련된 질문이 필요하다.

"나는 매일 질문한다! 그러므로 나는 존재한다!"